LES CONFESSIONS

I

JEAN-JACQUES ROUSSEAU

LES
CONFESSIONS
I

Chronologie, introduction, note bibliographique
par
Michel Launay
agrégé de l'Université

GF

FLAMMARION

CHRONOLOGIE

CHRONOLOGIE

1712 : Né à Genève, d'Isaac Rousseau, horloger, et de Suzanne Bernard, nièce d'un pasteur : « Je coûtai la vie à ma mère. »

1717 : Isaac Rousseau vend sa maison de la haute ville pour s'installer rue de Coutance, dans la ville basse : « Je n'étais plus qu'un enfant de Saint-Gervais. »

1719 : Jean-Jacques lit des romans, et Plutarque, en compagnie de son père.

1722-1723 : « Mon père eut un démêlé avec un M. Gautier, capitaine en France et apparenté dans le Conseil [...] Il aima mieux sortir de Genève, et s'expatrier, que de céder » : Jean-Jacques est mis en pension à Bossey, chez le pasteur Lambercier. Episode de la fessée.

1724 : « De retour à Genève, je fus mis en apprentissage », chez un greffier, puis chez un graveur.

1728 : « Je jurai de ne retourner jamais chez mon maître »; il fuit Genève, est hébergé par le curé de Confignon, puis par Mme de Warens à Annecy : « Mme de Warens voulut savoir les détails de ma petite histoire; je retrouvai pour la lui conter tout le feu que j'avais perdu chez mon maître. » Conduit à l'Hospice des Catéchumènes de Turin, il abjure le protestantisme et se convertit au catholicisme. Episode de Mme Basile : « Elle ne me rebuta point, me fit asseoir, conter ma petite histoire. » Valet de Mme de Vercellis. Episode du ruban volé : renvoi de Marion et de Jean-Jacques.

1729 : Laquais chez M. de Gouvon, il se fait renvoyer et retourne à Annecy chez Mme de Warens : « Elle me fit conter mon histoire [...] que je lui fis très fidèlement, en supprimant quelques articles, mais au reste sans m'épargner ni m'excuser [...] *Petit* fut mon nom, *Maman* fut le sien. » Quelques semaines au séminaire à Annecy.

1730 : Idylle des cerises avec Mlle Galley et Mlle de Graffenried, à Thônes.

1730-1731 : Chanteur à la maîtrise de la cathédrale d'Annecy, maître de musique à Lausanne et Neuchâtel, compagnon d'un moine grec à travers la Suisse, il est recueilli par le marquis de Bonac, ambassadeur de France à Soleure : « Il fut si content de ma petite histoire et de l'effusion de cœur avec laquelle il vit que je l'avais contée, qu'il me prit par la main [...] M. de la Martinière voulut voir de mon style et me demanda par écrit le même détail que j'avais fait à M. l'Ambassadeur. » Recommandé par eux, il devient domestique d'un colonel en retraite à Paris. Retrouve à Chambéry Mme de Warens, qui lui procure une place d'employé au Cadastre. Ebauche de *Narcisse ou l'Amant de soi-même*, comédie.

1732-1733 : Il quitte le Cadastre et donne des leçons de musique aux « belles écolières » : « Maman vit que pour m'arracher aux périls de ma jeunesse il était temps de me traiter en homme. »

1734 : Mort de Claude Anet, régisseur et amant de Mme de Warens. Jean-Jacques le remplace dans ses deux fonctions.

1735-1738 : Premier séjour aux Charmettes, près de Chambéry. Lit *Cleveland* de l'abbé Prévost et *La Vie de Marianne* de Marivaux. Fréquents voyages : à Besançon, Lyon, Grenoble, Genève, enfin Montpellier, pour y rétablir sa santé. Aventure avec Mme de Larnage : « Je repris la longue histoire de mes complaintes, auxquelles elle répondit d'un ton si tendre [...] » Retour à Chambéry : « Je trouvai ma place prise. »

1738-1739 : Relégué aux Charmettes, il y étudie en autodidacte. Mémoire au gouverneur de Savoie pour obtenir une pension (nouvelle « petite histoire » autobiographique).

1740 : Précepteur des enfants de M. de Mably, à Lyon, il écrit un « Projet pour l'éducation de M. de Sainte-Marie » qui a certains aspects d'une confession.

1741-1742 : Retourne aux Charmettes, puis se rend à Paris et présente à l'Académie un « Projet concernant de nouveaux signes pour la musique ».

1743-1744 : *Dissertation sur la musique moderne*. Rencontre de Diderot. Secrétaire chez les Dupin, puis chez M. de Montaigu, ambassadeur de France à Venise.

1744-1745 : Chassé de l'ambassade et de Venise par M. de Montaigu, il revient à Paris chez les Dupin, et se lie avec Thérèse Levasseur. Achève *Les Muses galantes*, opéra. Retouche *Les Fêtes de Ramire*, opéra de Voltaire et Rameau.

1746-1747 : Aide les Dupin à préparer une réfutation de *L'Esprit des lois* et un ouvrage sur les femmes. Naissance d'un premier enfant, déposé aux Enfants-Trouvés. « L'année suivante, même inconvénient et même expédient. »

1748-1749 : Fait la connaissance de Mme d'Epinay. Dîne toutes les semaines avec l'équipe de l'*Encyclopédie*, pour laquelle il rédige les articles sur la musique, et un projet de feuille périodique, *Le Persifleur* (dans lequel il fait une manière d'autoportrait).

1749-1750 : Allant voir Diderot incarcéré au château de Vincennes, il a l'idée du *Discours sur les sciences et les arts* : « A l'instant [...] je vis un autre univers et je devins un autre homme. » Ce *Discours* reçoit le prix de l'académie de Dijon.

1751-1752 : « Thérèse devint grosse pour la troisième fois [...] Mon troisième enfant fut donc mis aux Enfants-Trouvés, ainsi que les premiers, et il en fut de même des deux suivants. » Polémiques autour de son *Discours*. Caissier de M. Dupin de Francueil, mais : « déterminé à passer dans l'indépendance et la pauvreté le peu de temps qui me restait à vivre [...] de caissier d'un financier je me fis copiste de musique ». Représentation du *Devin du village*, opéra dans le goût italien, qui triomphe à la Cour de Fontainebleau.

1753 : *Lettre sur la musique française* : Rousseau pendu en effigie par les partisans de la musique française. Au Conseil des ministres, il est question de l'emprisonner.

1754 : Retour à Genève et dans le giron du protestantisme : Rousseau recouvre ses droits de « citoyen de Genève ». Tour du lac de Genève en bateau ; Rousseau tient son carnet de route.

1755 : Publication du *Discours sur l'inégalité*, et, dans l'*Encyclopédie*, de l'article *Economie politique*. Début de rédaction de fragments autobiographiques, dont Rousseau classera une partie sous le titre « Mon Portrait ».

1756 : Installation à l'Ermitage, chez Mme d'Epinay. Rédaction d'*Extraits* et *Jugements* des ouvrages de l'abbé de Saint-Pierre, et d'une « Lettre sur la Providence » adressée à Voltaire. Esquisse de *La Nouvelle Héloïse*.

1757 : S'éprend de Mme d'Houdetot; poursuit la rédaction de *La Nouvelle Héloïse ;* se brouille et se réconcilie avec Diderot et Mme d'Epinay.

1758 : Rédige la première version de la *Profession de foi du vicaire savoyard*, qui a un caractère autobiographique. Achève la *Lettre à d'Alembert sur les spectacles* et *Julie ou la Nouvelle Héloïse :* dans ces deux ouvrages, nombreux traits ou passages autobiographiques. Rupture définitive avec Diderot et Mme d'Epinay.

1759 : Installation chez le maréchal de Luxembourg, au Petit Château de Montmorency, où il achève la première rédaction de l'*Emile*.

1760 : Travaille au *Contrat social*, rédige deux autres versions de l'*Emile*, et confie son manuscrit définitif à Mme de Luxembourg. Impression de *La Nouvelle Héloïse*.

1761 : *Préface de la Nouvelle Héloïse, ou Entretien sur les romans*. Achèvement du *Contrat social*. Rousseau fait faire de vaines recherches pour retrouver l'aîné de ses enfants. Impression de l'*Emile*. Rey, éditeur à Amsterdam, lui écrit : « J'ose vous demander une chose que j'ambitionne depuis longtemps [...] ce serait votre vie, que je placerais en tête de vos ouvrages. »

1762 : Réponse à Rey : « Il y a pour la publication de ma vie, même après ma mort, de grands obstacles »; mais, en même temps : « quatre lettres à M. le Président de Malesherbes concernant le vrai tableau de mon caractère et les vrais motifs de ma conduite. » Publication du *Contrat social* et de l'*Emile*. Le Parlement de Paris condamne l'*Emile* à être brûlé, et son auteur est décrété de prise de corps. Rousseau se réfugie en Suisse, à Môtiers-Travers, dans la principauté de Neuchâtel. Rey le relance pour son autobiographie. Rousseau demande à M. de Malesherbes une copie de ses quatre lettres autobiographiques, et il la montre à Milord Maréchal (Lord Keith), son protecteur à Neuchâtel.

1763 : Lettres à son ami Moultou, auquel il laisse entendre qu'il songe à rédiger les « mémoires de sa vie ». Il acquiert, en vue de cette rédaction, le *Dictionnaire de l'Académie* de 1762, les *Pensées* de Pascal, *Les Caractères* de La Bruyère et l'*Imitation de Jésus-Christ*. Publication de sa *Lettre à Beaumont*, archevêque de Paris : c'est une défense de l'*Emile*, qui a un caractère autobiographique. Lettres à son ami l'académicien Duclos : il y parle des « mémoires de sa vie ». *Projet de Constitution pour la Corse*.

1764 : *Lettres écrites de la montagne*, défense de l'*Emile* et du *Contrat social*, en réponse aux *Lettres écrites de la campagne* du procureur général Tronchin, ami genevois de Voltaire. Ce dernier, dans son *Sentiment des citoyens*, révèle que Rousseau a abandonné ses enfants : Rousseau annote ce pamphlet et l'envoie à l'éditeur parisien Duchesne pour qu'il le publie avec les notes ; il l'envoie aussi à son ami Du Peyrou : « cette pièce [...] entrera dans les monuments de l'histoire de ma vie ». Duclos lui écrit : « J'ai toujours désiré que vous fissiez des mémoires particulières de votre vie. » Début de rédaction de la première version des *Confessions* (ce manuscrit, dit de Neuchâtel, va du Prologue au Livre IV). Rey le relance pour publier « les mémoires et particularités de sa vie ».

1765 : Condamnation des *Lettres écrites de la montagne*, à La Haye, puis à Paris. Conflit avec le pasteur de Môtiers, M. de Montmollin : on jette des pierres contre la maison de Rousseau, considéré comme « Antéchrist ». Il se réfugie à l'île de Saint-Pierre, sur le lac de Bienne, mais il en est expulsé par les autorités de Berne. Il reçoit un passeport provisoire pour la France, et séjourne à Paris, au Temple, sous la protection du prince de Conti. Lettres à Du Peyrou, où il fait allusion à la première partie des *Confessions* : « ces brouillons qui contiennent l'histoire de ma jeunesse jusqu'à mon départ pour Paris en 1741 ».

1766 : En Angleterre, hôte de David Hume à Londres. Lettre à Du Peyrou pour lui demander des documents nécessaires à la seconde partie des *Confessions :* « Tâchez [...] de m'envoyer [...] toutes les lettres, mémoires, brouillons [...] depuis 1758 jusqu'en 1762, mois de juin inclusivement [...] Mon voyage ici ne m'a pas été tout à fait inutile pour mon objet. J'y ai acquis sur la source de mes malheurs des lumières nouvelles dont il sera bon que le public à venir soit instruit. » Début de son délire de persécution. Rupture avec Hume, qui écrit à Mme de Boufflers, maîtresse du prince de Conti : « Il compose maintenant un livre dans lequel il me déshonore par ses mensonges atroces. Il écrit ses mémoires. » Préventivement, Hume, Mme d'Epinay et Diderot vont songer à rédiger des justifications pour se défendre contre l'éventuelle publication des *Confessions.* Accueilli par Richard Davenport à Wootton, il y recopie ses brouillons des *Confessions,* et travaille au Livre V. Publication de l'*Exposé succinct* de Hume sur sa querelle avec Rousseau.

1767 : Rousseau remet à Cerjat, pour qu'il le transmette à Du Peyrou, le manuscrit des premiers livres des *Confessions.* Il quitte Wootton et rentre en France, d'abord chez le marquis de Mirabeau, à Fleury-sous-Meudon, sous le nom de « M. Jacques », puis chez le prince de Conti, à Trye-le-Château, sous celui de « M. Renou »; il fait passer Thérèse pour sa sœur.

1768 : Recrudescence du délire de persécution. Mme de Verdelin lui écrit de Paris : « Il me semble qu'on vous reproche fort *Le Contrat social* et qu'on craint vos *Mémoires.* » Rousseau écrit à M. d'Ivernois : « Je commence à craindre, après tant de malheurs réels, d'en voir quelquefois d'imaginaires qui peuvent agir sur mon cerveau. » Il confie plusieurs manuscrits, dont un cahier des *Confessions,* à Mme de Nadaillac, abbesse de Gomerfontaine. Il quitte Trye et va à Paris, Lyon, Grenoble et Bourgoin, toujours sous la protection du prince de Conti. Il écrit sur la porte d'une auberge le *Sentiment du public sur mon compte dans les divers états qui le composent.* Le 30 août : « Epousé Thérèse Le Vasseur [...] en présence de M. de Champagneux, maire de Bourgoin, et de M. de Rosière, officier d'artillerie. » Il constate une lacune dans la correspondance qu'il avait conservée (d'octobre 1756 à mars 1757, période qui coïncide avec celle où fut commis l'attentat de Damiens contre Louis XV : il s'imagine qu'on veut l'impliquer dans cette affaire).

1769 : Il va à Nevers, à Pougues, et à Monquin, au-dessus de Bourgoin. S'adonne à la botanique. Rédaction de la seconde partie des *Confessions*.

1770 : Renonce au pseudonyme de Renou, va à Lyon, puis s'installe à Paris. Termine le Livre XII et achève une double copie de l'ensemble des *Confessions*. Lettres-confessions à M. de Saint-Germain, Mme de Berthier et M. de Malesherbes. Ecrit à Mme de Nadaillac : « Me faire passer par une voie sûre le cahier des *Confessions* dont vous avez bien voulu être dépositaire, et que j'ai besoin de revoir en ce moment. » Il fait des lectures publiques des *Confessions* chez le marquis de Pezay et le poète Dorat.

1771 : Nouvelles lectures des *Confessions* chez le prince royal de Suède et chez la comtesse d'Egmont. Lecture du Prologue des *Confessions* (dernière version) à M. de La Tourrette. Mme d'Epinay obtient de M. de Sartine, lieutenant-général de police, l'interdiction des lectures des *Confessions*. Rédaction des *Considérations sur le gouvernement de Pologne*. Rencontre de Bernardin de Saint-Pierre, à qui il raconte de nombreux souvenirs : Bernardin les note en vue de rédiger lui-même une *Vie de J.-J. Rousseau*.

1772-1775 : Il gagne sa vie comme copiste de musique, et rédige *Rousseau juge de Jean-Jacques, Dialogues*.

1776 : Rousseau achève les *Dialogues* et tente vainement d'en déposer un exemplaire sur le grand autel de Notre-Dame de Paris. Mort du prince de Conti : Rousseau commence *Les Rêveries du promeneur solitaire* (1re et 2e Promenades).

1777 : Continuation des *Rêveries* (de la 3e à la 7e Promenade).

1778 : Rédaction des dernières Promenades des *Rêveries* (la 10e reste inachevée). Rousseau confie divers manuscrits, dont une copie des *Confessions* (manuscrit dit de Genève) à Moultou. Installation à Ermenonville, chez le marquis de Girardin. Il meurt le 2 juillet, au retour d'une promenade dans la campagne d'Ermenonville. Le marquis de Girardin recueille ses manuscrits, dont le manuscrit dit de Paris des *Confessions*.

INTRODUCTION

> *« Si j'avais eu l'ambition d'être prophète, qui m'eût*
> *empêché de le devenir ? »*

Depuis vingt siècles, la pratique de la confession a eu le temps de s'user : l'ombre du confessionnal a acclimaté aux temps modernes le primitif et libre aveu des fautes devant une communauté fraternelle. Lorsqu'un homme décide de redonner toute sa vertu, toute sa vigueur à la confession, la société et les individus, pétris par le souci des apparences et du qu'en-dira-t-on, s'arrangent pour ne pas comprendre le message de celui qu'on traite d'insolent ou de fou. Dans cette opération de camouflage, un autre mot suffit : orgueil. Quel orgueil, pour un Jean-Jacques Rousseau, de croire que le récit de sa vie intéressera les autres ; quel orgueil surtout de se croire meilleur que les autres, et d'en prendre Dieu à témoin.

Par réflexe professionnel, les professeurs ont tendance à « défendre » Rousseau : « avant de juger, il faut comprendre » — « excusons les fautes du génie ». Il faut comprendre d'abord le droit à l'orgueil, qui n'a pas besoin d'excuse et qui n'en cherche pas : seuls les médiocres n'ont pas sujet d'être orgueilleux, et ce mot d'orgueil leur sert de mouchoir pour étouffer, pour étrangler toute grandeur vraie. Tenter d'être à la hauteur de cet homme qui écrit ses *Confessions*, c'est ne pas hésiter à faire éclater et sonner le scandale de sa prétention : noir sur blanc, Jean-Jacques écrit, dans le *Prologue* des *Confessions*, qu'il est au moins l'égal de Jésus-Christ. Nous défions quiconque connaît toute l'œuvre de Rousseau d'interpréter autrement le fameux Prologue :

> « Que la trompette du jugement dernier sonne
> quand elle voudra; je viendrai ce livre à la main
> me présenter devant le souverain juge. Je dirai hau-
> tement : [...] Etre éternel, rassemble autour de moi
> l'innombrable foule de mes semblables : qu'ils
> écoutent mes confessions [...] Que chacun d'eux
> découvre à son tour son cœur aux pieds de ton trône
> avec la même sincérité; et puis qu'un seul te dise,
> s'il l'ose : *je fus meilleur que cet homme-là.* »

Pour Rousseau, Jésus n'est qu'un homme, le meilleur
sans doute dont l'histoire nous ait légué le souvenir,
dans l'innombrable foule de ses semblables. Deux textes
révèlent sur ce point la fermeté de la pensée de Jean-
Jacques, voilée en sa première expression par une
prudence que rendait nécessaire la menace réelle du
bûcher :

> « Oui, si la vie et la mort de Socrate sont d'un
> sage, la vie et la mort de Jésus sont d'un Dieu [...]
> Avec tout cela, ce même Evangile est plein de choses
> incroyables, de choses qui répugnent à la raison, et
> qu'il est impossible à tout homme sensé de conce-
> voir ni d'admettre [...] Voilà le scepticisme involon-
> taire où je suis resté. » (*Emile*, Livre IV, éd. G. F.,
> p. 403.)

Rousseau pesait ses mots : la vie et la mort de Jésus,
racontées dans l'Evangile, sont si belles qu'on peut bien
les dire d'un Dieu; mais il n'est pas question de croire
aux miracles ni à la résurrection d'un homme, fût-il
parfait :

> « Tout ce qu'on peut dire de celui qui se vante
> de faire des miracles est qu'il fait des choses fort
> extraordinaires; mais qui est-ce qui nie qu'il se
> fasse des choses fort extraordinaires ? J'en ai vu,
> moi, de ces choses-là, et même j'en ai fait.
>   J'ai vu à Venise une manière de sorts assez nou-
> velle, et plus étrange que ceux de Préneste [...] Le
> magicien qui faisait ces sorts était le premier secré-
> taire de l'ambassadeur de France, et il s'appelait
> J.-J. Rousseau.
>   Je me contentais d'être sorcier parce que j'étais
> modeste; mais si j'avais eu l'ambition d'être pro-
> phète, qui m'eût empêché de le devenir ? [...]

Il y a pourtant, je l'avoue, des choses qui m'étonneraient fort si j'en étais le témoin : ce ne serait pas tant de voir marcher un boiteux qu'un homme qui n'a pas de jambe, ni de voir un paralytique mouvoir son bras qu'un homme qui n'en a qu'un reprendre les deux. Cela me frapperait encore plus, je l'avoue, que de voir ressusciter un mort; car enfin un mort peut n'être pas mort [...] *Lazare était déjà dans la terre ?* Serait-il le premier homme qu'on aurait enterré vivant ? *Il y était depuis quatre jours ?* Qui les a comptés ? Ce n'est pas Jésus, qui était absent. *Il puait déjà ?* Qu'en savez-vous ? Sa sœur le dit; voilà toute la preuve. L'effroi, le dégoût en eût fait dire autant à toute autre femme, quand même cela n'eût pas été vrai [...] Nos hommes de Dieu veulent à toute force que j'aie fait de Jésus un Imposteur. Ils s'échauffent pour répondre à cette indigne accusation, afin qu'on pense que je l'ai faite; ils la supposent avec un air de certitude; ils y insistent, ils y reviennent affectueusement. Ah si ces doux Chrétiens pouvaient m'arracher à la fin quelque blasphème, quel triomphe! quel contentement! quelle édification pour leurs charitables âmes! Avec quelle sainte joie ils apporteraient les tisons allumés au feu de leur zèle, pour embraser mon bûcher! » (*Lettres écrites de la montagne*, Pléiade, III, 738-742.)

Pour Rousseau, Jésus n'était pas un imposteur, c'était le meilleur des hommes, mais seuls les ignorants pouvaient faire un Dieu du meilleur des hommes : « Jésus, éclairé de l'esprit de Dieu, avait des lumières si supérieures à celles de ses disciples, qu'il n'est pas étonnant qu'il ait opéré des multitudes de choses extraordinaires où l'ignorance des spectateurs a vu le prodige qui n'y était pas. » Tous les hommes, selon Rousseau, sont plus ou moins éclairés par l'esprit de Dieu : chacun porte en soi une « immortelle et céleste voix », celle de sa conscience. Certains, comme Jésus, comme Jean-Jacques, ont l'oreille plus fine que d'autres, ils savent mieux écouter et faire résonner la voix de leur conscience; c'est pourquoi ils sont persécutés. Qui, au XVIIIe siècle, a réellement souffert persécution pour la justice ? Rousseau. La seule consolation, c'est l'espoir qu'après la mort une récompense particulière pourra compenser une vie de souffrances :

« Dieu est juste; il veut que je souffre, et il sait que je suis innocent. Voilà le motif de ma confiance, mon cœur et ma raison me crient qu'elle ne me trompera pas. Laissons donc faire les hommes et la destinée; apprenons à souffrir sans murmure; tout doit à la fin rentrer dans l'ordre, et mon tour viendra tôt ou tard. » (*Rêveries du promeneur solitaire*, Deuxième Promenade.)

Un pauvre homme, un homme pauvre.

Il n'est pas nécessaire de prendre les écrits de Rousseau pour parole d'Evangile : on peut écouter et comprendre un homme sans croire à ce qu'il croit. Ecouter Rousseau, c'est d'abord suivre jusqu'à son paroxysme sa volonté d'être distingué parmi les hommes : laissons à de plus savants le soin de décider si un tel est fou, tel autre saint, tel autre orgueilleux. Si les Prophètes de l'Ancien Testament avaient écrit, eux aussi, leurs sept cents pages de confessions, ils nous apparaîtraient sans doute aussi grands dans leur petitesse, aussi petits dans leur grandeur, que l'était Rousseau.

C'est alors qu'il devient intéressant d'explorer toute la subtilité et la richesse humaine qui a donné naissance à cette grandeur. La manière même dont Jean-Jacques entend montrer qu'il était, « à tout prendre, le meilleur des hommes », ne manque ni d'audace ni de secrète intelligence : il dira tout le bien et tout le mal, et plus il dira la vérité du mal, plus les lecteurs sincères seront enclins à reconnaître qu' « à tout prendre » ses fautes ne l'empêchèrent pas d'être un martyr de la vérité et de la justice. Allant plus loin, il montrera que les fautes commises ne sont rien encore par rapport à toutes les pensées basses, intéressées, jalouses, sales, mesquines, qu'il ne put s'empêcher de nourrir en son cœur. « Parents, racontez vos rêves à vos enfants », demandaient les Surréalistes par voie d'affiche : seuls les rêves qu'on refoule peuvent révéler la vérité intime d'un être. Rousseau ne les a pas cachés.

C'est pourquoi il apparaît tel qu'il fut, tel qu'est tout homme : un pauvre homme. Cet ardent besoin de dire la vérité, qu'on peut difficilement lui contester, même si on le trouve « outré », maladroit ou impudique, il nous donne lui-même le moyen de l'expliquer par des causes mesquines. Il ne s'agit pas là de fautes : il s'agit seulement de ridicules, et l'on sait qu'il est moins difficile de reconnaître un crime que d'avouer un ridicule. Les premiers faits intimes que nous livre Rousseau font la joie des psychanalystes amateurs : dès son enfance, Rousseau était atteint d'exhibitionnisme :

> « J'allais chercher des allées sombres, des réduits cachés où je pusse m'exposer de loin aux personnes du sexe dans l'état où j'aurais voulu pouvoir être auprès d'elles. Ce qu'elles voyaient n'était pas l'objet obscène, je n'y songeais même pas, c'était l'objet ridicule; le sot plaisir que j'avais de l'étaler à leurs yeux ne peut se décrire. » (*Confessions*, Livre III.)

Le lecteur pourra dérouler à son gré la chaîne des sentiments qui expliquent — autant qu'un acte libre peut s'expliquer — tous les actes de Rousseau, y compris l'acte d'écrire : le jour de sa naissance, il coûta la vie à sa mère; son père le lui reprocha, et l'attitude de Jean-Jacques à l'égard de l'auteur de ses jours oscilla dans une constante anbiguïté, du sentiment d'une culpabilité jusqu'à la révolte; à dix ans, ayant goûté, sur ses fesses nues, d'un châtiment administré de la main d'une fille de trente ans, il fixa tous ses désirs sur ce plaisir cuisant, et il avoue que, durant toute sa vie, la dernière faveur qu'une femme ait pu lui accorder était de renouveler sur sa personne le châtiment des écoliers; il fit du mal à une innocente, Marion, et la seule explication de cette injustice est le sentiment tendre qu'il éprouvait pour cette pauvre fille : « Elle était présente à ma pensée, je m'excusai sur le premier objet qui s'offrit, je l'accusai d'avoir fait ce que je voulais faire et de m'avoir donné le ruban parce que mon intention était de le lui donner. » La plupart des mots en -isme que les contradictions de la vie sexuelle peuvent donner occasion d'employer s'appliquent ainsi à Jean-Jacques : masochisme, sadisme, onanisme, narcissisme, font partie de son être, et il en donne discrètement les preuves en mainte page de son œuvre. Lorsqu'on examine les brouillons et le texte définitif des *Confessions*, on s'aperçoit qu'il s'amuse à relier, comme si elles procédaient de la même « source impure », l'évocation de son plaisir solitaire, « dangereux supplément qui trompe la nature », son goût pour les châtiments corporels qu'il voulait subir, la passion pure pour Sophie d'Houdetot (seul sentiment auquel il daigne donner le

nom d'*amour*) [1], son indomptable désir de justice, et son
activité de lecteur et d'écrivain.

Enfin il livre avec abondance l'aveu de sa plus grande
faute : oui, il abandonna ses cinq enfants, et il le fit
« gaillardement ». A peine nés, il leur faisait prendre le
chemin de l'Hôpital des Enfants-Trouvés. Voilà de quoi
faire penser à maint lecteur qu'au moins sur ce point
nous sommes meilleurs que cet homme-là. Exactement
de la même façon que, devant la femme adultère, les
Juifs du temps du Christ pouvaient se dire meilleurs
que cette femme-là : et pourtant aucun ne fut assez pré-
somptueux pour lui jeter la première pierre. Rousseau
avoue jusqu'aux sophismes par lesquels il se donna longtemps bonne conscience et prétendit justifier l'abandon
de ses responsabilités de père. Là encore, seul ce qu'il y
a de lâche et de médiocre en nous en tirera prétexte pour
ne pas écouter jusqu'au bout la leçon de cet homme :
trop heureux de tenir et de remuer le bât qui blessa cet
homme, nous nous hâterons d'oublier qu'il ne s'avoua
pas vaincu par sa propre lâcheté. Il ne se jugea pas
condamné par son propre passé : il fit un livre sur l'éducation [2]. Mais la plaie resta ouverte jusqu'à sa mort :
c'est lorsque Voltaire l'accusa, dans un pamphlet ano-
nyme intitulé *Sentiment des citoyens*, d'avoir abandonné
ses enfants, qu'il se décida définitivement à écrire ses
Confessions ; sa dernière œuvre, inachevée, les *Rêveries*,
revient encore sur cet abandon. Le secret de la tension
de Jean-Jacques et de son exigence même de vérité est
à chercher dans cette situation : qui n'a pas éprouvé
le poids du mensonge, n'a qu'une faible idée de ce que
peut être l'amour de la vérité. Rousseau, sa vie durant,
ne put se résoudre à être traité de père dénaturé; et
pourtant il le fut; il refoula cette vérité au fond de lui-
même; mais loin de lui donner l'habitude du mensonge,
cette lâcheté banda son courage : n'ayant pu réparer sa
faute, l'Hôpital des Enfants-Trouvés ayant perdu la trace
des enfants qu'il y avait déposés, il pouvait au moins,
pour tout le reste de son existence, vivre en conformité
avec son exigence de justice, et être d'autant plus intrai-
table, blindé contre toute concession, qu'il éprouvait
chaque jour la honte d'avoir cinq fois faibli.

Pauvre homme, il était encore capable d'écrire, à l'in-

---

1. Voir notre Introduction à *La Nouvelle Héloïse*, éd. G.F., pp. X-XII.
2. Voir notre Introduction à l'*Emile*, éd. G. F., pp. 11-14.

tention des lectrices et lecteurs à bonne conscience, ce cri du pauvre : « c'est l'état des riches, c'est votre état qui vole au mien le pain de mes enfants » (lettre à Mme de Francueil du 20 avril 1751). L'un des intérêts d'une lecture attentive des *Confessions* est ce qu'on peut en tirer pour une connaissance du monde populaire — non pas le Peuple romantique et mythique, sans défauts ni haines, mais un peuple vivant, réel, fourmillant de contradictions, le peuple de Genève au XVIIIᵉ siècle. Isaac Rousseau et son fils Jean-Jacques font partie de la classe des artisans. Cela signifie qu'ils habitent dans la « basse ville », et que Jean-Jacques est un « chétif enfant de Saint-Gervais », faubourg populeux de Genève. La lutte des classes, dans la République de Genève, était si claire que les théories de Marx s'y vérifient comme en une eau vive, débarrassée de la vase des institutions féodales dont la bourgeoisie française n'arrivait pas à se dépêtrer. Le peuple de Genève avait été progressivement refoulé vers la basse ville, où il s'était organisé politiquement et militairement — en prenant comme paravent les institutions établies — contre les financiers et les riches négociants qui tenaient le haut du pavé — au sens propre, la Haute Ville — et qui, n'osant pas s'appeler « aristocrates », s'intitulaient « aristo-démocrates »; le peuple les appelait encore les « Négatifs » : ceux qui disaient Non aux réclamations, aux « représentations » des citoyens. Les « meneurs » du peuple habitaient dans la même rue, la rue de Coutance — précisément celle où le père de Jean-Jacques s'installa, comme locataire de François Terroux, « dizenier » et chef du mouvement populaire. Les enfants eux aussi voulaient s'organiser militairement contre les fils des Messieurs du Haut : Jean-Jacques fit partie d'une brigade et il nous en livre le témoignage dans ses *Rêveries* :

> « C'était le temps des exercices où l'on faisait manœuvrer la bourgeoisie, et nous avions fait un rang de trois autres enfants de mon âge avec lesquels je devais en uniforme faire l'exercice avec la compagnie de mon quartier. J'eus la douleur d'entendre le Tambour de la compagnie passant sous ma fenêtre avec mes trois camarades, tandis que j'étais dans mon lit. » (*Rêveries*, Quatrième Promenade.)

Les femmes et les enfants manifestaient au cri de « Liberté! » devant les autorités descendues pour calmer

les bas quartiers; ou encore on criait « Les Mammelus! »
(les Mamelucks, sobriquet donné aux ouvriers, devenus
ainsi de véritables têtes de Turc, qui s'étaient laissé
acheter ou intimider par leurs patrons : nous dirions
aujourd'hui « les jaunes »). Rousseau a fait de ses années
d'apprenti graveur une peinture qui nous présente non
pas un peuple idyllique, mais un peuple vigoureux et
fier jusque dans ses vices. S'il n'a pas insisté, dans *Les
Confessions*, sur la conscience politique de ce peuple,
c'est qu'il avait déjà fait cette analyse politique et cultu-
relle dans sa *Lettre à d'Alembert* [1].

Rousseau s'échappe de son milieu et de Genève : il
voulut tenter sa chance d'ascension sociale, mais la
société aristocratique française lui apprit alors l'existence
des ordres, et des barrières infranchissables qui séparaient nobles et roturiers. A force de travail, de talent
et de courbettes, Jean-Jacques obtint son bâton de maréchal : il devint caissier d'un fermier général (banquier)
et jeune auteur plein de promesses, qui servait de secrétaire à la Fermière générale. Le souvenir de ses premières années et des leçons de son père fut enfin le
plus fort : il choisit de rester fidèle au monde artisanal
qui lui avait appris le sens du mot « liberté ». Il démis-
sionna de la caisse du banquier, et décida de vivre « libre
et pauvre », en se faisant copiste de musique. Mais,
comme le disait le marquis d'Argenson à l'issue d'un
conseil des ministres où l'on avait évoqué « l'insolence »
de Jean-Jacques Rousseau, on craignait, en haut lieu,
« ces sortes de philosophes libres » qui, selon une for-
mule de d'Alembert, avaient fait vœu de « liberté, pauvreté, vérité ». Car leur liberté remettait en cause non
seulement le respectable droit de propriété, mais surtout
les fondements du régime : le trône et l'autel, la monarchie
de droit divin et le dogme catholique. En publiant, dans
l'*Emile*, sa « Profession de foi du vicaire savoyard »,
Rousseau entendait, en 1762, préluder, par une révolution dans les croyances et les mœurs, à la révolution
sociale et politique inéluctable à ses yeux : « Nous appro-
chons du siècle des révolutions. » Il fut condamné, s'enfuit en Suisse, où le ressentiment des Grands l'atteignit
encore : il dut fuir en Angleterre, puis il put, grâce à la
protection du prince de Conti, revenir en France sous la

---

1. Voir notre Introduction à la *Lettre à d'Alembert sur les spectacles*,
éd. G. F., pp. 23-27, et la *Lettre à d'Alembert*, même édition, pp. 192-211.

condition de ne plus rien publier qui traitât de politique ou de religion.

Sa raison ne résista pas à cette vie de proscrit : il se crut victime d'un complot universel dirigé contre sa seule personne. Le texte des *Confessions* est incompréhensible en maint détail si l'on n'a pas présente à l'esprit la réalité du vieillard proscrit, qui recompose ses souvenirs en fonction des luttes passées et toujours présentes, en fonction aussi du système d'idées philosophiques, politiques et sociales qu'il s'est forgé. La période active de rédaction des *Confessions* coïncide en effet avec les années de sa fuite en Suisse et en Angleterre, et avec les voyages qu'il fit en France, *incognito*, sous le nom de Renou, avant de pouvoir être de nouveau toléré à Paris. Mais loin de « déformer » ses souvenirs, cette douloureuse expérience et le système idéologique qui la reflétait leur ont donné leur forme et leur sens vrai, en aiguisant leurs arêtes : à quarante ans, dans la maturité de ses forces, Rousseau avait choisi d'être, et il restera jusqu'à sa mort, et au-delà, l'homme prêchant et vivant la liberté des pauvres.

> « *Mon style inégal et naturel* [...] *fera lui-même partie de mon histoire.* »

Les Confessions n'ont pas seulement pour fonction d'être une justification et un témoignage : pour un Rousseau meurtri, elles sont, au même titre que la musique, la botanique et la religion, une consolation, une chanson qui berce la misère humaine.

Il n'est pas de consolation sans la joie profonde du travail, et sans le sourire, gratuit, inattendu, de l'homme qui n'a rien et qui ne demande rien. On peut être un prophète manqué, un prêcheur laïc, et avoir le sens de l'humour. Rousseau n'avait certes pas « l'esprit » qui permet de briller dans les salons. Mais sa plume, à force de gratter et regratter le papier, donnait naissance à tous les tons qui peuvent donner l'illusion de la voix vivante : y compris les demi-teintes du sourire, si contenu parfois qu'il faut une longue fréquentation de l'homme pour en percevoir la saveur. *Les Confessions* ne sont pas seulement le produit d'une vie mouvementée : elles sont le fruit d'un travail au sens premier du terme, d'une peine qui est aussi la joie d'un accouchement. Rousseau n'était pas un poète au sens que les Romantiques donnèrent à ce terme, celui d'un aristocratique esthète attendant l'inspiration de la Muse : Rousseau était un artisan écrivain, cherchant à retrouver, par un surcroît d'art, l'accent de la nature. Le sentiment de la nature et la tendresse des sentiments, par quoi nos grand'mères apprirent à aimer Jean-Jacques, sont vrais, authentiques, au fond de son cœur comme dans ses pages : mais ils ont dû passer par l'encre et sous la plume de l'écrivain, qui, de rêves et de souvenirs évanescents, les a transformés en phrases, en paragraphes, en livres ; et le chemin était long, qui allait de son cœur à la page barbouillée.

Le lecteur n'extraira tout le suc des *Confessions* que si, ne se contentant pas du vague sentiment produit par une prose coulant comme l'eau, il retrouve les exigences du travail de l'écrivain : « Mon style inégal et naturel, tantôt rapide et tantôt diffus, tantôt sage et tantôt fou, tantôt grave et tantôt gai, fera lui-même partie de mon histoire. » Pour parvenir à ce résultat, Rousseau noircissait bien des bouts de papier, et avait besoin de plusieurs cahiers de brouillons.

Un jour viendra sans doute où les qualités de sa prose seront cernées et définies, autant qu'elles peuvent l'être, par l'analyse rigoureuse des mots mêmes de l'écrivain, et des cadres à demi-conscients, sinon tout à fait volontaires, qu'il se donnait pour traduire ses sentiments sur du papier. Contentons-nous ici d'expliciter en partie le sens de ces oppositions traduites par des couples d'adjectifs : « mon style inégal et naturel, tantôt rapide et tantôt diffus » — voilà qui s'applique aussi à la composition de l'œuvre ; « tantôt sage et tantôt fou, tantôt grave et tantôt gai » — voilà ce qui se vérifie au sein même des phrases et des paragraphes.

Les Confessions sont formées de deux parties nettement distinctes, et Rousseau lui-même, au début de la seconde, a bien caractérisé leurs différences. Le récit de ses trente premières années, objet de la première partie, est une aimable *Odyssée*, tissée par « mille impressions charmantes » ; les trente années suivantes, objet de la seconde partie, sont l'*Iliade*, le monument du combat contre une société corrompue, symbolisée par Paris, fardé de brillantes couleurs auxquelles Jean-Jacques s'était laissé prendre. Pour mieux souligner le caractère à la fois héroïque et romanesque de son récit, Rousseau le divise, dès l'origine, en douze livres : et, dans la première partie, on pourra même parler de chants. Mais ce cadre classique, conforme à la tradition de l'épopée et du roman issu de l'épopée, craque sous l'impulsion de la vie des souvenirs et de la volonté de lutte de l'écrivain : c'est qu'il ne voulait pas faire seulement un livre, il voulait créer un portrait vivant, un autre lui-même qu'il tiendrait en main pour le brandir à la face de l'Être éternel et de la postérité, et leur crier : « Jugez! »

On assiste, de livre en livre, à la débandade et à la reprise, de moins en moins soutenue, de sa volonté de composition poétique. Le Livre I (Le Paradis perdu) est composé en diptyque : l'évocation du Paradis de l'enfance, et la descente dans l'enfer de l'apprentissage, d'où il s'échappe brutalement. Le Livre II (La fin des grandes espérances) est scandé par trois hymnes à la liberté et à l'ambition, qui rythment trois étapes de ses voyages (en Savoie, d'Annecy à Turin, à Turin) : à chaque fois les espérances sont déçues par la réalité. Le Livre III suit le fil d'une période d'inquiétudes latentes coupées de moments de repos. Le Livre IV est encore plus irrégulier, pour s'adapter à la fin de la « première jeunesse », marquée par une accumulation de voyages et de courses. Le Livre V, celui des « premiers souvenirs de l'âge moyen », retrace, de façon de nouveau mieux composée, la fin de l'adolescence, les premiers pas de l'homme, et la « précieuse crise » qui trouve un remède inespéré : les Charmettes. Pour clore la première partie et son « ancien bonheur mort pour toujours », le Livre VI retrouve la composition binaire du Chant I : il évoque, de l'été à l'hiver, de l'hiver au printemps, le rythme des quatre saisons de vrai bonheur; puis vient le voyage à Montpellier et le désenchantement. La seconde partie, faite de combats contre lui-même et contre la société qui l'entoure, ne peut plus se couler, sauf à de rares intervalles, dans un moule poétique préétabli : chaque Livre, au lieu de se contenter des quarante à cinquante pages qui auraient assuré leur symétrie par rapport à ceux de la première partie, s'allonge de plus en plus démesurément. Quelques numéros, mis par Rousseau en tête de certains groupes de paragraphes, sont encore le signe d'une volonté de composition, et l'on peut isoler, au sein des Livres, de grands ensembles, des blocs formant un tout, comme le séjour à Venise, ou l'aventure de La Nouvelle Héloïse entrelacée avec l'amour pour Sophie d'Houdetot. La fin du Livre XII annonce une troisième partie, qui ne verra pas le jour : le lecteur pourra la remplacer par les deux dernières œuvres autobiographiques, *Rousseau juge de Jean-Jacques, Dialogues*, et les *Rêveries du promeneur solitaire*, où les dernières années de son existence sont réfractées dans un prisme tantôt fantastique, tantôt rationnel, analytique et psychologique, tantôt lyrique et poétique. Au sein des Livres les mieux structurés, la succession des ensembles est parfois soulignée par des changements de tons et de genres : le Livre I enserre, dans sa composition binaire, des anecdotes qui sont traitées soit comme des petits romans (l'évocation des amours de ses parents et de celles que lui-même ourdit simultanément avec la Vulson et avec la Goton), soit comme des tragédies (« l'horrible tragédie » du noyer de la terrasse), soit comme des épopées en raccourci (la « chasse aux pommes qui [lui] coûta cher »).

Un seul exemple montrera comment, si on lit trop vite ce texte, on peut manquer l'essentiel d'une prose apparemment toute simple, et juger que le vieil homme se console en des fadaises sentimentales, voire puériles, alors qu'il nous livre, discrètement, un maillon essentiel et singulier de sa personnalité :

> « Tandis que je m'emparais de Mlle de Vulson si publiquement et si tyranniquement que je ne pouvais souffrir qu'aucun homme approchât d'elle, j'avais avec une petite Mlle Goton des tête-à-tête assez courts, mais assez vifs, dans lesquels elle daignait faire la maîtresse d'école, et c'était tout ; mais ce tout, qui en effet était tout pour moi, me paraissait le bonheur suprême, et, sentant déjà le prix du mystère, quoique je n'en susse user qu'en enfant, je rendais à Mlle de Vulson, qui ne s'en doutait guère, le soin qu'elle prenait de m'employer à cacher d'autres amours. Mais à mon grand regret mon secret fut découvert, ou moins bien gardé de la part de ma petite maîtresse d'école que de la mienne, car on ne tarda pas à nous séparer et, quelque temps après, de retour à Genève, j'entendis, en passant à Coutance, de petites filles me crier à demi-voix : *Goton tic-tac Rousseau.* »

Pour qui a saisi tous les indices que, dans ce texte, et quelques pages auparavant, et quelques pages plus loin, Rousseau a tendus aux lecteurs, aucun doute n'est possible : le tic-tac en question est celui de la fessée que le petit Jean-Jacques a réussi à obtenir de la main de Goton. Dédaigneux des lecteurs trop pressés, Rousseau veut jouir, derechef, du récit de cet épisode : il ménage la suspension et l'intérêt, et dévoile progressivement, non définitivement, la vérité. Les tête-à-tête assez courts mais assez vifs ne révèlent pas immédiatement leur sel cuisant ; le lecteur est aiguillé par l'évocation de « la maîtresse d'école », et c'est tout. Jean-Jacques savoure alors ce tout, bonheur suprême et mystérieux, assaisonné par le mystère même, qui n'est explicité que par la répétition de « ma petite maîtresse d'école », et par le cri à mi-voix des filles de Coutance, cri lui-même ambigu. Seule l'opposition abstraite de l'amour platonique pour Mlle de Vulson, et de l'amour sensuel pour la Goton, livre indirectement la clef de l'épisode, dont la traduction en clair existait dans le brouillon de l'œuvre.

Le même homme qui perd son temps à évoquer ces « niaiseries » et cette petite Mlle Goton, « figure difficile à oublier, et que je me rappelle encore souvent, beaucoup trop pour un vieux fou », manie peu après le ton laconique pour réduire à néant l'objection que suscitent les preuves de sa précocité spirituelle :

> « Mon enfance ne fut point d'un enfant. Je sentis, je pensai toujours en homme. Ce n'est qu'en grandissant que je suis rentré dans la classe ordinaire, en naissant j'en étais sorti. L'on rira de me voir me donner modestement pour un prodige. Soit, mais quand on aura bien ri [...] »

A l'enseigne des Charmettes : science, pervenche et fantaisie.

Cet être paraît si bizarre, si singulier, si fou que l'appareil des sciences humaines d'aujourd'hui semble au premier abord dérisoire pour l'approcher, le sonder, le deviner. Qu'on y prenne garde : qu'avons-nous fait, après avoir pris la mesure de sa vocation à la grandeur prophétique, sinon tenter son explication par les voies convergentes de la psycho-critique, de la sociologie et de la linguistique, faute de mieux ? On peut rire de voir appliquer à l'imprévisible du génie ce qu'à peine on peut tenter sur la médiocrité de soi-même : la connaissance de soi, la connaissance de l'homme. On préférera à bon droit les cerises jetées entre les seins d'une jolie fille, les nuits à la belle étoile, et les séances de barbouillage mutuel par lesquelles, en guise de leçons de physique expérimentale et de chimie, *Petit* et *Maman*, Jean-Jacques et Mme de Warens se plaquaient sur la bouche des tartines de pommades et s'en suçaient les doigts. A peine aura-t-on souri qu'on aura le droit de s'instruire, tout comme l'autodidacte Jean-Jacques, qui, aux Charmettes, cherchait dans les livres, entre deux besognes folâtres ou agricoles, un « magasin d'idées » :

> « Pour peu qu'on ait un vrai goût pour les sciences, la première chose qu'on y sent en s'y livrant, c'est leur liaison qui fait qu'elles s'attirent, s'aident, s'éclairent mutuellement, et que l'une ne peut se passer de l'autre. Quoique l'esprit humain ne puisse suffire à toutes, et qu'il en faille toujours préférer une comme la principale, si l'on n'a quelque notion des autres, dans la sienne même on se trouve souvent dans l'obscurité. Je sentis que ce que j'avais entrepris était bon et utile en lui-même, qu'il n'y avait que la méthode à changer. Prenant d'abord l'encyclopédie, j'allais la divisant dans ses branches ; je vis qu'il fallait faire tout le contraire : les prendre chacune séparément, et les poursuivre chacune à part jusqu'au point où elles se réunissent. Ainsi je revins à la synthèse ordinaire ; mais j'y revins en homme qui sait ce qu'il fait. » (*Confessions*, Livre VI.)

Cette exigence scientifique du jeune Rousseau, loin d'être en contradiction avec la sensibilité qu'on sent à fleur de page dans son œuvre, et sur laquelle les Romantiques ont trop facilement insisté, exalta, affina toutes ses ressources intérieures. Et c'est lui-même qui, à propos des *Confessions*, nous invite à poursuivre son œuvre de science :

> « Je veux tâcher que pour apprendre à s'apprécier, on puisse avoir du moins une pièce de comparaison ; que chacun puisse connaître soi et un autre, et cet autre, ce sera moi. » (Prologue de la première version des *Confessions*.) « Je voudrais pouvoir en quelque façon rendre mon âme transparente aux yeux du lecteur, et pour cela je cherche à la lui montrer sous tous les points de vue [...] C'est à lui d'assembler ces éléments et de déterminer l'être qu'ils composent ; le résultat doit être son ouvrage, et s'il se trompe alors, toute l'erreur sera de son fait. » (*Confessions*, Livre IV.)

Le but de toute œuvre littéraire, quoi qu'en dise son auteur, est d'abord de plaire. Mais la meilleure façon de se donner le plus de plaisir possible devant *Les Confessions*, c'est encore de les prendre au sérieux, et d'y satisfaire un besoin de connaissance des autres et de soi-même, un besoin de vérité qui se charge de mille résonances esthétiques et affectives.

Michel LAUNAY.

NOTE BIBLIOGRAPHIQUE

COURTOIS (Louis J.) : *Chronologie critique de la vie et des œuvres de J.-J. Rousseau*, Genève, 1924 (ou : *Annales J.-J. Rousseau*, t. XV, Genève, 1923).

DUFOUR (Th.) : « La première rédaction des *Confessions* », *Annales J.-J. Rousseau*, Genève, 1904.

DUFOUR (Th.) et PLAN (P.P.) : *Correspondance générale de J.-J. Rousseau*, 20 vol., Paris.

ELLIS (Madeleine B.) : *Rousseau's Venetian Story. An essay upon art and truth in Les Confessions*. Baltimore, Johns Hopkins Press, 1966.

Europe, revue : numéro spécial sur J.-J. Rousseau, novembre-décembre 1961.

GAGNEBIN (Bernard) et RAYMOND (Marcel) : édition des *Œuvres complètes* de J.-J. Rousseau, t. I : *Les Confessions. Autres textes autobiographiques*. Paris, Gallimard, 1959.

GUÉHENNO (Jean) : *Jean-Jacques, histoire d'une conscience*, 2 vol., Paris, 1962.

GUYOT (Charly) : « Du manuscrit de Neuchâtel au manuscrit de Genève : étude de quelques variantes », dans *J.-J. Rousseau et son œuvre. Problèmes et recherches*, Paris, 1964.

LAUNAY (Michel) : « La structure poétique de la première partie des *Confessions* », *Annales J.-J. Rousseau*, t. XXXVI, 1963-1965, pp. 49-56.

LEIGH (R. A.) : Correspondance complète de J.-J. Rousseau, 4 vol. parus, Genève, 1965-1966.

MOREAU (Pierre) : « Remarques sur le style du sixième Livre des *Confessions* », *Revue universitaire*, mars-avril 1957, pp. 80-85 et mai-juin 1957, pp. 139-145.

OSMONT (Robert) : « Le Préambule des *Confessions* », *L'Information littéraire*, mars-avril 1957, pp. 47-53.

PINTARD (René) : « L'humour de Rousseau », dans : *J.-J. Rousseau et son œuvre. Problèmes et recherches*, Paris, 1964.

RAYMOND (Marcel) : *Jean-Jacques Rousseau, la quête de soi et la rêverie*, Paris, 1962.

SAUSSURE (Hermine de) : *Rousseau et les manuscrits des* « *Confessions* », Paris, 1958.

STAROBINSKI (Jean) : *J.-J. Rousseau, la transparence et l'obstacle*, Paris, 1958.

VOISINE (Jacques) : édition des *Confessions*, Paris, *Classiques Garnier*, 1964 (on trouvera dans cette édition le relevé complet des variantes des *Confessions*, et de plus amples indications bibliographiques).

LES CONFESSIONS
DE
J.-J. ROUSSEAU

PREMIÈRE PARTIE

Voici le seul portrait d'homme, peint exactement d'après nature et dans toute sa vérité, qui existe et qui probablement existera jamais. Qui que vous soyez, que ma destinée ou ma confiance ont fait l'arbitre de ce cahier, je vous conjure par mes malheurs, par vos entrailles, et au nom de toute l'espèce humaine, de ne pas anéantir un ouvrage utile et unique, lequel peut servir de première pièce de comparaison pour l'étude des hommes, qui certainement est encore à commencer, et de ne pas ôter à l'honneur de ma mémoire le seul monument sûr de mon caractère qui n'ait pas été défiguré par mes ennemis. Enfin, fussiez-vous, vous-même, un de mes ennemis implacables, cessez de l'être envers ma cendre, et ne portez pas votre cruelle injustice jusqu'au temps où ni vous ni moi ne vivrons plus, afin que vous puissiez vous rendre au moins une fois le noble témoignage d'avoir été généreux et bon quand vous pouviez être malfaisant et vindicatif ; si tant est que le mal qui s'adresse à un homme qui n'en a jamais fait, ou voulu faire, puisse porter le nom de vengeance.

LIVRE I

LIVRE I

1. 1. Je forme une entreprise qui n'eut jamais d'exemple et dont l'exécution n'aura point d'imitateur. Je veux montrer à mes semblables un homme dans toute la vérité de la nature; et cet homme ce sera moi.

2. Moi seul. Je sens mon cœur et je connais les hommes. Je ne suis fait comme aucun de ceux que j'ai vus; j'ose croire n'être fait comme aucun de ceux qui existent. Si je ne vaux pas mieux, au moins je suis autre. Si la nature a bien ou mal fait de briser le moule dans lequel elle m'a jeté, c'est ce dont on ne peut juger qu'après m'avoir lu.

3. Que la trompette du jugement dernier sonne quand elle voudra; je viendrai, ce livre à la main, me présenter devant le souverain juge. Je dirai hautement : voilà ce que j'ai fait, ce que j'ai pensé, ce que je fus. J'ai dit le bien et le mal avec la même franchise. Je n'ai rien tu de mauvais, rien ajouté de bon, et s'il m'est arrivé d'employer quelque ornement indifférent, ce n'a jamais été que pour remplir un vide occasionné par mon défaut de mémoire; j'ai pu supposer vrai ce que je savais avoir pu l'être, jamais ce que je savais être faux. Je me suis montré tel que je fus, méprisable et vil quand je l'ai été, bon, généreux, sublime, quand je l'ai été : j'ai dévoilé mon intérieur tel que tu l'as vu toi-même. Etre éternel, rassemble autour de moi l'innombrable foule de mes semblables; qu'ils écoutent mes confessions, qu'ils gémissent de mes indignités, qu'ils rougissent de mes misères. Que chacun d'eux découvre à son tour son cœur aux pieds de ton trône avec la même sincérité; et puis qu'un seul te dise, s'il l'ose : *Je fus meilleur que cet homme-là.*

2. 1. Je suis né à Genève en 1712, d'Isaac Rousseau, Citoyen, et de Suzanne Bernard, Citoyenne. Un bien fort médiocre à partager entre quinze enfants, ayant réduit presque à rien la portion de mon père, il n'avait pour subsister que son métier d'horloger, dans lequel il était à la vérité fort habile. Ma mère, fille du ministre Bernard, était plus r'che; elle avait de la sagesse et de la beauté : ce n'était pas sans peine que mon père l'avait obtenue. Leurs amours avaient commencé presque avec leur vie : dès l'âge de huit à neuf ans ils se promenaient ensemble tous les soirs sur la Treille; à dix ans ils ne pouvaient plus se quitter. La sympathie, l'accord des âmes affermit en eux le sentiment qu'avait produit l'habitude. Tous deux, nés tendres et sensibles, n'attendaient que le moment de trouver dans un autre la même disposition, ou plutôt ce moment les attendait eux-mêmes, et chacun d'eux jeta son cœur, dans le premier qui s'ouvrit pour le recevoir. Le sort, qui semblait contrarier leur passion, ne fit que l'animer. Le jeune amant, ne pouvant obtenir sa maîtresse, se consumait de douleur; elle lui conseilla de voyager pour l'oublier. Il voyagea sans fruit, et revint plus amoureux que jamais. Il retrouva celle qu'il aimait tendre et fidèle. Après cette épreuve, il ne restait qu'à s'aimer toute la vie; ils le jurèrent, et le ciel bénit leur serment.

2. Gabriel Bernard, frère de ma mère, devint amoureux d'une des sœurs de mon père; mais elle ne consentit à épouser le frère qu'à condition que son frère épouserait la sœur. L'amour arrangea tout, et les deux mariages se firent le même jour. Ainsi mon oncle était le mari de ma tante, et leurs enfants furent doublement mes cousins germains. Il en naquit un de part et d'autre au bout d'une année; ensuite il fallut encore se séparer.

3. Mon oncle Bernard était ingénieur : il alla servir dans l'Empire et en Hongrie sous le prince Eugène. Il se distingua au siège et à la bataille de Belgrade. Mon père, après la naissance de mon frère unique, partit pour Constantinople, où il était appelé, et devint horloger du sérail. Durant son absence, la beauté de ma mère, son esprit, ses talents *, lui attirèrent des hommages.

* Elle en avait de trop brillants pour son état, le ministre son père qui l'adorait ayant pris grand soin de son éducation. Elle dessinait, elle chantait, elle s'accompagnait du théorbe, elle avait de la lecture et faisait des vers passables. En voici qu'elle fit impromptu dans l'absence de son frère et de son mari, se promenant avec sa belle-sœur

M. de la Closure, résident de France, fut des plus empressés à lui en offrir. Il fallait que sa passion fût vive, puisqu'au bout de trente ans je l'ai vu s'attendrir en me parlant d'elle. Ma mère avait plus que de la vertu pour s'en défendre, elle aimait tendrement son mari, elle le pressa de revenir : il quitta tout et revint. Je fus le triste fruit de ce retour. Dix mois après, je naquis infirme et malade; je coûtai la vie à ma mère, et ma naissance fut le premier de mes malheurs.

4. Je n'ai pas su comment mon père supporta cette perte, mais je sais qu'il ne s'en consola jamais. Il croyait la revoir en moi, sans pouvoir oublier que je la lui avais ôtée; jamais il ne m'embrassa que je ne sentisse à ses soupirs, à ses convulsives étreintes, qu'un regret amer se mêlait à ses caresses; elles n'en étaient que plus tendres. Quand il me disait : Jean-Jacques, parlons de ta mère, je lui disais : hé bien! mon père, nous allons donc pleurer; et ce mot seul lui tirait déjà des larmes. Ah! disait-il en gémissant, rends-la-moi, console-moi d'elle, remplis le vide qu'elle a laissé dans mon âme. T'aimerais-je ainsi si tu n'étais que mon fils ? Quarante ans après l'avoir perdue, il est mort dans les bras d'une seconde femme, mais le nom de la première à la bouche, et son image au fond du cœur.

5. Tels furent les auteurs de mes jours. De tous les dons que le ciel leur avait départis, un cœur sensible est le seul qu'ils me laissèrent; mais il avait fait leur bonheur, et fit tous les malheurs de ma vie.

3. 1. J'étais né presque mourant; on espérait peu de me conserver. J'apportai le germe d'une incommodité que les ans ont renforcée, et qui maintenant ne me donne quelquefois des relâches que pour me laisser souffrir plus cruellement d'une autre façon. Une sœur de mon père, fille aimable et sage, prit si grand soin de moi, qu'elle me sauva. Au moment où j'écris ceci, elle est encore en vie, soignant, à l'âge de quatre-vingts ans, un mari plus jeune qu'elle, mais usé par la boisson. Chère tante, je vous pardonne de m'avoir fait vivre, et je m'afflige de ne pouvoir vous rendre à la fin de vos jours les tendres

et leurs deux enfants, sur un propos que quelqu'un lui tint leur sujet :

Ces deux Messieurs qui sont absents
Nous sont chers de bien des manières ;
Ce sont nos amis, nos amants ;
Ce sont nos maris et nos frères,
Et les pères de ces enfants.

soins que vous m'avez prodigués au commencement des miens. J'ai aussi ma mie Jacqueline encore vivante, saine et robuste. Les mains qui m'ouvrirent les yeux à ma naissance pourront me les fermer à ma mort.

2. Je sentis avant de penser : c'est le sort commun de l'humanité. Je l'éprouvai plus qu'un autre. J'ignore ce que je fis jusqu'à cinq ou six ans ; je ne sais comment j'appris à lire ; je ne me souviens que de mes premières lectures et de leur effet sur moi : c'est le temps d'où je date sans interruption la conscience de moi-même. Ma mère avait laissé des romans. Nous nous mîmes à les lire après souper mon père et moi. Il n'était question d'abord que de m'exercer à la lecture par des livres amusants ; mais bientôt l'intérêt devint si vif, que nous lisions tour à tour sans relâche et passions les nuits à cette occupation. Nous ne pouvions jamais quitter qu'à la fin du volume. Quelquefois mon père, entendant le matin les hirondelles, disait tout honteux : allons nous coucher ; je suis plus enfant que toi.

3. En peu de temps j'acquis, par cette dangereuse méthode, non seulement une extrême facilité à lire et à m'entendre, mais une intelligence unique à mon âge sur les passions. Je n'avais aucune idée des choses que tous les sentiments m'étaient déjà connus. Je n'avais rien conçu, j'avais tout senti. Ces émotions confuses que j'éprouvais coup sur coup n'altéraient point la raison que je n'avais pas encore ; mais elles m'en formèrent une d'une autre trempe, et me donnèrent de la vie humaine des notions bizarres et romanesques, dont l'expérience et la réflexion n'ont jamais bien pu me guérir.

4. Les romans finirent avec l'été de 1719. L'hiver suivant, ce fut autre chose. La bibliothèque de ma mère épuisée, on eut recours à la portion de celle de son père qui nous était échue. Heureusement, il s'y trouva de bons livres ; et cela ne pouvait guère être autrement, cette bibliothèque ayant été formée par un ministre, à la vérité, et savant même, car c'était la mode alors, mais homme de goût et d'esprit. L'*Histoire de l'Eglise et de l'Empire*, par Le Sueur ; le *Discours* de Bossuet *sur l'Histoire universelle* ; les *Hommes illustres* de Plutarque ; l'*Histoire de Venise* par Nani ; les *Métamorphoses* d'Ovide ; La Bruyère ; les *Mondes* de Fontenelle ; ses *Dialogues des morts*, et quelques tomes de Molière, furent transportés dans le cabinet de mon père, et je les lui lisais tous les jours, durant son travail. J'y pris un goût rare et peut-être unique à

cet âge. Plutarque surtout devint ma lecture favorite. Le plaisir que je prenais à le relire sans cesse me guérit un peu des romans; et je préférai bientôt Agésilas, Brutus, Aristide, à Orondate, Art mène et Juba. De ces intéressantes lectures, des entretiens qu'elles occasionnaient entre mon père et moi, se forma cet esprit libre et républicain, ce caractère indomptable et fier, impatient de joug et de servitude, qui m'a tourmenté tout le temps de ma vie dans les situations les moins propres à lui donner l'essor. Sans cesse occupé de Rome et d'Athènes, vivant pour ainsi dire avec leurs grands hommes, né moi-même citoyen d'une république, et fils d'un père dont l'amour de la patrie était la plus forte passion, je m'en enflammais à son exemple; je me croyais Grec ou Romain; je devenais le personnage dont je lisais la vie : le récit des traits de constance et d'intrépidité qui m'avaient frappé me rendait les yeux étincelants et la voix forte. Un jour que je racontais à table l'aventure de Scævola, on fut effrayé de me voir avancer et tenir la main sur un réchaud pour représenter son action.

5. J'avais un frère plus âgé que moi de sept ans. Il apprenait la profession de mon père. L'extrême affection qu'on avait pour moi le faisait un peu négliger, et ce n'est pas cela que j'approuve. Son éducation se sentit de cette négligence. Il prit le train du libertinage, même avant l'âge d'être un vrai libertin. On le mit chez un autre maître, d'où il faisait des escapades comme il en avait fait de la maison paternelle. Je ne le voyais presque point, à peine puis-je dire avoir fait connaissance avec lui; mais je ne laissais pas de l'aimer tendrement, et il m'aimait autant qu'un polisson peut aimer quelque chose. Je me souviens qu'une fois que mon père le châtiait rudement et avec colère, je me jetai impétueusement entre deux, l'embrassant étroitement. Je le couvris ainsi de mon corps, recevant les coups qui lui étaient portés, et je m'obstinai si bien dans cette attitude, qu'il fallut enfin que mon père lui fît grâce, soit désarmé par mes cris et mes larmes, soit pour ne pas me maltraiter plus que lui. Enfin mon frère tourna si mal, qu'il s'enfuit et disparut tout à fait. Quelque temps après, on sut qu'il était en Allemagne. Il n'écrivit pas une seule fois. On n'a plus eu de ses nouvelles depuis ce temps-là, et voilà comment je suis demeuré fils unique.

6. Si ce pauvre garçon fut élevé négligemment, il n'en fut pas ainsi de son frère, et les enfants des rois ne sau-

raient être soignés avec plus de zèle que je le fus durant
mes premiers ans, idolâtré de tout ce qui m'environnait,
et toujours, ce qui est bien plus rare, traité en enfant
chéri, jamais en enfant gâté. Jamais une seule fois, jusqu'à ma sortie de la maison paternelle, on ne m'a laissé
courir seul dans la rue avec les autres enfants, jamais on
n'eut à réprimer en moi ni à satisfaire aucune de ces fan-
tasques humeurs qu'on impute à la nature, et qui nais-
sent toutes de la seule éducation. J'avais les défauts de
mon âge ; j'étais babillard, gourmand, quelquefois menteur. J'aurais volé des fruits, des bonbons, de la man-
geaille ; mais jamais je n'ai pris plaisir à faire du mal, du
dégât, à charger les autres, à tourmenter de pauvres animaux. Je me souviens pourtant d'avoir une fois pissé dans
la marmite d'une de nos voisines, appelée Mme Clot, tandis qu'elle était au prêche. J'avoue même que ce souvenir
me fait encore rire, parce que Mme Clot, bonne femme
au demeurant, était bien la vieille la plus grognon que
je connus de ma vie. Voilà la courte et véridique histoire
de tous mes méfaits enfantins.

7. Comment serais-je devenu méchant, quand je n'avais
sous les yeux que des exemples de douceur, et autour de
moi que les meilleures gens du monde ? Mon père, ma
tante, ma mie, mes parents, nos amis, nos voisins, tout
ce qui m'environnait ne m'obéissait pas à la vérité, mais
m'aimait, et moi je les aimais de même. Mes volontés
étaient si peu excitées et si peu contrariées, qu'il ne me
venait pas dans l'esprit d'en avoir. Je puis jurer que jusqu'à mon asservissement sous un maître, je n'ai pas su
ce que c'était qu'une fantaisie. Hors le temps que je
passais à lire ou écrire auprès de mon père, et celui où
ma mie me menait promener, j'étais toujours avec ma
tante, à la voir broder, à l'entendre chanter, assis ou
debout à côté d'elle, et j'étais content. Son enjouement,
sa douceur, sa figure agréable, m'ont laissé de si fortes
impressions, que je vois encore son air, son regard, son
attitude : je me souviens de ses petits propos caressants ;
je dirais comment elle était vêtue et coiffée, sans oublier
les deux crochets que ses cheveux noirs faisaient sur ses
tempes, selon la mode de ce temps-là.

8. Je suis persuadé que je lui dois le goût ou plutôt
la passion pour la musique, qui ne s'est bien développée
en moi que longtemps après. Elle savait une quantité
prodigieuse d'airs et de chansons qu'elle chantait avec un
filet de voix douce. La sérénité d'âme de cette excellente

fille éloignait d'elle et de tout ce qui l'environnait la
rêverie et la tristesse. L'attrait que son chant avait pour
moi fut tel que non seulement plusieurs de ses chansons
me sont toujours restées dans la mémoire, mais qu'il m'en
revient même, aujourd'hui que je l'ai perdue, qui, totalement oubliées depuis mon enfance, se retracent à mesure
que je vieillis, avec un charme que je ne puis exprimer.
Dirait-on que moi, vieux radoteur, rongé de soucis et
de peines, je me surprends quelquefois à pleurer comme
un enfant en marmottant ces petits airs d'une voix déjà
cassée et tremblante ? Il y en a un surtout qui m'est
bien revenu tout entier quant à l'air ; mais la seconde
moitié des paroles s'est constamment refusée à tous mes
efforts pour me la rappeler, quoiqu'il m'en revienne
confusément les rimes. Voici le commencement et ce
que j'ai pu me rappeler du reste :

> Tircis, je n'ose
> Ecouter ton chalumeau
> Sous l'ormeau ;
> Car on en cause
> Déjà dans notre hameau.
> . . . .
> . . . . un berger
> . . . . s'engager
> . . . . sans danger,
> Et toujours l'épine est sous la rose.

Je cherche où est le charme attendrissant que mon cœur
trouve à cette chanson : c'est un caprice auquel je ne comprends rien ; mais il m'est de toute impossibilité de la
chanter jusqu'à la fin sans être arrêté par mes larmes. J'ai
cent fois projeté d'écrire à Paris pour faire chercher le
reste des paroles, si tant est que quelqu'un les connaisse
encore. Mais je suis presque sûr que le plaisir que je
prends à me rappeler cet air s'évanouirait en partie, si
j'avais la preuve que d'autres que ma pauvre tante Suzon
l'ont chanté.

9. Telles furent les premières affections de mon entrée
à la vie : ainsi commençait à se former ou à se montrer
en moi ce cœur à la fois si fier et si tendre, ce caractère
efféminé, mais pourtant indomptable, qui, flottant toujours entre la faiblesse et le courage, entre la mollesse et
la vertu, m'a jusqu'au bout mis en contradiction avec
moi-même, et a fait que l'abstinence et la jouissance, le
plaisir et la sagesse, m'ont également échappé.

10. Ce train d'éducation fut interrompu par un accident dont les suites ont influé sur le reste de ma vie. Mon père eut un démêlé avec un M. Gautier, capitaine en France et apparenté dans le Conseil. Ce Gautier, homme insolent et lâche, saigna du nez, et, pour se venger, accusa mon père d'avoir mis l'épée à la main dans la ville. Mon père, qu'on voulut envoyer en prison, s'obstinait à vouloir que, selon la loi, l'accusateur y entrât aussi bien que lui. N'ayant pu l'obtenir, il aima mieux sortir de Genève, et s'expatrier pour le reste de sa vie, que de céder sur un point où l'honneur et la liberté lui paraissaient compromis.

11. Je restai sous la tutelle de mon oncle Bernard, alors employé aux fortifications de Genève. Sa fille aînée était morte, mais il avait un fils de même âge que moi. Nous fûmes mis ensemble à Bossey, en pension chez le ministre Lambercier, pour y apprendre avec le latin tout le menu fatras dont on l'accompagne sous le nom d'éducation.

1. Deux ans passés au village adoucirent un peu mon âpreté romaine, et me ramenèrent à l'état d'enfant. A Genève, où l'on ne m'imposait rien, j'aimais l'application, la lecture; c'était presque mon seul amusement; à Bossey, le travail me fit aimer les jeux qui lui servaient de relâche. La campagne était pour moi si nouvelle, que je ne pouvais me lasser d'en jouir. Je pris pour elle un goût si vif, qu'il n'a jamais pu s'éteindre. Le souvenir des jours heureux que j'y ai passés m'a fait regretter son séjour et ses plaisirs dans tous les âges, jusqu'à celui qui m'y a ramené. M. Lambercier était un homme fort raisonnable, qui, sans négliger notre instruction, ne nous chargeait point de devoirs extrêmes. La preuve qu'il s'y prenait bien est que, malgré mon aversion pour la gêne, je ne me suis jamais rappelé avec dégoût mes heures d'étude, et que, si je n'appris pas de lui beaucoup de choses, ce que j'appris je l'appris sans peine, et n'en ai rien oublié.

2. La simplicité de cette vie champêtre me fit un bien d'un prix inestimable en ouvrant mon cœur à l'amitié. Jusqu'alors je n'avais connu que des sentiments élevés, mais imaginaires. L'habitude de vivre ensemble dans un état paisible m'unit tendrement à mon cousin Bernard. En peu de temps j'eus pour lui des sentiments plus affectueux que ceux que j'avais eus pour mon frère, et qui ne se sont jamais effacés. C'était un grand garçon fort

efflanqué, fort fluet, aussi doux d'esprit que faible de corps, et qui n'abusait pas trop de la prédilection qu'on avait pour lui dans la maison comme fils de mon tuteur. Nos travaux, nos amusements, nos goûts, étaient les mêmes : nous étions seuls ; nous étions de même âge ; chacun des deux avait besoin d'un camarade ; nous séparer était, en quelque sorte, nous anéantir. Quoique nous eussions peu d'occasions de faire preuve de notre attachement l'un pour l'autre, il était extrême, et non seulement nous ne pouvions vivre un instant séparés, mais nous n'imaginions pas que nous puissions jamais l'être. Tous deux d'un esprit facile à céder aux caresses, complaisants quand on ne voulait pas nous contraindre, nous étions toujours d'accord sur tout. Si, par la faveur de ceux qui nous gouvernaient, il avait sur moi quelque ascendant sous leurs yeux, quand nous étions seuls j'en avais un sur lui qui rétablissait l'équilibre. Dans nos études, je lui soufflais sa leçon quand il hésitait ; quand mon thème était fait je lui aidais à faire le sien, et dans nos amusements mon goût plus actif lui servait toujours de guide. Enfin nos deux caractères s'accordaient si bien, et l'amitié qui nous unissait était si vraie, que, dans plus de cinq ans que nous fûmes presque inséparables, tant à Bossey qu'à Genève, nous nous battîmes souvent, je l'avoue, mais jamais on n'eut besoin de nous séparer, jamais une de nos querelles ne dura plus d'un quart d'heure, et jamais une seule fois nous ne portâmes l'un contre l'autre aucune accusation. Ces remarques sont, si l'on veut, puériles, mais il en résulte pourtant un exemple peut-être unique depuis qu'il existe des enfants.

3. La manière dont je vivais à Bossey me convenait si bien, qu'il ne lui a manqué que de durer plus longtemps pour fixer absolument mon caractère. Les sentiments tendres, affectueux, paisibles, en faisaient le fond. Je crois que jamais individu de notre espèce n'eut naturellement moins de vanité que moi. Je m'élevais par élans, à des mouvements sublimes, mais je retombais aussitôt dans ma langueur. Etre aimé de tout ce qui m'approchait était le plus vif de mes désirs. J'étais doux, mon cousin l'était ; ceux qui nous gouvernaient l'étaient eux-mêmes. Pendant deux ans entiers je ne fus ni témoin ni victime d'un sentiment violent. Tout nourrissait dans mon cœur les dispositions qu'il reçut de la nature. Je ne connaissais rien d'aussi charmant que de voir tout le monde content de moi et de toute chose. Je me souviendrai toujours

qu'au temple, répondant au catéchisme, rien ne me troublait plus, quand il m'arrivait d'hésiter, que de voir sur le visage de Mlle Lambercier des marques d'inquiétude et de peine. Cela seul m'affligeait plus que la honte de manquer en public, qui m'affectait pourtant extrêmement; car, quoique peu sensible aux louanges, je le fus toujours beaucoup à la honte, et je puis dire ici que l'attente des réprimandes de Mlle Lambercier me donnait moins d'alarmes que la crainte de la chagriner.

4. Cependant elle ne manquait pas au besoin de sévérité, non plus que son frère; mais comme cette sévérité, presque toujours juste, n'était jamais emportée, je m'en affligeais, et ne m'en mutinais point. J'étais plus fâché de déplaire que d'être puni, et le signe du mécontentement m'était plus cruel que la peine afflictive. Il est embarrassant de s'expliquer mieux, mais cependant il le faut. Qu'on changerait de méthode avec la jeunesse, si l'on voyait mieux les effets éloignés de celle qu'on emploie toujours indistinctement, et souvent indiscrètement! La grande leçon qu'on peut tirer d'un exemple aussi commun que funeste me fait résoudre à le donner.

1. Comme Mlle Lambercier avait pour nous l'affection d'une mère, elle en avait aussi l'autorité, et la portait quelquefois jusqu'à nous infliger la punition des enfants quand nous l'avions méritée. Assez longtemps elle s'en tint à la menace, et cette menace d'un châtiment tout nouveau pour moi me semblait très effrayante; mais après l'exécution, je la trouvai moins terrible à l'épreuve que l'attente ne l'avait été, et ce qu'il y a de plus bizarre est que ce châtiment m'affectionna davantage encore à celle qui me l'avait imposé. Il fallait même toute la vérité de cette affection et toute ma douceur naturelle pour m'empêcher de chercher le retour du même traitement en le méritant; car j'avais trouvé dans la douleur, dans la honte même, un mélange de sensualité qui m'avait laissé plus de désir que de crainte de l'éprouver derechef par la même main. Il est vrai que, comme il se mêlait sans doute à cela quelque instinct précoce du sexe, le même châtiment reçu de son frère ne m'eût point du tout paru plaisant. Mais, de l'humeur dont il était, cette substitution n'était guère à craindre, et si je m'abstenais de mériter la correction, c'était uniquement de peur de fâcher Mlle Lambercier; car tel est en moi l'empire de la bienveillance, et même de celle que les sens ont fait naître, qu'elle leur donna toujours la loi dans mon cœur.

2. Cette récidive, que j'éloignais sans la craindre, arriva sans qu'il y eût de ma faute, c'est-à-dire de ma volonté, et j'en profitai, je puis dire, en sûreté de conscience. Mais cette seconde fois fut aussi la dernière, car Mlle Lambercier, s'étant sans doute aperçue à quelque signe que ce châtiment n'allait pas à son but, déclara qu'elle y renonçait et qu'il la fatiguait trop. Nous avions jusque-là couché dans sa chambre, et même en hiver quelquefois dans son lit. Deux jours après on nous fit coucher dans une autre chambre, j'eus désormais l'honneur, dont je me serais bien passé, d'être traité par elle en grand garçon.

3. Qui croirait que ce châtiment d'enfant, reçu à huit ans par la main d'une fille de trente, a décidé de mes goûts, de mes désirs, de mes passions, de moi pour le reste de ma vie, et cela précisément dans le sens contraire à ce qui devait s'ensuivre naturellement ? En même temps que mes sens furent allumés, mes désirs prirent si bien le change, que, bornés à ce que j'avais éprouvé, ils ne s'avisèrent point de chercher autre chose. Avec un sang brûlant de sensualité presque dès ma naissance, je me conservai pur de toute souillure jusqu'à l'âge où les tempéraments les plus froids et les plus tardifs se développent. Tourmenté longtemps sans savoir de quoi, je dévorais d'un œil ardent les belles personnes; mon imagination me les rappelait sans cesse, uniquement pour les mettre en œuvre à ma mode, et en faire autant de demoiselles Lambercier.

4. Même après l'âge nubile, ce goût bizarre, toujours persistant, et porté jusqu'à la dépravation, jusqu'à la folie, m'a conservé les mœurs honnêtes qu'il semblerait avoir dû m'ôter. Si jamais éducation fut modeste et chaste, c'est assurément celle que j'ai reçue. Mes trois tantes n'étaient pas seulement des personnes d'une sagesse exemplaire, mais d'une réserve que depuis longtemps les femmes ne connaissaient plus. Mon père, homme de plaisir, mais galant à la vieille mode, n'a jamais tenu, près des femmes qu'il aimait le plus, des propos dont une vierge eût pu rougir, et jamais on n'a poussé plus loin que dans ma famille et devant moi le respect qu'on doit aux enfants; je ne trouvai pas moins d'attention chez M. Lambercier sur le même article, et une fort bonne servante y fut mise à la porte pour un mot un peu gaillard qu'elle avait prononcé devant nous. Non seulement je n'eus jusqu'à mon adolescence aucune idée dis-

tincte de l'union des sexes, mais jamais cette idée confuse
ne s'offrit à moi que sous une image odieuse et dégoûtante. J'avais pour les filles publiques une horreur qui
ne s'est jamais effacée : je ne pouvais voir un débauché
sans dédain, sans effroi même, car mon aversion pour
la débauche allait jusque-là, depuis qu'allant un jour
au Petit Sacconex par un chemin creux, je vis des deux
côtés des cavités dans la terre, où l'on me dit que ces
gens-là faisaient leurs accouplements. Ce que j'avais vu
de ceux des chiennes me revenait aussi toujours à l'esprit en pensant aux autres, et le cœur me soulevait à ce
seul souvenir.

5. Ces préjugés de l'éducation, propres par eux-mêmes
à retarder les premières explosions d'un tempérament
combustible, furent aidés, comme j'ai dit, par la diversion
que firent sur moi les premières pointes de la sensualité.
N'imaginant que ce que j'avais senti, malgré des effer-
vescences de sang très incommodes, je ne savais porter
mes désirs que vers l'espèce de volupté qui m'était
connue, sans aller jamais jusqu'à celle qu'on m'avait
rendue haïssable et qui tenait de si près à l'autre sans que
j'en eusse le moindre soupçon. Dans mes sottes fantaisies,
dans mes érotiques fureurs, dans les actes extravagants
auxquels elles me portaient quelquefois, j'empruntais
imaginairement le secours de l'autre sexe, sans penser
jamais qu'il fût propre à nul autre usage qu'à celui que je
brûlais d'en tirer.

6. Non seulement donc c'est ainsi qu'avec un tempérament très ardent, très lascif, très précoce, je passai
toutefois l'âge de puberté sans désirer, sans connaître
d'autres plaisirs des sens que ceux dont Mlle Lambercier
m'avait très innocemment donné l'idée; mais quand
enfin le progrès des ans m'eut fait homme, c'est encore
ainsi que ce qui devait me perdre me conserva. Mon
ancien goût d'enfant, au lieu de s'évanouir, s'associa
tellement à l'autre, que je ne pus jamais l'écarter des
désirs allumés par mes sens, et cette folie, jointe à ma
timidité naturelle, m'a toujours rendu très peu entre-
prenant près des femmes, faute d'oser tout dire ou de
pouvoir tout faire, l'espèce de jouissance dont l'autre
n'était pour moi que le dernier terme ne pouvant être
usurpée par celui qui la désire, ni devinée par celle qui
peut l'accorder. J'ai ainsi passé ma vie à convoiter et
me taire auprès des personnes que j'aimais le plus. N'osant
jamais déclarer mon goût, je l'amusais du moins par des

rapports qui m'en conservaient l'idée. Etre aux genoux
d'une maîtresse impérieuse, obéir à ses ordres, avoir des
pardons à lui demander, étaient pour moi de très douces
jouissances, et plus ma vive imagination m'enflammait
le sang, plus j'avais l'air d'un amant transi. On conçoit
que cette manière de faire l'amour n'amène pas des progrès bien rapides, et n'est pas fort dangereuse à la vertu
de celles qui en sont l'objet. J'ai donc fort peu possédé,
mais je n'ai pas laissé de jouir beaucoup à ma manière,
c'est-à-dire par l'imagination. Voilà comment mes sens,
d'accord avec mon humeur timide et mon esprit romanesque, m'ont conservé des sentiments purs et des mœurs
honnêtes, par les mêmes goûts qui peut-être, avec un peu
plus d'effronterie, m'auraient plongé dans les plus bru-
tales voluptés.

7. J'ai fait le premier pas et le plus pénible dans le labyrinthe obscur et fangeux de mes confessions. Ce n'est
pas ce qui est criminel qui coûte le plus à dire, c'est ce qui
est ridicule et honteux. Dès à présent je suis sûr de moi :
après ce que je viens d'oser dire, rien ne peut plus m'arrêter. On peut juger de ce qu'ont pu me coûter de semblables
aveux, sur ce que, dans tout le cours de ma vie, emporté
quelquefois près de celles que j'aimais par les fureurs
d'une passion qui m'ôtait la faculté de voir, d'entendre,
hors de sens et saisi d'un tremblement convulsif dans tout
mon corps, jamais je n'ai pu prendre sur moi de leur
déclarer ma folie, et d'implorer d'elles, dans la plus
intime familiarité, la seule faveur qui manquait aux autres.
Cela ne m'est jamais arrivé qu'une fois dans l'enfance,
avec une enfant de mon âge; encore fut-ce elle qui en
fit la première proposition.

1. En remontant de cette sorte aux premières traces
de mon être sensible, je trouve des éléments qui, semblant
quelquefois incompatibles, n'ont pas laissé de s'unir pour
produire avec force un effet uniforme et simple, et j'en
trouve d'autres qui, les mêmes en apparence, ont formé,
par le concours de certaines circonstances, de si différentes combinaisons, qu'on n'imaginerait jamais qu'ils
eussent entre eux aucun rapport. Qui croirait, par
exemple, qu'un des ressorts les plus vigoureux de mon
âme fut trempé dans la même source d'où la luxure et
la mollesse ont coulé dans mon sang ? Sans quitter le
sujet dont je viens de parler, on en va voir sortir une
impression bien différente.

J'étudiais un jour seul ma leçon dans la chambre contiguë à la cuisine. La servante avait mis sécher à la plaque les peignes de Mlle Lambercier. Quand elle revint les prendre, il s'en trouva un dont tout un côté de dents était brisé. A qui s'en prendre de ce dégât ? personne autre que moi n'était entré dans la chambre. On m'interroge : je nie d'avoir touché le peigne. M. et Mlle Lambercier se réunissent, m'exhortent, me pressent, me menacent ; je persiste avec opiniâtreté ; mais la conviction était trop forte, elle l'emporta sur toutes mes protestations, quoique ce fût la première fois qu'on m'eût trouvé tant d'audace à mentir. La chose fut prise au sérieux ; elle méritait de l'être. La méchanceté, le mensonge, l'obstination, parurent également dignes de punition ; mais pour le coup ce ne fut pas par Mlle Lambercier qu'elle me fut infligée. On écrivit à mon oncle Bernard ; il vint. Mon pauvre cousin était chargé d'un autre délit, non moins grave ; nous fûmes enveloppés dans la même exécution. Elle fut terrible. Quand, cherchant le remède dans le mal même, on eût voulu pour jamais amortir mes sens dépravés, on n'aurait pu mieux s'y prendre. Aussi me laissèrent-ils en repos pour longtemps.

On ne put m'arracher l'aveu qu'on exigeait. Repris à plusieurs fois et mis dans l'état le plus affreux, je fus inébranlable. J'aurais souffert la mort, et j'y étais résolu. Il fallut que la force même cédât au diabolique entêtement d'un enfant, car on n'appela pas autrement ma constance. Enfin je sortis de cette cruelle épreuve en pièces, mais triomphant.

Il y a maintenant près de cinquante ans de cette aventure, et je n'ai pas peur d'être aujourd'hui puni derechef pour le même fait. Eh bien, je déclare à la face du Ciel que j'en étais innocent, que je n'avais ni cassé, ni touché le peigne, que je n'avais pas approché de la plaque, et que je n'y avais pas même songé. Qu'on ne me demande pas comment ce dégât se fit : je l'ignore et ne puis le comprendre ; ce que je sais très certainement, c'est que j'en étais innocent.

Qu'on se figure un caractère timide et docile dans la vie ordinaire, mais ardent, fier, indomptable dans les passions ; un enfant toujours gouverné par la voix de la raison, toujours [traité] avec douceur, équité, complaisance, qui n'avait pas même l'idée de l'injustice, et qui, pour la première fois, en éprouve une si terrible de la part précisément des gens qu'il chérit et qu'il respecte le plus. Quel renversement d'idées ! quel désordre de sentiments! quel bouleversement dans son cœur, dans sa cervelle, dans tout son petit être intelligent et moral! Je dis qu'on s'imagine tout cela, s'il est possible, car pour moi, je ne me sens pas capable de démêler, de suivre la moindre trace de ce qui se passait alors en moi.

Je n'avais pas encore assez de raison pour sentir combien les apparences me condamnaient, et pour me mettre à la place des autres. Je me tenais à la mienne, et tout ce que je sentais, c'était la rigueur d'un châtiment effroyable pour un crime que je n'avais pas commis. La douleur du corps, quoique vive, m'était peu sensible; je ne sentais que l'indignation, la rage, le désespoir. Mon cousin, dans un cas à peu près semblable, et qu'on avait puni d'une faute involontaire comme d'un acte prémédité, se mettait en fureur à mon exemple, et se montait, pour ainsi dire, à mon unisson. Tous deux dans le même lit nous nous embrassions avec des transports convulsifs, nous étouffions et quand nos jeunes cœurs un peu soulagés pouvaient exhaler leur colère, nous nous levions sur notre séant, et nous nous mettions tous deux à crier cent fois de toute notre force : *Carnifex, Carnifex, Carnifex!*

Je sens en écrivant ceci que mon pouls s'élève encore; ces moments me seront toujours présents quand je vivrais cent mille ans. Ce premier sentiment de la violence et de l'injustice est resté si profondément gravé dans mon âme, que toutes les idées qui s'y rapportent me rendent ma première émotion, et ce sentiment, relatif à moi dans son origine, a pris une telle consistance en lui-même, et s'est tellement détaché de tout intérêt personnel, que mon cœur s'enflamme au spectacle ou au récit de toute action injuste, quel qu'en soit l'objet et en quelque lieu qu'elle se commette, comme si l'effet en retombait sur moi. Quand je lis les cruautés d'un tyran féroce, les subtiles noirceurs d'un fourbe de prêtre, je partirais volontiers pour aller poignarder ces misérables, dussé-je cent fois y périr. Je me suis souvent mis en nage à poursuivre à la course ou à coups de pierre un coq, une vache, un chien, un animal que j'en voyais tourmenter un autre, uniquement parce qu'il se sentait le plus fort. Ce mouvement peut m'être naturel, et je crois qu'il l'est; mais le souvenir profond de la première injustice que j'ai soufferte y fut trop longtemps et trop fortement lié pour ne l'avoir pas beaucoup renforcé.

Là fut le terme de la sérénité de ma vie enfantine. Dès ce moment je cessai de jouir d'un bonheur pur, et

je sens aujourd'hui même que le souvenir des charmes
de mon enfance s'arrête là. Nous restâmes encore à Bossey
quelques mois. Nous y fûmes comme on nous représente
le premier homme encore dans le paradis terrestre, mais
ayant cessé d'en jouir. C'était en apparence la même
situation, et en effet une tout autre manière d'être. L'attachement, le respect, l'intimité, la confiance, ne liaient
plus les élèves à leurs guides; nous ne les regardions plus
comme des dieux qui lisaient dans nos cœurs : nous étions
moins honteux de mal faire et plus craintifs d'être accu-
sés : nous commencions à nous cacher, à nous mutiner,
à mentir. Tous les vices de notre âge corrompaient notre
innocence, et enlaidissaient nos jeux. La campagne même
perdit à nos yeux cet attrait de douceur et de simplicité
qui va au cœur. Elle nous semblait déserte et sombre;
elle s'était comme couverte d'un voile qui nous en cachait
les beautés. Nous cessâmes de cultiver nos petits jardins,
nos herbes, nos fleurs. Nous n'allions plus gratter légèrement la terre, et crier de joie en découvrant le germe
du grain que nous avions semé. Nous nous dégoûtâmes
de cette vie; on se dégoûta de nous; mon oncle nous
retira, et nous nous séparâmes de M. et Mlle Lambercier,
rassasiés les uns des autres, et regrettant peu de nous
quitter.

Près de trente ans se sont passés depuis ma sortie de
Bossey sans que je m'en sois rappelé le séjour d'une
manière agréable par des souvenirs un peu liés : mais
depuis qu'ayant passé l'âge mûr je décline vers la vieillesse, je sens que ces mêmes souvenirs renaissent tandis
que les autres s'effacent, et se gravent dans ma mémoire
avec des traits dont le charme et la force augmentent de
jour en jour; comme si, sentant déjà la vie qui s'échappe,
je cherchais à la ressaisir par ses commencements. Les
moindres faits de ce temps-là me plaisent par cela seul
qu'ils sont de ce temps-là. Je me rappelle toutes les circonstances des lieux, des personnes, des heures. Je vois
la servante ou le valet agissant dans la chambre, une
hirondelle entrant par la fenêtre, une mouche se poser sur
ma main tandis que je récitais ma leçon : je vois tout
l'arrangement de la chambre où nous étions; le cabinet
de M. Lambercier à main droite, une estampe représen-
tant tous les papes, un baromètre, un grand calendrier,
des framboisiers qui, d'un jardin fort élevé dans lequel
la maison s'enfonçait sur le derrière, venaient ombrager
la fenêtre, et passaient quelquefois jusqu'en dedans.

Je sais bien que le lecteur n'a pas grand besoin de savoir tout cela, mais j'ai besoin, moi, de le lui dire. Que n'osé-je lui raconter de même toutes les petites anecdotes de cet heureux âge, qui me font encore tressaillir d'aise quand je me les rappelle! Cinq ou six surtout... Composons. Je vous fais grâce des cinq; mais j'en veux une, une seule, pourvu qu'on me la laisse conter le plus longuement qu'il me sera possible, pour prolonger mon plaisir.

Si je ne cherchais que le vôtre, je pourrais choisir celle du derrière de Mlle Lambercier, qui, par une malheureuse culbute au bas du pré, fut étalé tout en plein devant le Roi de Sardaigne à son passage : mais celle du noyer de la terrasse est plus amusante pour moi qui fus acteur au lieu que je ne fus que spectateur de la culbute; et j'avoue que je ne trouvai pas le moindre mot pour rire à un accident qui, bien que comique en lui-même, m'alarmait pour une personne que j'aimais comme une mère, et peut-être plus.

Ô vous, lecteurs curieux de la grande histoire du noyer de la terrasse, écoutez-en l'horrible tragédie et vous abstenez de frémir, si vous pouvez.

Il y avait, hors la porte de la cour, une terrasse à gauche en entrant, sur laquelle on allait souvent s'asseoir l'après-midi, mais qui n'avait point d'ombre. Pour lui en donner, M. Lambercier y fit planter un noyer. La plantation de cet arbre se fit avec solennité : les deux pensionnaires en furent les parrains; et, tandis qu'on comblait le creux, nous tenions l'arbre chacun d'une main avec des chants de triomphe. On fit pour l'arroser une espèce de bassin tout autour du pied. Chaque jour, ardents spectateurs de cet arrosement, nous nous confirmioi.s, mon cousin et moi, dans l'idée très naturelle qu'il était plus beau de planter un arbre sur la terrasse qu'un drapeau sur la brèche, et nous résolûmes de nous procurer cette gloire sans la partager avec qui que ce fût.

Pour cela nous allâmes couper une bouture d'un jeune saule, et nous la plantâmes sur la terrasse, à huit ou dix pieds de l'auguste noyer. Nous n'oubliâmes pas de faire aussi un creux autour de notre arbre : la difficulté était d'avoir de quoi le remplir; car l'eau venait d'assez loin, et on ne nous laissait pas courir pour en aller prendre. Cependant il en fallait absolument pour notre saule. Nous employâmes toutes sortes de ruses pour lui en fournir durant quelques jours, et cela nous réussit si bien, que nous le vîmes bourgeonner et pousser de petites feuilles dont nous mesurions l'accroissement d'heure en heure, persuadés, quoiqu'il ne fût pas à un pied de terre, qu'il ne tarderait pas à nous ombrager.

Comme notre arbre, nous occupant tout entiers, nous rendait incapables de toute application, de toute étude, que nous étions comme en délire, et que, ne sachant à qui nous en avions, on nous tenait de plus court qu'auparavant, nous vîmes l'instant fatal où l'eau nous allait manquer, et nous nous désolions dans l'attente de voir notre arbre périr de sécheresse. Enfin la nécessité, mère de l'industrie, nous suggéra une invention pour garantir l'arbre et nous d'une mort certaine : ce fut de faire pardessous terre une rigole qui conduisît secrètement au saule une partie de l'eau dont on arrosait le noyer. Cette entreprise, exécutée avec ardeur, ne réussit pourtant pas d'abord. Nous avions si mal pris la pente, que l'eau ne coulait point ; la terre s'éboulait et bouchait la rigole ; l'entrée se remplissait d'ordures ; tout allait de travers. Rien ne nous rebuta : *Omnia vincit labor improbus*. Nous creusâmes davantage et la terre et notre bassin, pour donner à l'eau son écoulement ; nous coupâmes des fonds de boîtes en petites planches étroites, dont les unes mises de plat à la file, et d'autres posées en angle des deux côtés sur celles-là, nous firent un canal triangulaire pour notre conduit. Nous plantâmes à l'entrée de petits bouts de bois minces et à claire-voie, qui, faisant une espèce de grillage ou de crapaudine, retenaient le limon et les pierres sans boucher le passage à l'eau. Nous recouvrîmes soigneusement notre ouvrage de terre bien foulée ; et le jour où tout fut fait, nous attendîmes dans des transes d'espérance et de crainte l'heure de l'arrosement. Après des siècles d'attente, cette heure vint enfin ; M. Lambercier vint aussi à son ordinaire assister à l'opération, durant laquelle nous nous tenions tous deux derrière lui pour cacher notre arbre, auquel très heureusement il tournait le dos.

A peine achevait-on de verser le premier seau d'eau que nous commençâmes d'en voir couler dans notre bassin. A cet aspect la prudence nous abandonna ; nous nous mîmes à pousser des cris de joie qui firent retourner M. Lambercier, et ce fut dommage, car il prenait grand plaisir à voir comment la terre du noyer était bonne et buvait avidement son eau. Frappé de la voir se partager entre deux bassins, il s'écrie à son tour, regarde, aperçoit la friponnerie, se fait brusquement apporter une pioche,

donne un coup, fait voler deux ou trois éclats de nos
planches, et criant à pleine tête : *Un aqueduc! un aqueduc!*
il frappe de toutes parts des coups impitoyables, dont
chacun portait au milieu de nos cœurs. En un moment,
les planches, le conduit, le bassin, le saule, tout fut détruit,
tout fut labouré, sans qu'il y eût, durant cette expédition
terrible, nul autre mot prononcé, sinon l'exclamation
qu'il répétait sans cesse. *Un aqueduc!* s'écriait-il en brisant
tout, *un aqueduc! un aqueduc!*

On croira que l'aventure finit mal pour les petits archi-
tectes. On se trompera : tout fut fini. M. Lambercier
ne nous dit pas un mot de reproche, ne nous fit pas plus
mauvais visage, et ne nous en parla plus; nous l'entendîmes même un peu après rire auprès de sa sœur à gorge
déployée, car le rire de M. Lambercier s'entendait de
loin, et ce qu'il y eut de plus étonnant encore, c'est que,
passé le premier saisissement, nous ne fûmes pas nous-
mêmes fort affligés. Nous plantâmes ailleurs un autre
arbre, et nous nous rappelions souvent la catastrophe du
premier, en répétant entre nous avec emphase : *Un aqueduc! un aqueduc!* Jusque-là j'avais eu des accès d'orgueil
par intervalles quand j'étais Aristide ou Brutus. Ce fut ici
mon premier mouvement de vanité bien marquée. Avoir
pu construire un aqueduc de nos mains, avoir mis une
bouture en concurrence avec un grand arbre, me paraissait le suprême degré de la gloire. A dix ans j'en jugeais
mieux que César à trente.

L'idée de ce noyer et la petite histoire qui s'y rapporte
m'est si bien restée ou revenue, qu'un de mes plus
agréables projets dans mon voyage de Genève, en 1754,
était d'aller à Bossey y revoir les monuments des jeux
de mon enfance, et surtout le cher noyer, qui devait alors
avoir déjà le tiers d'un siècle. Je fus si continuellement
obsédé, si peu maître de moi-même, que je ne pus trouver
le moment de me satisfaire. Il y a peu d'apparence que
cette occasion renaisse jamais pour moi. Cependant je
n'en ai pas perdu le désir avec l'espérance, et je suis presque
sûr que si jamais, retournant dans ces lieux chéris, j'y
retrouvais mon cher noyer encore en être, je l'arroserais
de mes pleurs.

De retour à Genève, je passai deux ou trois ans chez
mon oncle en attendant qu'on résolût ce que l'on ferait
de moi. Comme il destinait son fils au génie, il lui fit
apprendre un peu de dessin, et lui enseignait les éléments
d'Euclide. J'apprenais tout cela par compagnie, et j'y

pris goût, surtout au dessin. Cependant on délibérait
si l'on me ferait horloger, procureur ou ministre. J'aimais
mieux être ministre, car je trouvais bien beau de prêcher.
Mais le petit revenu du bien de ma mère à partager entre
mon frère et moi ne suffisait pas pour pousser mes études.
Comme l'âge où j'étais ne rendait pas ce choix bien pressant encore, je restais en attendant chez mon oncle, perdant à peu près mon temps, et ne laissant pas de payer,
comme il était juste, une assez forte pension.

Mon oncle, homme de plaisir ainsi que mon père,
ne savait pas comme lui se captiver par ses devoirs, et
prenait assez peu de soin de nous. Ma tante était une
dévote un peu piétiste, qui aimait mieux chanter les
psaumes que veiller à notre éducation. On nous laissait
presque une liberté entière dont nous n'abusâmes jamais.
Toujours inséparables, nous nous suffisions l'un à l'autre,
et n'étant point tentés de fréquenter les polissons de notre
âge, nous ne prîmes aucune des habitudes libertines que
l'oisiveté nous pouvait inspirer. J'ai même tort de nous
supposer oisifs, car de la vie nous ne le fûmes moins,
et ce qu'il y avait d'heureux était que tous les amusements
dont nous nous passionnions successivement nous
tenaient ensemble occupés dans la maison sans que nous
fussions même tentés de descendre à la rue. Nous faisions
des cages, des flûtes, des volants, des tambours, des maisons, des *équiffles*, des arbalètes. Nous gâtions les outils de
mon bon vieux grand-père pour faire des montres à son
imitation. Nous avions surtout un goût de préférence
pour barbouiller du papier, dessiner, laver, enluminer,
faire un dégât de couleurs. Il vint à Genève un charlatan
italien, appelé *Gamba-Corta ;* nous allâmes le voir une
fois, et puis nous n'y voulûmes plus aller : mais il avait des
marionnettes, et nous nous mîmes à faire des marionnettes ; ses marionnettes jouaient des manières de comédies, et nous fîmes des comédies pour les nôtres. Faute de
pratique, nous contrefaisions du gosier la voix de Polichi-
nelle, pour jouer ces charmantes comédies que nos pauvres
bons parents avaient la patience de voir et d'entendre.
Mais mon oncle Bernard ayant un jour lu dans la famille
un très beau sermon de sa façon, nous quittâmes les comédies, et nous nous mîmes à composer des sermons. Ces
détails ne sont pas fort intéressants, je l'avoue ; mais ils
montrent à quel point il fallait que notre première éducation eût été bien dirigée, pour que, maîtres presque de
notre temps et de nous dans un âge si tendre, nous fus-

sions si peu tentés d'en abuser. Nous avions si peu besoin
de nous faire des camarades que nous en négligions même
l'occasion. Quand nous allions nous promener, nous
regardions en passant leurs jeux sans convoitise, sans
songer même à y prendre part. L'amitié remplissait si
bien nos cœurs, qu'il nous suffisait d'être ensemble pour
que les plus simples goûts fissent nos délices.

A force de nous voir inséparables, on y prit garde;
d'autant plus que, mon cousin étant très grand et moi
très petit, cela faisait un couple assez plaisamment assorti.
Sa longue figure effilée, son petit visage de pomme cuite,
son air mou, sa démarche nonchalante, excitaient les
enfants à se moquer de lui.

Dans le patois du pays on lui donna le surnom de
Barnâ Bredanna, et sitôt que nous sortions nous n'en-
tendions que *Barnâ Bredanna* tout autour de nous. Il
endurait cela plus tranquillement que moi. Je me fâchai,
je voulus me battre; c'était ce que les petits coquins
demandaient. Je battis, je fus battu. Mon pauvre cousin
me soutenait de son mieux; mais il était faible, d'un coup
de poing on le renversait. Alors je devenais furieux.
Cependant, quoique j'attrapasse force horions, ce n'était
pas à moi qu'on en voulait, c'était à *Barnâ Bredanna ;*
mais j'augmentai tellement le mal par ma mutine colère
que nous n'osions plus sortir qu'aux heures où l'on
était en classe, de peur d'être hués et suivis par les écoliers.

Me voilà déjà redresseur des torts. Pour être un Paladin
dans les formes, il ne me manquait que d'avoir une
dame; j'en eus deux. J'allais de temps en temps voir mon
père à Nyon, petite ville du pays de Vaud, où il s'était
établi. Mon père était fort aimé, et son fils se sentait de
cette bienveillance. Pendant le peu de séjour que je faisais
près de lui, c'était à qui me fêterait. Une Madame de
Vulson, surtout, me faisait mille caresses; et pour y mettre
le comble, sa fille me prit pour son galant. On sent ce que
c'est qu'un galant de onze ans pour une fille de vingt-
deux. Mais toutes ces friponnes sont si aises de mettre
ainsi de petites poupées en avant pour cacher les grandes,
ou pour les tenter par l'image d'un jeu qu'elles savent
rendre attirant! Pour moi, qui ne voyais point entre elle et
moi de disconvenance, je pris la chose au sérieux; je
me livrai de tout mon cœur, ou plutôt de toute ma tête,
car je n'étais guère amoureux que par là, quoique je le
fusse à la folie, et que mes transports, mes agitations, mes
fureurs donnassent des scènes à pâmer de rire.

Je connais deux sortes d'amours très distincts, très réels, et qui n'ont presque rien de commun, quoique très vifs l'un et l'autre, et tous deux différents de la tendre amitié. Tout le cours de ma vie s'est partagé entre ces deux amours de si diverses natures, et je les ai même éprouvés tous deux à la fois; car, par exemple, au moment dont je parle, tandis que je m'emparais de Mlle de Vulson si publiquement et si tyranniquement que je ne pouvais souffrir qu'aucun homme approchât d'elle, j'avais avec une petite Mlle Goton des tête-à-tête assez courts, mais assez vifs, dans lesquels elle daignait faire la maîtresse d'école, et c'était tout; mais ce tout, qui en effet était tout pour moi, me paraissait le bonheur suprême, et, sentant déjà le prix du mystère, quoique je n'en susse user qu'en enfant, je rendais à Mlle de Vulson, qui ne s'en doutait guère, le soin qu'elle prenait de m'employer à cacher d'autres amours. Mais à mon grand regret mon secret fut découvert, ou moins bien gardé de la part de ma petite maîtresse d'école que de la mienne, car on ne tarda pas à nous séparer, et quelque temps après, de retour à Genève, j'entendis, en passant à Coutance, de petites filles me crier à demi-voix : *Goton tic-tac Rousseau.*

C'était en vérité, une singulière personne que cette petite Mlle Goton. Sans être belle, elle avait une figure difficile à oublier, et que je me rappelle encore, souvent beaucoup trop pour un vieux fou. Ses yeux surtout n'étaient pas de son âge, ni sa taille, ni son maintien. Elle avait un petit air imposant et fier, très propre à son rôle, et qui en avait occasionné la première idée entre nous. Mais ce qu'elle avait de plus bizarre était un mélange d'audace et de réserve difficile à concevoir. Elle se permettait avec moi les plus grandes privautés, sans jamais m'en permettre aucune avec elle; elle me traitait exactement en enfant : ce qui me fait croire, ou qu'elle avait déjà cessé de l'être, ou qu'au contraire elle l'était encore assez elle-même pour ne voir qu'un jeu dans le péril auquel elle s'exposait.

J'étais tout entier, pour ainsi dire, à chacune de ces deux personnes, et si parfaitement, qu'avec aucune des deux il ne m'arrivait jamais de songer à l'autre. Mais du reste rien de semblable en ce qu'elles me faisaient éprouver. J'aurais passé ma vie entière avec Mlle de Vulson sans songer à la quitter; mais en l'abordant ma joie était tranquille et n'allait pas à l'émotion. Je l'aimais surtout en grande compagnie; les plaisanteries, les agaceries, les jalousies même, m'attachaient, m'intéressaient; je triomphais avec orgueil de ses préférences près des grands rivaux qu'elle paraissait maltraiter. J'étais tourmenté, mais j'aimais ce tourment. Les applaudissements, les encouragements, les ris m'échauffaient, m'animaient. J'avais des emportements, des saillies; j'étais transporté d'amour dans un cercle; tête-à-tête j'aurais été contraint, froid, peut-être ennuyé. Cependant je m'intéressais tendrement à elle; je souffrais quand elle était malade, j'aurais donné ma santé pour rétablir la sienne, et notez que je savais très bien par expérience ce que c'était que maladie, et ce que c'était que santé. Absent d'elle, j'y pensais, elle me manquait; présent, ses caresses m'étaient douces au cœur, non aux sens. J'étais impunément familier avec elle; mon imagination ne me demandait que ce qu'elle m'accordait; cependant je n'aurais pu supporter de lui en voir faire autant à d'autres. Je l'aimais en frère, mais j'en étais jaloux en amant.

Je l'eusse été de Mlle Goton en Turc, en furieux, en tigre, si j'avais seulement imaginé qu'elle pût faire à un autre le même traitement qu'elle m'accordait, car cela même était une grâce qu'il fallait demander à genoux. J'abordais Mlle de Vulson avec un plaisir très vif, mais sans trouble; au lieu qu'en voyant seulement Mlle Goton, je ne voyais plus rien; tous mes sens étaient bouleversés. J'étais familier avec la première sans avoir de familiarités; au contraire, j'étais aussi tremblant qu'agité devant la seconde, même au fort des plus grandes familiarités. Je crois que si j'avais resté trop longtemps avec elle, je n'aurais pu vivre; les palpitations m'auraient étouffé. Je craignais également de leur déplaire; mais j'étais plus complaisant pour l'une et plus obéissant pour l'autre. Pour rien au monde je n'aurais voulu fâcher Mlle de Vulson; mais si Mlle Goton m'eût ordonné de me jeter dans les flammes, je crois qu'à l'instant j'aurais obéi.

Mes amours ou plutôt mes rendez-vous avec celle-ci durèrent peu, très heureusement pour elle et pour moi. Quoique mes liaisons avec Mlle de Vulson n'eussent pas le même danger, elles ne laissèrent pas d'avoir aussi leur catastrophe, après avoir un peu plus longtemps duré. Les fins de tout cela devaient toujours avoir l'air un peu romanesque, et donner prise aux exclamations. Quoique mon commerce avec Mlle de Vulson fût moins vif, il était plus attachant peut-être. Nos séparations ne se faisaient jamais sans larmes, et il est singulier dans quel

vide accablant je me sentais plongé après l'avoir quittée.
Je ne pouvais parler que d'elle, ni penser qu'à elle : mes
regrets étaient vrais et vifs ; mais je crois qu'au fond ces
héroïques regrets n'étaient pas tous pour elle, et que,
sans que je m'en aperçusse, les amusements dont elle
était le centre y avaient leur bonne part. Pour tempérer
les douleurs de l'absence, nous nous écrivions des lettres
d'un pathétique à faire fendre les rochers. Enfin j'eus
la gloire qu'elle n'y put plus tenir, et qu'elle vint me voir
à Genève. Pour le coup, la tête acheva de me tourner ;
je fus ivre et fou les deux jours qu'elle y resta. Quand elle
partit, je voulais me jeter dans l'eau après elle, et je fis
longtemps retentir l'air de mes cris. Huit jours après, elle
m'envoya des bonbons et des gants ; ce qui m'eût paru
fort galant, si je n'eusse appris en même temps qu'elle
était mariée, et que ce voyage dont il lui avait plu de
me faire honneur, était pour acheter ses habits de noces.
Je ne décrirai pas ma fureur ; elle se conçoit. Je jurai dans
mon noble courroux de ne plus revoir la perfide, n'imaginant pas pour elle de plus terrible punition. Elle n'en
mourut pas cependant ; car vingt ans après, étant allé
voir mon père, et me promenant avec lui sur le lac, je
demandai qui étaient des dames que je voyais dans un
bateau peu loin du nôtre. Comment ! me dit mon père
en souriant, le cœur ne te le dit-il pas ? ce sont tes
anciennes amours ; c'est Mme Christin, c'est Mlle de
Vulson. Je tressaillis à ce nom presque oublié : mais je
dis aux bateliers de changer de route ; ne jugeant pas,
quoique j'eusse assez beau jeu pour prendre ma revanche,
que ce fût la peine d'être parjure, et de renouveler une
querelle de vingt ans avec une femme de quarante.

Ainsi se perdait en niaiseries le plus précieux temps de
mon enfance, avant qu'on eût décidé de ma destination.
Après de longues délibérations pour suivre mes dispositions naturelles, on prit enfin le parti pour lequel j'en
avais le moins, et l'on me mit chez M. Masseron, greffier
de la ville, pour apprendre sous lui, comme disait M. Bernard, l'utile métier de grapignan. Ce surnom me déplaisait souverainement ; l'espoir de gagner force écus par une
voie ignoble flattait peu mon humeur hautaine ; l'occupation me paraissait ennuyeuse, insupportable ; l'assiduité, l'assujettissement, achevèrent de m'en rebuter,
et je n'entrais jamais au greffe qu'avec une horreur qui
croissait de jour en jour. M. Masseron, de son côté, peu
content de moi, me traitait avec mépris, me reprochant

sans cesse mon engourdissement, ma bêtise, me répétant tous les jours que mon oncle l'avait assuré *que je savais, que je savais*, tandis que dans le vrai je ne savais rien; qu'il lui avait promis un joli garçon, et qu'il ne le lui avait donné qu'un âne. Enfin je fus renvoyé du greffe ignominieusement pour mon ineptie, et il fut prononcé par les clercs de M. Masseron que je n'étais bon qu'à mener la lime.

Ma vocation ainsi déterminée, je fus mis en apprentissage, non toutefois chez un horloger, mais chez un graveur. Les dédains du greffier m'avaient extrêmement humilié et j'obéis sans murmure. Mon maître, appelé M. Ducommun, était un jeune homme rustre et violent, qui vint à bout, en très peu de temps, de ternir tout l'éclat de mon enfance, d'abrutir mon caractère aimant et vif, et de me réduire, par l'esprit ainsi que par la fortune, à mon véritable état d'apprentif. Mon latin, mes antiquités, mon histoire, tout fut pour longtemps oublié; je ne me souvenais pas même qu'il y eût eu des Romains au monde. Mon père, quand je l'allais voir, ne trouvait plus en moi son idole, je n'étais plus pour les dames le galant Jean-Jacques, et je sentais si bien moi-même que M. et Mlle Lambercier n'auraient plus reconnu en moi leur élève que j'eus honte de me représenter à eux, et ne les ai plus revus depuis lors. Les goûts les plus vils, la plus basse polissonnerie, succédèrent à mes aimables amusements, sans m'en laisser même la moindre idée. Il faut que, malgré l'éducation la plus honnête, j'eusse un grand penchant à dégénérer; car cela se fit très rapidement, sans la moindre peine, et jamais César si précoce ne devint si promptement Laridon.

Le métier ne me déplaisait pas en lui-même : j'avais un goût vif pour le dessin, le jeu du burin m'amusait assez, et, comme le talent du graveur pour l'horlogerie est très borné, j'avais l'espoir d'en atteindre la perfection. J'y serais parvenu peut-être si la brutalité de mon maître et la gêne excessive ne m'avaient rebuté du travail. Je lui dérobais mon temps pour l'employer en occupations du même genre, mais qui avaient pour moi l'attrait de la liberté. Je gravais des espèces de médailles pour nous servir, à moi et à mes camarades, d'ordre de chevalerie. Mon maître me surprit à ce travail de contrebande, et me roua de coups, disant que je m'exerçais à faire de la fausse monnaie, parce que nos médailles avaient les armes de la République. Je puis bien jurer que je n'avais nulle idée de la fausse monnaie, et très peu de la véritable.

Je savais mieux comment se faisaient les as romains que
nos pièces de trois sols.

La tyrannie de mon maître finit par me rendre insupportable le travail que j'aurais aimé, et par me donner des
vices que j'aurais haïs, tels que le mensonge, la fainéan-
tise, le vol. Rien ne m'a mieux appris la différence qu'il
y a de la dépendance filiale à l'esclavage servile, que le
souvenir des changements que produisit en moi cette
époque. Naturellement timide et honteux, je n'eus jamais
plus d'éloignement pour aucun défaut que pour l'effronterie. Mais j'avais joui d'une liberté honnête, qui seulement s'était restreinte jusque-là par degrés, et s'évanouit
enfin tout à fait. J'étais hardi chez mon père, libre chez
M. Lambercier, discret chez mon oncle; je devins craintif chez mon maître, et dès lors je fus un enfant perdu.
Accoutumé à une égalité parfaite avec mes supérieurs
dans la manière de vivre, à ne pas connaître un plaisir
qui ne fût à ma portée, à ne pas voir un mets dont je
n'eusse ma part, à n'avoir pas un désir que je ne témoi-
gnasse, à mettre enfin tous les mouvements de mon
cœur sur mes lèvres : qu'on juge de ce que je dus devenir
dans une maison où je n'osais pas ouvrir la bouche, où
il fallait sortir de table au tiers du repas, et de la chambre
aussitôt que je n'y avais rien à faire, où, sans cesse
enchaîné à mon travail, je ne voyais qu'objets de jouissance pour d'autres et de privations pour moi seul; où
l'image de la liberté du maître et des compagnons augmentait le poids de mon assujettissement; où dans les
disputes sur ce que je savais le mieux, je n'osais ouvrir
la bouche; où tout enfin ce que je voyais devenait pour
mon cœur un objet de convoitise, uniquement parce
que j'étais privé de tout. Adieu l'aisance, la gaieté, les
mots heureux qui jadis souvent dans mes fautes m'avaient
fait échapper au châtiment. Je ne puis me rappeler sans
rire qu'un soir, chez mon père, étant condamné pour
quelque espièglerie à m'aller coucher sans souper, et
passant par la cuisine avec mon triste morceau de pain,
je vis et flairai le rôti tournant à la broche. On était autour
du feu; il fallut en passant saluer tout le monde. Quand
la ronde fut faite, lorgnant du coin de l'œil ce rôti qui
avait si bonne mine et qui sentait si bon, je ne pus m'abstenir de lui faire aussi la révérence, et de lui dire d'un
ton piteux : *Adieu, rôti*. Cette saillie de naïveté parut
si plaisante, qu'on me fit rester à souper. Peut-être eût-elle
eu le même bonheur chez mon maître, mais il est sûr

qu'elle ne m'y serait pas venue, ou que je n'aurais jamais osé m'y livrer.

Voilà comment j'appris à convoiter en silence, à me cacher, à dissimuler, à mentir, et à dérober enfin, fantaisie qui jusqu'alors ne m'était pas venue, et dont je n'ai pu depuis lors bien me guérir. La convoitise et l'impuissance mènent toujours là. Voilà pourquoi tous les laquais sont fripons, et pourquoi tous les apprentifs doivent l'être; mais dans un état égal et tranquille, où tout ce qu'ils voient est à leur portée, ces derniers perdent en grandissant ce honteux penchant. N'ayant pas eu le même avantage, je n'en ai pu tirer le même profit.

Ce sont presque toujours de bons sentiments mal dirigés qui font faire aux enfants le premier pas vers le mal. Malgré les privations et les tentations continuelles, j'avais demeuré plus d'un an chez mon maître sans pouvoir me résoudre à rien prendre, pas même des choses à manger. Mon premier vol fut une affaire de complaisance; mais il ouvrit la porte à d'autres qui n'avaient pas une si louable fin.

Il y avait chez mon maître un compagnon appelé M. Verrat, dont la maison, dans le voisinage, avait un jardin assez éloigné qui produisait de très belles asperges. Il prit envie à M. Verrat, qui n'avait pas beaucoup d'argent, de voler à sa mère des asperges dans leur primeur, et de les vendre pour faire quelques bons déjeuners. Comme il ne voulait pas s'exposer lui-même et qu'il n'était pas fort ingambe, il me choisit pour cette expédition. Après quelques cajoleries préliminaires, qui me gagnèrent d'autant mieux que je n'en voyais pas le but, il me la proposa comme une idée qui lui venait sur-le-champ. Je disputai beaucoup; il insista. Je n'ai jamais pu résister aux caresses; je me rendis. J'allais tous les matins moissonner les plus belles asperges; je les portais au Molard, où quelque bonne femme, qui voyait que je venais de les voler, me le disait pour les avoir à meilleur compte. Dans ma frayeur je prenais ce qu'elle voulait bien me donner; je le portais à M. Verrat. Cela se changeait promptement en un déjeuner dont j'étais le pourvoyeur, et qu'il partageait avec un autre camarade; car pour moi, très content d'en avoir quelque bribe, je ne touchais pas même à leur vin.

Ce petit manège dura plusieurs jours sans qu'il me vînt même à l'esprit de voler le voleur, et de dîmer sur M. Verrat le produit de ses asperges. J'exécutais ma fri-

ponnerie avec la plus grande fidélité; mon seul motif
était de complaire à celui qui me la faisait faire. Cependant, si j'eusse été surpris, que de coups, que d'injures,
quels traitements cruels n'eussé-je point essuyés, tandis
que le misérable, en me démentant, eût été cru sur sa
parole, et moi doublement puni pour avoir osé le charger, attendu qu'il était compagnon et que je n'étais qu'apprentif! Voilà comment en tout état le fort coupable se
sauve aux dépens du faible innocent.

J'appris ainsi qu'il n'était pas si terrible de voler que
je l'avais cru, et je tirai bientôt si bon parti de ma science,
que rien de ce que je convoitais n'était à ma portée en
sûreté. Je n'étais pas absolument mal nourri chez mon
maître et la sobriété ne m'était pénible qu'en la lui voyant
si mal garder. L'usage de faire sortir de table les jeunes
gens quand on y sert ce qui les tente le plus, me paraît
très bien entendu pour les rendre aussi friands que fripons. Je devins en peu de temps l'un et l'autre; et je
m'en trouvais fort bien pour l'ordinaire, quelquefois fort
mal quand j'étais surpris.

Un souvenir qui me fait frémir encore et rire tout à
la fois, est celui d'une chasse aux pommes qui me coûta
cher. Ces pommes étaient au fond d'une dépense qui,
par une jalousie élevée recevait du jour de la cuisine. Un
jour que j'étais seul dans la maison, je montai sur la maie
pour regarder dans le jardin des Hespérides ce précieux
fruit dont je ne pouvais approcher. J'allai chercher la
broche pour voir si elle pourrait y atteindre : elle
était trop courte. Je l'allongeai par une autre petite
broche qui servait pour le menu gibier; car mon maître
aimait la chasse. Je piquai plusieurs fois sans succès;
enfin je sentis avec transport que j'amenais une pomme.
Je tirai très doucement : déjà la pomme touchait à la
jalousie : j'étais prêt à la saisir. Qui dira ma douleur ?
La pomme était trop grosse, elle ne put passer par le
trou. Que d'inventions ne mis-je point en usage pour la
tirer! Il fallut trouver des supports pour tenir la broche
en état, un couteau assez long pour fendre la pomme,
une latte pour la soutenir. A force d'adresse et de temps
je parvins à la partager, espérant tirer ensuite les pièces
l'une après l'autre; mais à peine furent-elles séparées,
qu'elles tombèrent toutes deux dans la dépense. Lecteur pitoyable, partagez mon affliction.

Je ne perdis point courage; mais j'avais perdu beaucoup de temps. Je craignais d'être surpris; je renvoie

au lendemain une tentative plus heureuse, et je me remets à l'ouvrage tout aussi tranquillement que si je n'avais rien fait, sans songer aux deux témoins indiscrets qui déposaient contre moi dans la dépense.

Le lendemain, retrouvant l'occasion belle, je tente un nouvel essai. Je monte sur mes tréteaux, j'allonge la broche, je l'ajuste; j'étais prêt à piquer... Malheureusement le dragon ne dormait pas; tout à coup la porte de la dépense s'ouvre : mon maître en sort, croise les bras, me regarde et me dit : Courage!... La plume me tombe des mains.

Bientôt, à force d'essuyer de mauvais traitements, j'y devins moins sensible; ils me parurent enfin une sorte de compensation du vol, qui me mettait en droit de le continuer. Au lieu de retourner les yeux en arrière et de regarder la punition, je les portais en avant et je regardais la vengeance. Je jugeais que me battre comme fripon, c'était m'autoriser à l'être. Je trouvais que voler et être battu allaient ensemble, et constituaient en quelque sorte un état, et qu'en remplissant la partie de cet état qui dépendait de moi, je pouvais laisser le soin de l'autre à mon maître. Sur cette idée je me mis à voler plus tranquillement qu'auparavant. Je me disais : Qu'en arrivera-t-il enfin ? Je serai battu. Soit : je suis fait pour l'être.

J'aime à manger, sans être avide : je suis sensuel, et non pas gourmand. Trop d'autres goûts me distraisent de celui-là. Je ne suis jamais occupé de ma bouche que quand mon cœur était oisif; et cela m'est si rarement arrivé dans ma vie, que je n'ai guère eu le temps de songer aux bons morceaux. Voilà pourquoi je ne bornai pas longtemps ma friponnerie au comestible, je l'étendis bientôt à tout ce qui me tentait; et si je ne devins pas un voleur en forme, c'est que je n'ai jamais été beaucoup tenté d'argent. Dans le cabinet commun, mon maître avait un autre cabinet à part qui fermait à clef; je trouvai le moyen d'en ouvrir la porte et de la refermer sans qu'il y parût. Là je mettais à contribution ses bons outils, ses meilleurs dessins, ses empreintes, tout ce qui me faisait envie et qu'il affectait d'éloigner de moi. Dans le fond, ces vols étaient bien innocents, puisqu'ils n'étaient faits que pour être employés à son service : mais j'étais transporté de joie d'avoir ces bagatelles en mon pouvoir; je croyais voler le talent avec ses productions. Du reste, il y avait dans des boîtes des recoupes d'or et d'argent, de petits bijoux, des pièces de prix, de la monnaie. Quand j'avais quatre ou cinq sols dans ma poche, c'était beaucoup : cependant, loin de toucher à rien de tout cela, je ne me souviens pas même d'y avoir jeté de ma vie un regard de convoitise. Je le voyais avec plus d'effroi que de plaisir. Je crois bien que cette horreur du vol de l'argent et de ce qui en produit me venait en grande partie de l'éducation. Il se mêlait à cela des idées secrètes d'infamie, de prison, de châtiment, de potence qui m'auraient fait frémir si j'avais été tenté ; au lieu que mes tours ne me semblaient que des espiègleries, et n'étaient pas autre chose en effet. Tout cela ne pouvait valoir que d'être bien étrillé par mon maître, et d'avance je m'arrangeais là-dessus.

Mais, encore une fois, je ne convoitais pas même assez pour avoir à m'abstenir ; je ne sentais rien à combattre. Une seule feuille de beau papier à dessiner me tentait plus que l'argent pour en payer une rame. Cette bizarrerie tient à une des singularités de mon caractère ; elle a eu tant d'influence sur ma conduite qu'il importe de l'expliquer.

J'ai des passions très ardentes, et tandis qu'elles m'agitent, rien n'égale mon impétuosité : je ne connais plus ni ménagement, ni respect, ni crainte, ni bienséance ; je suis cynique, effronté, violent, intrépide ; il n'y a ni honte qui m'arrête, ni danger qui m'effraye : hors le seul objet qui m'occupe, l'univers n'est plus rien pour moi. Mais tout cela ne dure qu'un moment, et le moment qui suit me jette dans l'anéantissement. Prenez-moi dans le calme, je suis l'indolence et la timidité même : tout m'effarouche, tout me rebute ; une mouche en volant me fait peur ; un mot à dire, un geste à faire épouvante ma paresse ; la crainte et la honte me subjuguent à tel point que je voudrais m'éclipser aux yeux de tous les mortels. S'il faut agir, je ne sais que faire ; s'il faut parler, je ne sais que dire ; si l'on me regarde, je suis décontenancé. Quand je me passionne, je sais trouver quelquefois ce que j'ai à dire ; mais dans les entretiens ordinaires, je ne trouve rien, rien du tout ; ils me sont insupportables par cela seul que je suis obligé de parler.

Ajoutez qu'aucun de mes goûts dominants ne consiste en choses qui s'achètent. Il ne me faut que des plaisirs purs, et l'argent les empoisonne tous. J'aime par exemple ceux de la table ; mais, ne pouvant souffrir ni la gêne de la bonne compagnie, ni la crapule du cabaret, je ne puis les goûter qu'avec un ami ; car seul, cela ne m'est pas possible; mon imagination s'occupe alors d'autre chose, et je n'ai pas le plaisir de manger. Si mon sang allumé me demande des femmes, mon cœur ému me demande encore plus de l'amour. Des femmes à prix d'argent perdraient pour moi tous leurs charmes; je doute même s'il serait en moi d'en profiter. Il en est ainsi de tous les plaisirs à ma portée; s'ils ne sont gratuits, je les trouve insipides. J'aime les seuls biens qui ne sont à personne qu'au premier qui sait les goûter.

Jamais l'argent ne me parut une chose aussi précieuse qu'on la trouve. Bien plus, il ne m'a jamais paru fort commode; il n'est bon à rien par lui-même, il faut le transformer pour en jouir; il faut acheter, marchander, souvent être dupe, bien payer, être mal servi. Je voudrais une chose bonne dans sa qualité : avec mon argent je suis sûr de l'avoir mauvaise. J'achète cher un œuf frais, il est vieux, un beau fruit, il est vert; une fille, elle est gâtée. J'aime le bon vin, mais où en prendre ? Chez un marchand de vin ? comme que je fasse, il m'empoisonnera. Veux-je absolument être bien servi ? que de soins, que d'embarras! avoir des amis, des correspondants, donner des commissions, écrire, aller, venir, attendre; et souvent au bout être encore trompé. Que de peine avec mon argent! Je la crains plus que je n'aime le bon vin.

Mille fois, durant mon apprentissage et depuis, je suis sorti dans le dessein d'acheter quelque friandise. J'approche de la boutique d'un pâtissier, j'aperçois des femmes au comptoir; je crois déjà les voir rire et se moquer entre elles du petit gourmand. Je passe devant une fruitière, je lorgne du coin de l'œil les belles poires, leur parfum me tente; deux ou trois jeunes gens tout près de là me regardent; un homme qui me connaît est devant sa boutique; je vois de loin venir une fille; n'est-ce point la servante de la maison ? Ma vue courte me fait mille illusions. Je prends tous ceux qui passent pour des gens de connaissance; partout je suis intimidé, retenu par quelque obstacle; mon désir croît avec ma honte, et je rentre enfin comme un sot, dévoré de convoitise, ayant dans ma poche de quoi la satisfaire, et n'ayant osé rien acheter.

J'entrerais dans les plus insipides détails, si je suivais dans l'emploi de mon argent, soit par moi, soit par d'autres, l'embarras, la honte, la répugnance, les inconvénients, les dégoûts de toute espèce que j'ai toujours éprouvés. A mesure qu'avançant dans ma vie le lecteur

prendra connaissance de mon humeur, il sentira tout
cela sans que je m'appesantisse à le lui dire.

Cela compris, on comprendra sans peine une de mes
prétendues contradictions : celle d'allier une avarice
presque sordide avec le plus grand mépris pour l'argent. C'est un meuble pour moi si peu commode, que je
ne m'avise pas même de désirer celui que je n'ai pas ; et
que quand j'en ai je le garde longtemps sans le dépenser,
faute de savoir l'employer à ma fantaisie ; mais l'occasion
commode et agréable se présente-t-elle, j'en profite si
bien que ma bourse se vide avant que je m'en sois aperçu.
Du reste, ne cherchez pas en moi le tic des avares, celui
de dépenser pour l'ostentation ; tout au contraire, je
dépense en secret et pour le plaisir : loin de me faire
gloire de dépenser, je m'en cache. Je sens si bien que
l'argent n'est pas à mon usage, que je suis presque honteux d'en avoir, encore plus de m'en servir. Si j'avais eu
jamais un revenu suffisant pour vivre commodément, je
n'aurais point été tenté d'être avare, j'en suis très sûr.
Je dépenserais tout mon revenu sans chercher à l'augmenter : mais ma situation précaire me tient en crainte.
J'adore la liberté. J'abhorre la gêne, la peine, l'assujettissement. Tant que dure l'argent que j'ai dans ma bourse,
il assure mon indépendance ; il me dispense de m'intriguer pour en trouver d'autre ; nécessité que j'eus toujours
en horreur : mais de peur de le voir finir, je le choie.
L'argent qu'on possède est l'instrument de la liberté ;
celui qu'on pourchasse est celui de la servitude. Voilà
pourquoi je serre bien et ne convoite rien.

Mon désintéressement n'est donc que paresse ; le
plaisir d'avoir ne vaut pas la peine d'acquérir : et ma
dissipation n'est encore que paresse ; quand l'occasion
de dépenser agréablement se présente, on ne peut trop
la mettre à profit. Je suis moins tenté de l'argent que des
choses, parce qu'entre l'argent et la possession désirée
il y a toujours un intermédiaire ; au lieu qu'entre la chose
même et sa jouissance il n'y en a point. Je vois la chose,
elle me tente ; si je ne vois que le moyen de l'acquérir,
il ne me tente pas. J'ai donc été fripon et quelquefois
je le suis encore de bagatelles qui me tentent et que
j'aime mieux prendre que demander : mais, petit ou
grand, je ne me souviens pas d'avoir pris de ma vie un
liard à personne ; hors une seule fois, il n'y a pas quinze
ans, que je volai sept livres dix sous. L'aventure vaut la
peine d'être contée, car il s'y trouve un concours

impayable d'effronterie et de bêtise, que j'aurais peine
moi-même à croire s'il regardait un autre que moi.

C'était à Paris. Je me promenais avec M. de Francueil
au Palais-Royal, sur les cinq heures. Il tire sa montre, la
regarde, et me dit : Allons à l'Opéra : je le veux bien;
nous allons. Il prend deux billets d'amphithéâtre, m'en
donne un, et passe le premier avec l'autre, je le suis, il
entre. En entrant après lui, je trouve la porte embarrassée. Je regarde, je vois tout le monde debout; je juge que
je pourrai bien me perdre dans cette foule, ou du moins
laisser supposer à M. de Francueil que j'y suis perdu. Je
sors, je reprends ma contremarque, puis mon argent, et
je m'en vais, sans songer qu'à peine avais-je atteint la
porte que tout le monde était assis, et qu'alors M. de
Francueil voyait clairement que je n'y étais plus.

Comme jamais rien ne fut plus éloigné de mon humeur
que ce trait-là, je le note, pour montrer qu'il y a des
moments d'une espèce de délire où il ne faut point juger
des hommes par leurs actions. Ce n'était pas précisément voler cet argent; c'était en voler l'emploi : moins
c'était un vol, plus c'était une infamie.

Je ne finirais pas ces détails si je voulais suivre toutes
les routes par lesquelles, durant mon apprentissage, je
passai de la sublimité de l'héroïsme à la bassesse d'un
vaurien. Cependant, en prenant les vices de mon état, il
me fut impossible d'en prendre tout à fait les goûts. Je
m'ennuyais des amusements de mes camarades; et quand
la trop grande gêne m'eut aussi rebuté du travail, je
m'ennuyai de tout. Cela me rendit le goût de la lecture
que j'avais perdu depuis longtemps. Ces lectures, prises
sur mon travail, devinrent un nouveau crime qui m'attira
de nouveaux châtiments. Ce goût irrité par la contrainte
devint passion, bientôt fureur. La Tribu, fameuse loueuse
de livres, m'en fournissait de toute espèce. Bons et
mauvais, tout passait; je ne choisissais point : je lisais
tout avec une égale avidité. Je lisais à l'établi, je lisais
en allant faire mes messages, je lisais à la garde-robe, et
m'y oubliais des heures entières; la tête me tournait de la
lecture, je ne faisais plus que lire. Mon maître m'épiait,
me surprenait, me battait, me prenait mes livres. Que de
volumes furent déchirés, brûlés, jetés par les fenêtres! que
d'ouvrages restèrent dépareillés chez la Tribu! Quand je
n'avais plus de quoi la payer, je lui donnais mes chemises,
mes cravates, mes hardes; mes trois sols d'étrennes
tous les dimanches lui étaient régulièrement portés.

Voilà donc, me dira-t-on, l'argent devenu nécessaire. Il est vrai, mais ce fut quand la lecture m'eût ôté toute activité. Livré tout entier à mon nouveau goût, je ne faisais plus que lire, je ne volais plus. C'est encore ici une de mes différences caractéristiques. Au fort d'une certaine habitude d'être, un rien me distrait, me change, m'attache, enfin me passionne; et alors tout est oublié, je ne songe plus qu'au nouvel objet qui m'occupe. Le cœur me battait d'impatience de feuilleter le nouveau livre que j'avais dans la poche; je le tirais aussitôt que j'étais seul, et ne songeais plus à fouiller le cabinet de mon maître. J'ai même peine à croire que j'eusse volé quand même j'aurais eu des passions plus coûteuses. Borné au moment présent, il n'était pas dans mon tour d'esprit de m'arranger ainsi pour l'avenir. La Tribu me faisait crédit : les avances étaient petites; et quand j'avais empoché mon livre, je ne songeais plus à rien. L'argent qui me venait naturellement passait de même à cette femme, et quand elle devenait pressante, rien n'était plus tôt sous ma main que mes propres effets. Voler par avance était trop de prévoyance, et voler pour payer n'était pas même une tentation.

À force de querelles, de coups, de lectures dérobées et mal choisies, mon humeur devint taciturne, sauvage; ma tête commençait à s'altérer, et je vivais en vrai loup-garou. Cependant si mon goût ne me préserva pas des livres plats et fades, mon bonheur me préserva des livres obscènes et licencieux : non que la Tribu, femme à tous égards très accommodante, se fît un scrupule de m'en prêter. Mais, pour les faire valoir, elle me les nommait avec un air de mystère qui me forçait précisément à les refuser, tant par dégoût que par honte; et le hasard seconda si bien mon humeur pudique, que j'avais plus de trente ans avant que j'eusse jeté les yeux sur aucun de ces dangereux livres qu'une belle dame de par le monde trouve incommodes, en ce qu'on ne peut, dit-elle, les lire que d'une main.

En moins d'un an j'épuisai la mince boutique de la Tribu, et alors je me trouvai dans mes loisirs cruellement désœuvré. Guéri de mes goûts d'enfant et de polisson par celui de la lecture, et même par mes lectures, qui, bien que sans choix et souvent mauvaises, ramenaient pourtant mon cœur à des sentiments plus nobles que ceux que m'avait donné[s] mon état; dégoûté de tout ce qui était à ma portée, et sentant trop loin de moi tout ce qui m'aurait tenté, je ne voyais rien de possible qui pût flatter mon cœur. Mes sens émus depuis longtemps me demandaient une jouissance dont je ne savais pas même imaginer l'objet. J'étais aussi loin du véritable que si je n'avais point eu de sexe; et, déjà pubère et sensible, je pensais quelquefois à mes folies, mais je ne voyais rien au delà. Dans cette étrange situation, mon inquiète imagination prit un parti qui me sauva de moi-même et calma ma naissante sensualité; ce fut de se nourrir des situations qui m'avaient intéressé dans mes lectures, de les rappeler, de les varier, de les combiner, de me les approprier tellement que je devinsse un des personnages que j'imaginais, que je me visse toujours dans les positions les plus agréables selon mon goût, enfin que l'état fictif où je venais à bout de me mettre, me fît oublier mon état réel dont j'étais si mécontent. Cet amour des objets imaginaires et cette facilité de m'en occuper achevèrent de me dégoûter de tout ce qui m'entourait, et déterminèrent ce goût pour la solitude qui m'est toujours resté depuis ce temps-là. On verra plus d'une fois dans la suite les bizarres effets de cette disposition si misanthrope et si sombre en apparence, mais qui vient en effet d'un cœur trop affectueux, trop aimant, trop tendre, qui, faute d'en trouver d'existants qui lui ressemblent, est forcé de s'alimenter de fictions. Il me suffit, quant à présent, d'avoir marqué l'origine et la première cause d'un penchant qui a modifié toutes mes passions, et qui, les contenant par elles-mêmes, m'a toujours rendu paresseux à faire, par trop d'ardeur à désirer.

J'atteignis ainsi ma seizième année, inquiet, mécontent de tout et de moi, sans goûts de mon état, sans plaisirs de mon âge, dévoré de désirs dont j'ignorais l'objet, pleurant sans sujets de larmes, soupirant sans savoir de quoi; enfin caressant tendrement mes chimères, faute de rien voir autour de moi qui les valût. Les dimanches, mes camarades venaient me chercher après le prêche pour aller m'ébattre avec eux. Je leur aurais volontiers échappé si j'avais pu; mais une fois en train dans leurs jeux, j'étais le plus ardent et j'allais plus loin qu'aucun autre; difficile à ébranler et à retenir. Ce fut là de tout temps ma disposition constante. Dans nos promenades hors de la ville, j'allais toujours en avant sans songer au retour, à moins que d'autres n'y songeassent pour moi. J'y fus pris deux fois; les portes furent fermées avant que je pusse arriver. Le lendemain je fus traité comme on s'imagine, et la

seconde fois il me fut promis un tel accueil pour la troisième, que je résolus de ne m'y pas exposer. Cette troisième fois si redoutée arriva pourtant. Ma vigilance fut
mise en défaut par un maudit capitaine appelé M. Minu-
toli, qui fermait toujours la porte où il était de garde une
demi-heure avant les autres. Je revenais avec deux camarades. A demi-lieue de la ville, j'entends sonner la retraite;
je double le pas; j'entends battre la caisse, je cours à
toutes jambes : j'arrive essoufflé, tout en nage; le cœur
me bat; je vois de loin les soldats à leur poste; j'accours,
je crie d'une voix étouffée. Il était trop tard. A vingt pas
de l'avancée je vois lever le premier pont. Je frémis en
voyant en l'air ces cornes terribles, sinistre et fatal augure
du sort inévitable que ce moment commençait pour moi.

Dans le premier transport de douleur, je me jetai sur
le glacis et mordis la terre. Mes camarades, riant de leur
malheur, prirent à l'instant leur parti. Je pris aussi le
mien; mais ce fut d'une autre manière. Sur le lieu même
je jurai de ne retourner jamais chez mon maître; et le
lendemain, quand, à l'heure de la découverte, ils ren-
trèrent en ville, je leur dis adieu pour jamais, les priant
seulement d'avertir en secret mon cousin Bernard de la
résolution que j'avais prise, et du lieu où il pourrait me
voir encore une fois.

A mon entrée en apprentissage, étant plus séparé de
lui, je le vis moins : toutefois, durant quelque temps
nous nous rassemblions les dimanches; mais insensiblement chacun prit d'autres habitudes, et nous nous vîmes
plus rarement. Je suis persuadé que sa mère contribua
beaucoup à ce changement. Il était, lui, un garçon du
haut; moi, chétif apprentif, je n'étais plus qu'un enfant
de Saint-Gervais. Il n'y avait plus entre nous d'égalité
malgré la naissance; c'était déroger que de me fréquenter.
Cependant les liaisons ne cessèrent point tout à fait entre
nous, et comme c'était un garçon d'un bon naturel, il
suivait quelquefois son cœur malgré les leçons de sa mère.
Instruit de ma résolution, il accourut, non pour m'en dis-
suader ou la partager, mais pour jeter, par de petits présents, quelque agrément dans ma fuite; car mes propres
ressources ne pouvaient me mener fort loin. Il me donna
entre autres une petite épée, dont j'étais fort épris, que
j'ai portée jusqu'à Turin, où le besoin m'en fit défaire,
et où je me la passai, comme on dit, au travers du corps.
Plus j'ai réfléchi depuis à la manière dont il se conduisit
avec moi dans ce moment critique, plus je me suis per-

suadé qu'il suivit les instructions de sa mère, et peut-être
de son père; car il n'est pas possible que de lui-même, il
n'eût fait quelque effort pour me retenir, ou qu'il n'eût
été tenté de me suivre : mais point. Il m'encouragea dans
mon dessein plutôt qu'il ne m'en détourna; puis,
quand il me vit bien résolu, il me quitta sans beaucoup de
larmes. Nous ne nous sommes jamais écrit ni revus. C'est
dommage : il était d'un caractère essentiellement bon :
nous étions faits pour nous aimer.

Avant de m'abandonner à la fatalité de ma destinée,
qu'on me permette de tourner un moment les yeux sur
celle qui m'attendait naturellement si j'étais tombé dans
les mains d'un meilleur maître. Rien n'était plus conve-
nable à mon humeur, ni plus propre à me rendre heureux,
que l'état tranquille et obscur d'un bon artisan, dans
certaines classes surtout, telle qu'est à Genève celle des
graveurs. Cet état, assez lucratif pour donner une subsistance aisée, et pas assez pour mener à la fortune, eût
borné mon ambition pour le reste de mes jours, et, me
laissant un loisir honnête pour cultiver des goûts modérés,
il m'eût contenu dans ma sphère sans m'offrir aucun
moyen d'en sortir. Ayant une imagination assez riche
pour orner de ses chimères tous les états, assez puissante
pour me transporter, pour ainsi dire à mon gré, de l'un
à l'autre, il m'importait peu dans lequel je fusse en effet.
Il ne pouvait y avoir si loin du lieu où j'étais au premier
château en Espagne, qu'il ne me fût aisé de m'y établir.
De cela seul il suivait que l'état le plus simple, celui qui
donnait le moins de tracas et de soins, celui qui laissait
l'esprit le plus libre, était celui qui me convenait le mieux;
et c'était précisément le mien. J'aurais passé dans le sein
de ma religion, de ma patrie, de ma famille et de mes
amis, une vie paisible et douce, telle qu'il la fallait à mon
caractère, dans l'uniformité d'un travail de mon goût
et d'une société selon mon cœur. J'aurais été bon chrétien, bon citoyen, bon père de famille, bon ami, bon
ouvrier, bon homme en toute chose. J'aurais aimé mon
état, je l'aurais honoré peut-être, et après avoir passé une
vie obscure et simple, mais égale et douce, je serais mort
paisiblement dans le sein des miens. Bientôt oublié,
sans doute, j'aurais été regretté du moins aussi longtemps qu'on se serait souvenu de moi.

Au lieu de cela... quel tableau vais-je faire? Ah!
n'anticipons point sur les misères de ma vie! Je n'occu-
perai que trop mes lecteurs de ce triste sujet.

LIVRE SECOND

Autant le moment où l'effroi me suggéra le projet de fuir m'avait paru triste, autant celui où je l'exécutai me parut charmant. Encore enfant, quitter mon pays, mes parents, mes appuis, mes ressources; laisser un apprentissage à moitié fait sans savoir mon métier assez pour en vivre; me livrer aux horreurs de la misère sans voir aucun moyen d'en sortir; dans l'âge de la faiblesse et de l'innocence, m'exposer à toutes les tentations du vice et du désespoir; chercher au loin les maux, les erreurs, les pièges, l'esclavage et la mort, sous un joug bien plus inflexible que celui que je n'avais pu souffrir : c'était là ce que j'allais faire; c'était la perspective que j'aurais dû envisager. Que celle que je me peignais était différente! L'indépendance que je croyais avoir acquise était le seul sentiment qui m'affectait. Libre et maître de moi-même, je croyais pouvoir tout faire, atteindre à tout : je n'avais qu'à m'élancer pour m'élever et voler dans les airs. J'entrais avec sécurité dans le vaste espace du monde; mon mérite allait le remplir; à chaque pas j'allais trouver des festins, des trésors, des aventures, des amis prêts à me servir, des maîtresses empressées à me plaire : en me montrant j'allais occuper de moi l'univers, non pas pourtant l'univers tout entier, je l'en dispensais en quelque sorte, il ne m'en fallait pas tant. Une société charmante me suffisait sans m'embarrasser du reste. Ma modération m'inscrivait dans une sphère étroite, mais délicieusement choisie, où j'étais assuré de régner. Un seul château bornait mon ambition. Favori du seigneur et de la dame, amant de la demoiselle, ami du frère et protecteur des voisins, j'étais content; il ne m'en fallait pas davantage.

En attendant ce modeste avenir, j'errai quelques jours

autour de la Ville, logeant chez des paysans de ma connaissance, qui tous me reçurent avec plus de bonté que n'auraient fait des urbains. Ils m'accueillaient, me logeaient, me nourrissaient trop bonnement pour en avoir le mérite. Cela ne pouvait pas s'appeler faire l'aumône; ils n'y mettaient pas assez l'air de la supériorité.

A force de voyager et de parcourir le monde, j'allai jusqu'à Confignon, terres de Savoie à deux lieues de Genève. Le curé s'appelait M. de Pontverre. Ce nom fameux dans l'histoire de la République me frappa beaucoup. J'étais curieux de voir comment étaient faits les descendants des gentilshommes de la Cuiller. J'allai voir M. de Pontverre : il me reçut bien, me parla de l'hérésie de Genève, de l'autorité de la Sainte Mère Eglise, et me donna à dîner. Je trouvai peu de chose à répondre à des arguments qui finissaient ainsi, et je jugeai que des curés chez qui l'on dînait si bien valaient tout au moins nos ministres. J'étais certainement plus savant que M. de Pontverre, tout gentilhomme qu'il était; mais j'étais trop bon convive pour être si bon théologien; et son vin de Frangy, qui me parut excellent, argumentait si victorieusement pour lui, que j'aurais rougi de fermer la bouche à un si bon hôte. Je cédais donc, ou du moins je ne résistais pas en face. A voir les ménagements dont j'usais, on m'aurait cru faux. On se fût trompé; je n'étais qu'honnête, cela est certain. La flatterie, ou plutôt la condescendance, n'est pas toujours un vice, elle est plus souvent une vertu, surtout dans les jeunes gens. La bonté avec laquelle un homme nous traite nous attache à lui : ce n'est pas pour l'abuser qu'on lui cède, c'est pour ne pas l'attrister, pour ne pas lui rendre le mal pour le bien. Quel intérêt avait M. de Pontverre à m'accueillir, à me bien traiter, à vouloir me convaincre ? Nul autre que le mien propre. Mon jeune cœur se disait cela. J'étais touché de reconnaissance et de respect pour le bon prêtre. Je sentais ma supériorité; je ne voulais pas l'en accabler pour prix de son hospitalité. Il n'y avait point de motif hypocrite à cette conduite : je ne songeais point à changer de religion; et, bien loin de me familiariser si vite avec cette idée, je ne l'envisageais qu'avec une horreur qui devait l'écarter de moi pour longtemps : je voulais seulement ne point fâcher ceux qui me caressaient dans cette vue; je voulais cultiver leur bienveillance, et leur laisser l'espoir du succès en paraissant moins armé que je ne l'étais en effet. Ma faute en cela ressemblait à la coquetterie des honnêtes femmes qui, quelquefois, pour parvenir à leurs fins, savent, sans rien permettre ni rien promettre, faire espérer plus qu'elles ne veulent tenir.

La raison, la pitié, l'amour de l'ordre exigeaient assurément que, loin de se prêter à ma folie, on m'éloignât de ma perte où je courais, en me renvoyant dans ma famille. C'est là ce qu'aurait fait ou tâché de faire tout homme vraiment vertueux. Mais quoique M. de Pontverre fût un bon homme, ce n'était assurément pas un homme vertueux; au contraire, c'était un dévot qui ne connaissait d'autre vertu que d'adorer les images et de dire le rosaire; une espèce de missionnaire qui n'imaginait rien de mieux, pour le bien de la foi, que faire des libelles contre les ministres de Genève. Loin de penser à me renvoyer chez moi, il profita du désir que j'avais de m'en éloigner, pour me mettre hors d'état d'y retourner quand même il m'en prendrait envie. Il y avait tout à parier qu'il m'envoyait périr de misère ou devenir un vaurien. Ce n'était point là ce qu'il voyait : il voyait une âme ôtée à l'hérésie et rendue à l'Eglise. Honnête homme ou vaurien, qu'importait cela pourvu que j'allasse à la messe ? Il ne faut pas croire, au reste, que cette façon de penser soit particulière aux Catholiques; elle est celle de toute religion dogmatique où l'on fait l'essentiel non de faire, mais de croire.

Dieu vous appelle, me dit M. de Pontverre : allez à Annecy; vous y trouverez une bonne Dame bien charitable, que les bienfaits du Roi mettent en état de retirer d'autres âmes de l'erreur dont elle est sortie elle-même. Il s'agissait de Mme de Warens, nouvelle convertie, que les prêtres forçaient, en effet, de partager avec la canaille qui venait vendre sa foi, une pension de deux mille francs que lui donnait le Roi de Sardaigne. Je me sentais fort humilié d'avoir besoin d'une bonne Dame bien charitable. J'aimais fort qu'on me donnât mon nécessaire, mais non pas qu'on me fît la charité; et une dévote n'était pas pour moi fort attirante. Toutefois, pressé par M. de Pontverre, par la faim qui me talonnait, bien aise aussi de faire un voyage et d'avoir un but, je prends mon parti, quoique avec peine, et je pars pour Annecy. J'y pouvais être aisément en un jour; mais je ne me pressais pas, j'en mis trois. Je ne voyais pas un château à droite ou à gauche sans aller chercher l'aventure que j'étais sûr qui m'y attendait. Je n'osais entrer dans le château ni heurter, car j'étais fort timide, mais je chantais sous la fenêtre qui avait le plus d'apparence, fort surpris, après m'être longtemps époumoné, de ne voir paraître ni Dames ni Demoiselles qu'attirât la beauté de ma voix ou le sel de mes chansons, vu que j'en avais d'admirables que mes camarades m'avaient apprises, et que je chantais admirablement.

J'arrive enfin; je vois Mme de Warens. Cette époque de ma vie a décidé de mon caractère; je ne puis me résoudre à la passer légèrement. J'étais au milieu de ma seizième année. Sans être ce qu'on appelle un beau garçon, j'étais bien pris dans ma petite taille; j'avais un joli pied, la jambe fine, l'air dégagé, la physionomie animée, la bouche mignonne, les sourcils et les cheveux noirs, les yeux petits et même enfoncés, mais qui lançaient avec force le feu dont mon sang était embrasé. Malheureusement je ne savais rien de tout cela, et de ma vie il ne m'est arrivé de songer à ma figure, que lorsqu'il n'était plus temps d'en tirer parti. Ainsi j'avais avec la timidité de mon âge celle d'un naturel très aimant, toujours troublé par la crainte de déplaire. D'ailleurs, quoique j'eusse l'esprit assez orné, n'ayant jamais vu le monde, je manquais totalement de manières, et mes connaissances, loin d'y suppléer, ne servaient qu'à m'intimider davantage, en me faisant sentir combien j'en manquais.

Craignant donc que mon abord ne prévînt pas en ma faveur, je pris autrement mes avantages, et je fis une belle lettre en style d'orateur, où, cousant des phrases des livres avec des locutions d'apprentif, je déployais toute mon éloquence pour capter la bienveillance de Mme de Warens. J'enfermai la lettre de M. de Pontverre dans la mienne, et je partis pour cette terrible audience. Je ne trouvai point Mme de Warens; on me dit qu'elle venait de sortir pour aller à l'église. C'était le jour des Rameaux de l'année 1728. Je cours pour la suivre : je la vois, je l'attends, je lui parle... Je dois me souvenir du lieu; je l'ai souvent depuis mouillé de mes larmes et couvert de mes baisers. Que ne puis-je entourer d'un balustre d'or cette heureuse place! que n'y puis-je attirer les hommages de toute la terre! Quiconque aime à honorer les monuments du salut des hommes n'en devrait approcher qu'à genoux.

C'était un passage derrière sa maison, entre un ruisseau à main droite qui la séparait du jardin, et le mur de la cour à gauche, conduisant par une fausse porte à

l'église des Cordeliers. Prête à entrer dans cette porte,
Mme de Warens se retourne à ma voix. Que devins-je
à cette vue! Je m'étais figuré une vieille dévote bien
rechignée; la bonne Dame de M. de Pontverre ne pouvait
être autre chose à mon avis. Je vois un visage pétri de
grâces, de beaux yeux bleus pleins de douceur, un teint
éblouissant, le contour d'une gorge enchanteresse. Rien
n'échappa au rapide coup d'œil du jeune prosélyte;
car je devins à l'instant le sien, sûr qu'une religion prê-
chée par de tels missionnaires ne pouvait manquer de
mener en paradis. Elle prend en souriant la lettre que je
lui présente d'une main tremblante, l'ouvre, jette un
coup d'œil sur celle de M. de Pontverre, revient à la
mienne, qu'elle lit tout entière, et qu'elle eût relue encore
si son laquais ne l'eût avertie qu'il était temps d'entrer.
Eh! mon enfant, me dit-elle, d'un ton qui me fit tressaillir, vous voilà courant le pays bien jeune; c'est dommage
en vérité. Puis, sans attendre ma réponse, elle ajouta :
Allez chez moi m'attendre; dites qu'on vous donne à
déjeuner; après la messe j'irai causer avec vous.

Louise-Eléonore de Warens était une demoiselle de
la Tour de Pil, noble et ancienne famille de Vevey, ville
du pays de Vaud. Elle avait épousé fort jeune M. de
Warens de la maison de Loys, fils aîné de M. de Villar-
din de Lausanne. Ce mariage, qui ne produisit point
d'enfants, n'ayant pas trop réussi, Mme de Warens,
poussée par quelque chagrin domestique, prit le temps
que le Roi Victor-Amédée était à Evian, pour passer le
lac et venir se jeter aux pieds de ce prince, abandonnant
ainsi son mari, sa famille et son pays, par une étourderie
assez semblable à la mienne, et qu'elle a eu tout le temps
de pleurer aussi. Le Roi, qui aimait à faire le zélé catholique, la prit sous sa protection, lui donna une pension
de quinze cents livres de Piémont, ce qui était beaucoup
pour un prince aussi peu prodigue, et voyant que sur cet
accueil on l'en croyait amoureux, il l'envoya à Annecy,
escortée par un détachement de ses gardes, où, sous la
direction de Michel Gabriel de Bernex, évêque titulaire
de Genève, elle fit abjuration au couvent de la Visitation.

Il y avait six ans qu'elle y était quand j'y vins, et elle
en avait alors vingt-huit, étant née avec le siècle. Elle
avait de ces beautés qui se conservent parce qu'elles
sont plus dans la physionomie que dans les traits; aussi
la sienne était-elle encore dans tout son premier éclat.
Elle avait un air caressant et tendre, un regard très doux,

un sourire angélique, une bouche à la mesure de la mienne, des cheveux cendrés d'une beauté peu commune, et auxquels elle donnait un tour négligé qui la rendait très piquante. Elle était petite de stature, courte même, et ramassée un peu dans sa taille, quoique sans difformité; mais il était impossible de voir une plus belle tête, un plus beau sein, de plus belles mains et de plus beaux bras.

Son éducation avait été fort mêlée : elle avait ainsi que moi perdu sa mère dès sa naissance, et recevant indifféremment des instructions comme elles s'étaient présentées, elle avait appris un peu de sa gouvernante, un peu de son père, un peu de ses maîtres, et beaucoup de ses amants, surtout d'un M. de Tavel, qui, ayant du goût et des connaissances, en orna la personne qu'il aimait. Mais tant de genres différents se nuisirent les uns aux autres, et le peu d'ordre qu'elle y mit empêcha que ses diverses études n'entendissent la justesse naturelle de son esprit. Ainsi, quoiqu'elle eût quelques principes de philosophie et de physique, elle ne laissa pas de prendre le goût que son père avait pour la médecine empirique et pour l'alchimie : elle faisait des élixirs, des teintures, des baumes, des magistères; elle prétendait avoir des secrets. Les charlatans, profitant de sa faiblesse, s'emparèrent d'elle, l'obsédèrent, la ruinèrent, et consumèrent, au milieu des fourneaux et des drogues, son esprit, ses talents et ses charmes, dont elle eût pu faire les délices des meilleures sociétés.

Mais si de vils fripons abusèrent de son éducation mal dirigée pour obscurcir les lumières de sa raison, son excellent cœur fut à l'épreuve et demeura toujours le même : son caractère aimant et doux, sa sensibilité pour les malheureux, son inépuisable bonté, son humeur gaie, ouverte et franche, ne s'altérèrent jamais; et même aux approches de la vieillesse, dans le sein de l'indigence, des maux, des calamités diverses, la sérénité de sa belle âme lui conserva jusqu'à la fin de sa vie toute la gaieté de ses plus beaux jours.

Ses erreurs lui vinrent d'un fonds d'activité inépuisable qui voulait sans cesse de l'occupation. Ce n'étaient pas des intrigues de femmes qu'il lui fallait, c'étaient des entreprises à faire et à diriger. Elle était née pour les grandes affaires. A sa place Mme de Longueville n'eût été qu'une tracassière; à la place de Mme de Longueville elle eût gouverné l'Etat. Ses talents ont été déplacés; et ce qui eût fait sa gloire dans une situation plus élevée a fait sa perte dans celle où elle a vécu. Dans les choses qui étaient à sa portée, elle étendait toujours son plan dans sa tête et voyait toujours son objet en grand. Cela faisait qu'employant des moyens proportionnés à ses vues plus qu'à ses forces, elle échouait par la faute des autres, et son projet venant à manquer, elle était ruinée où d'autres n'auraient presque rien perdu. Ce goût des affaires, qui lui fit tant de maux, lui fit du moins un grand bien dans son asile monastique, en l'empêchant de s'y fixer pour le reste de ses jours comme elle en était tentée. La vie uniforme et simple des religieuses, leur petit cailletage de parloir, tout cela ne pouvait flatter un esprit toujours en mouvement, qui, formant chaque jour de nouveaux systèmes, avait besoin de liberté pour s'y livrer. Le bon évêque de Bernex, avec moins d'esprit que François de Sales, lui ressemblait sur bien des points ; et Mme de Warens, qu'il appelait sa fille, et qui ressemblait à Mme de Chantal sur beaucoup d'autres, eût pu lui ressembler encore dans sa retraite, si son goût ne l'eût détournée de l'oisiveté d'un couvent. Ce ne fut point manque de zèle si cette aimable femme ne se livra pas aux menues pratiques de dévotion qui semblaient convenir à une nouvelle convertie vivant sous la direction d'un prélat. Quel qu'eût été le motif de son changement de religion, elle fut sincère dans celle qu'elle avait embrassée. Elle a pu se repentir d'avoir commis la faute, mais non pas désirer d'en revenir. Elle n'est pas seulement morte bonne catholique, elle a vécu telle de bonne foi, et j'ose affirmer, moi qui pense avoir lu dans le fond de son âme, que c'était uniquement par aversion pour les simagrées qu'elle ne faisait point en public la dévote : elle avait une piété trop solide pour affecter de la dévotion. Mais ce n'est pas ici le lieu de m'étendre sur ses principes ; j'aurai d'autres occasions d'en parler.

Que ceux qui nient la sympathie des âmes expliquent, s'ils peuvent, comment, de la première entrevue, du premier mot, du premier regard, Mme de Warens m'inspira non seulement le plus vif attachement, mais une confiance parfaite et qui ne s'est jamais démentie. Supposons que ce que j'ai senti pour elle fût véritablement de l'amour, ce qui paraîtra tout au moins douteux à qui suivra l'histoire de nos liaisons ; comment cette passion fut-elle accompagnée, dès sa naissance, des sentiments qu'elle inspire le moins : la paix du cœur, le calme, la sérénité,

la sécurité, l'assurance ? Comment, en approchant pour
la première fois d'une femme aimable, polie, éblouissante,
d'une Dame d'un état supérieur au mien, dont je n'avais
jamais abordé la pareille, de celle dont dépendait mon sort
en quelque sorte par l'intérêt plus ou moins grand
qu'elle y prendrait ; comment, dis-je, avec tout cela me
trouvai-je à l'instant aussi libre, aussi à mon aise que si
j'eusse été parfaitement sûr de lui plaire ? Comment
n'eus-je pas un moment d'embarras, de timidité, de
gêne ? Naturellement honteux, décontenancé, n'ayant
jamais vu le monde, comment pris-je avec elle, du premier jour, du premier instant les manières faciles, le lan-
gage tendre, le ton familier que j'avais dix ans après,
lorsque la plus grande intimité l'eût rendu naturel ?
A-t-on de l'amour, je ne dis pas sans désirs, j'en avais ;
mais sans inquiétude, sans jalousie ? Ne veut-on pas au
moins apprendre de l'objet qu'on aime si l'on est aimé ?
C'est une question qu'il ne m'est pas plus venu dans l'esprit de lui faire une fois en ma vie que de me demander à
moi-même si je m'aimais, et jamais elle n'a été plus
curieuse avec moi. Il y eut certainement quelque chose
de singulier dans mes sentiments pour cette charmante
femme, et l'on y trouvera dans la suite des bizarreries
auxquelles on ne s'attend pas.

Il fut question de ce que je deviendrais, et pour en
causer plus à loisir, elle me retint à dîner. Ce fut le premier repas de ma vie où j'eusse manqué d'appétit, et sa
femme de chambre, qui nous servait, dit aussi que j'étais le
premier voyageur de mon âge et de mon étoffe qu'elle en
eût vu manquer. Cette remarque, qui ne me nuisit pas
dans l'esprit de sa maîtresse, tombait un peu à plomb sur
un gros manant qui dînait avec nous et qui dévora lui tout
seul un repas honnête pour six personnes. Pour moi,
j'étais dans un ravissement qui ne me permettait pas de
manger. Mon cœur se nourrissait d'un sentiment tout
nouveau, dont il occupait tout mon être ; il ne me laissait
des esprits pour nulle autre fonction.

Mme de Warens voulut savoir les détails de ma petite
histoire ; je retrouvai pour la lui conter tout le feu que
j'avais perdu chez mon maître. Plus j'intéressais cette
excellente âme en ma faveur, plus elle plaignait le sort
auquel j'allais m'exposer. Sa tendre compassion se marquait dans son air, dans son regard, dans ses gestes. Elle
n'osait m'exhorter à retourner à Genève. Dans sa position c'eût été un crime de lèse-catholicité, et elle n'igno-

rait pas combien elle était surveillée et combien ses discours étaient pesés. Mais elle me parlait d'un ton si touchant de l'affliction de mon père, qu'on voyait bien qu'elle
eût approuvé que j'allasse le consoler. Elle ne savait pas
combien, sans y songer, elle plaidait contre elle-même.
Outre que ma résolution était prise, comme je crois l'avoir
dit, plus je la trouvais éloquente, persuasive, plus ses
discours m'allaient au cœur, et moins je pouvais me
résoudre à me détacher d'elle. Je sentais que retourner à
Genève était mettre entre elle et moi une barrière presque
insurmontable, à moins de revenir à la démarche que
j'avais faite, et à laquelle mieux valait me tenir tout d'un
coup. Je m'y tins donc. Mme de Warens voyant ses
efforts inutiles ne les poussa pas jusqu'à se compromettre; mais elle me dit avec un regard de commisération : « Pauvre petit, tu dois aller où Dieu t'appelle; mais
quand tu seras grand, tu te souviendras de moi. » Je crois
qu'elle ne pensait pas elle-même que cette prédiction
s'accomplirait si cruellement.

La difficulté restait tout entière. Comment subsister si
jeune hors de mon pays ? A peine à la moitié de mon
apprentissage, j'étais bien loin de savoir mon métier.
Quand je l'aurais su, je n'en aurais pu vivre en Savoie,
pays trop pauvre pour avoir des arts. Le manant qui
dînait pour nous, forcé de faire une pause pour reposer
sa mâchoire, ouvrit un avis qu'il disait venir du Ciel, et
qui, à juger par les suites, venait bien plutôt du côté
contraire; c'était que j'allasse à Turin, où, dans un hospice
établi pour l'instruction des catéchumènes, j'aurais,
dit-il, la vie temporelle et spirituelle, jusqu'à ce qu'entré
dans le sein de l'Eglise je trouvasse, par la charité des
bonnes âmes, une place qui me convînt. A l'égard des
frais du voyage, continua mon homme, Sa Grandeur
Monseigneur l'Evêque ne manquera pas, si Madame lui
propose cette sainte œuvre, de vouloir charitablement
y pourvoir, et Madame la Baronne, qui est si charitable,
dit-il en s'inclinant sur son assiette, s'empressera sûrement d'y contribuer aussi.

Je trouvais toutes ces charités bien dures : j'avais le
cœur serré, je ne disais rien, et Mme de Warens, sans
saisir ce projet avec autant d'ardeur qu'il était offert,
se contenta de répondre que chacun devait contribuer
au bien selon son pouvoir, et qu'elle en parlerait à Monseigneur : mais mon diable d'homme, qui craignit qu'elle
n'en parlât à son gré, et qui avait son petit intérêt dans

cette affaire, courut prévenir les aumôniers, et emboucha si bien les bons prêtres, que quand Mme de Warens, qui craignait pour moi ce voyage, en voulut parler à l'Evêque, elle trouva que c'était une affaire arrangée, et il lui remit à l'instant l'argent destiné pour mon petit viatique. Elle n'osa insister pour me faire rester : j'approchais d'un âge où une femme du sien ne pouvait décemment vouloir retenir un jeune homme auprès d'elle.

Mon voyage étant ainsi réglé par ceux qui prenaient soin de moi, il fallut bien me soumettre et c'est même ce que je fis sans beaucoup de répugnance. Quoique Turin fût plus loin que Genève, je jugeai qu'étant la capitale, elle avait avec Annecy des relations plus étroites qu'une ville étrangère d'état et de religion; et puis, partant pour obéir à Mme de Warens, je me regardais comme vivant toujours sous sa direction; c'était plus que de vivre à son voisinage. Enfin l'idée d'un grand voyage flattait ma manie ambulante, qui déjà commençait à se déclarer. Il me paraissait beau de passer les monts à mon âge, et de m'élever au-dessus de mes camarades de toute la hauteur des Alpes. Voir du pays est un appât auquel un Genevois ne résiste guère. Je donnai donc mon consentement. Mon manant devait partir dans deux jours avec sa femme. Je leur fus confié et recommandé. Ma bourse leur fut remise, renforcée par Mme de Warens qui de plus me donna secrètement un petit pécule, auquel elle joignit d'amples instructions, et nous partîmes le Mercredi Saint.

Le lendemain de mon départ d'Annecy, mon père y arriva courant à ma piste avec un M. Rival, son ami, horloger comme lui, homme d'esprit, bel esprit même, qui faisait des vers mieux que La Motte, et parlait presque aussi bien que lui; de plus, parfaitement honnête homme, mais dont la littérature déplacée n'aboutit qu'à faire un de ses fils comédien.

Ces messieurs virent Mme de Warens et se contentèrent de pleurer mon sort avec elle, au lieu de me suivre et de m'atteindre, comme ils l'auraient pu facilement, étant à cheval et moi à pied. La même chose était arrivée à mon oncle Bernard. Il était venu à Confignon, et de là, sachant que j'étais à Annecy, il s'en retourna à Genève. Il semblait que mes proches conspirassent avec mon étoile pour me livrer au destin qui m'attendait. Mon frère s'était perdu par une semblable négligence, et si bien perdu qu'on n'a jamais su ce qu'il était devenu.

Mon père n'était pas seulement un homme d'honneur, c'était un homme d'une probité sûre, et il avait une de ces âmes fortes qui font les grandes vertus; de plus, il était bon père, surtout pour moi. Il m'aimait très tendrement; mais il aimait aussi ses plaisirs, et d'autres goûts avaient un peu attiédi l'affection paternelle depuis que je vivais loin de lui. Il s'était remarié à Nyon, et quoique sa femme ne fût plus en âge de me donner des frères, elle avait des parents; cela faisait une autre famille, d'autres objets, un nouveau ménage, qui ne rappelait plus si souvent mon souvenir. Mon père vieillissait et n'avait aucun bien pour soutenir sa vieillesse. Nous avions, mon frère et moi, quelque bien de ma mère, dont le revenu devait appartenir à mon père durant notre éloignement. Cette idée ne s'offrait pas à lui directement, et ne l'empêchait pas de faire son devoir; mais elle agissait sourdement sans qu'il s'en aperçût lui-même, et ralentissait quelquefois son zèle qu'il eût poussé plus loin sans cela. Voilà, je crois, pourquoi, venu d'abord à Annecy sur mes traces, il ne me suivit pas jusqu'à Chambéry, où il était moralement sûr de m'atteindre. Voilà pourquoi encore l'étant allé voir souvent depuis ma fuite, je reçus toujours de lui des caresses de père, mais sans grands efforts pour me retenir.

Cette conduite d'un père dont j'ai si bien connu la tendresse et la vertu m'a fait faire des réflexions sur moi-même qui n'ont pas peu contribué à me maintenir le cœur sain. J'en ai tiré cette grande maxime de morale, la seule peut-être d'usage dans la pratique, d'éviter les situations qui mettent nos devoirs en opposition avec nos intérêts, et qui nous montrent notre bien dans le mal d'autrui : sûr que, dans de telles situations, quelque sincère amour de la vertu qu'on y porte, on faiblit tôt ou tard sans s'en apercevoir, et l'on devient injuste et méchant dans le fait, sans avoir cessé d'être juste et bon dans l'âme.

Cette maxime fortement imprimée au fond de mon cœur, et mise en pratique, quoiqu'un peu tard, dans toute ma conduite, est une de celles qui m'ont donné l'air le plus bizarre et le plus fou dans le public, et surtout parmi mes connaissances. On m'a imputé de vouloir être original et faire autrement que les autres. En vérité, je ne songeais guère à faire ni comme les autres ni autrement qu'eux. Je désirais sincèrement de faire ce qui était bien. Je me dérobais de toute ma force à des situations qui me donnassent un intérêt contraire à l'intérêt d'un autre homme, et par conséquent un désir secret, quoique involontaire, du mal de cet homme-là.

Il y a deux ans que Milord Maréchal me voulut mettre dans son testament. Je m'y opposai de toute ma force. Je lui marquai que je ne voudrais pour rien au monde me savoir dans le testament de qui que [ce] fût, et beaucoup moins dans le sien. Il se rendit : maintenant il veut me faire une pension viagère, et je ne m'y oppose pas. On dira que je trouve mon compte à ce changement, cela peut être. Mais, ô mon bienfaiteur et mon père, si j'ai le malheur de vous survivre, je sais qu'en vous perdant j'ai tout à perdre, et que je n'ai rien à gagner.

C'est là, selon moi, la bonne philosophie, la seule vraiment assortie au cœur humain. Je me pénètre chaque jour davantage de sa profonde solidité, et je l'ai retournée de différentes manières dans tous mes derniers écrits ; mais le public, qui est frivole, ne l'y a pas su remarquer. Si je survis assez à cette entreprise consommée pour en reprendre une autre, je me propose de donner dans la suite de l'*Emile* un exemple si charmant et si frappant de cette même maxime, que mon lecteur soit forcé d'y faire attention. Mais c'est assez de réflexions pour un voyageur ; il est temps de reprendre ma route.

Je la fis plus agréablement que je n'aurais dû m'y attendre, et mon manant ne fut pas si bourru qu'il en avait l'air. C'était un homme entre deux âges, portant en queue ses cheveux noirs grisonnants, l'air grenadier, la voix forte, assez gai, marchant bien, mangeant mieux, et qui faisait toute sorte de métiers, faute d'en savoir aucun. Il avait proposé, je crois, d'établir à Annecy je ne sais quelle manufacture. Mme de Warens n'avait pas manqué de donner dans le projet, et c'était pour tâcher de le faire agréer au ministre qu'il faisait, bien défrayé, le voyage de Turin. Notre homme avait le talent d'intriguer en se fourrant toujours avec les prêtres, et faisant l'empressé pour les servir ; il avait pris à leur école un certain jargon dévot dont il usait sans cesse, se piquant d'être un grand prédicateur. Il savait même un passage latin de la Bible, et c'était comme s'il en avait su mille, parce qu'il le répétait mille fois le jour : du reste, manquant rarement d'argent quand il en savait dans la bourse des autres ; plus adroit pourtant que fripon, et qui, débitant d'un ton de racoleur ses capucinades, ressemblait à l'ermite Pierre prêchant la croisade le sabre au côté.

Pour Mme Sabran, son épouse, c'était une assez bonne femme, plus tranquille le jour que la nuit. Comme je couchais toujours dans leur chambre, ses bruyantes insomnies m'éveillaient souvent et m'auraient éveillé bien davantage si j'en avais compris le sujet. Mais je ne m'en doutais pas même, et j'étais sur ce chapitre d'une bêtise qui a laissé à la seule nature tout le soin de mon instruction.

Je m'acheminais gaiement avec mon dévot guide et sa sémillante compagne. Nul accident ne troubla mon voyage; j'étais dans la plus heureuse situation de corps et d'esprit où j'aie été de mes jours. Jeune, vigoureux, plein de santé, de sécurité, de confiance en moi et aux autres, j'étais dans ce court, mais précieux moment de la vie, où sa plénitude expansive étend pour ainsi dire notre être par toutes nos sensations, et embellit à nos yeux la nature entière du charme de notre existence. Ma douce inquiétude avait un objet qui la rendait moins errante et fixait mon imagination. Je me regardais comme l'ouvrage, l'élève, l'ami, presque l'amant de Mme de Warens. Les choses obligeantes qu'elle m'avait dites, les petites caresses qu'elle m'avait faites, l'intérêt si tendre qu'elle avait paru prendre à moi, ses regards charmants, qui me semblaient pleins d'amour parce qu'ils m'en inspiraient; tout cela nourrissait mes idées durant la marche, et me faisait rêver délicieusement. Nulle crainte, nul doute sur mon sort ne troublait ces rêveries. M'envoyer à Turin, c'était selon moi, s'engager à m'y faire vivre, à m'y placer convenablement. Je n'avais plus de souci sur moi-même; d'autres s'étaient chargés de ce soin. Ainsi je marchais légèrement, allégé de ce poids; les jeunes désirs, l'espoir enchanteur, les brillants projets remplissaient mon âme. Tous les objets que je voyais me semblaient les garants de ma prochaine félicité. Dans les maisons j'imaginais des festins rustiques; dans les prés, de folâtres jeux; le long des eaux, les bains, des promenades, la pêche; sur les arbres, des fruits délicieux; sous leur ombre, de voluptueux tête-à-tête; sur les montagnes, des cuves de lait et de crème, une oisiveté charmante, la paix, la simplicité, le plaisir d'aller sans savoir où. Enfin rien ne frappait mes yeux sans porter à mon cœur quelque attrait de jouissance. La grandeur, la variété, la beauté réelle du spectacle, rendai[en]t cet attrait digne de la raison; la vanité même y mêlait sa pointe. Si jeune, aller en Italie, avoir déjà vu tant de pays, suivre Annibal à travers les monts, me paraissait une gloire au-dessus de mon âge. Joignez à tout cela des stations fréquentes et bonnes, un grand appétit et de quoi le contenter; car en vérité ce n'était pas la peine de m'en faire faute, et sur le dîner de M. Sabran, le mien ne paraissait pas.

Je ne me souviens pas d'avoir eu, dans tout le cours de ma vie, d'intervalle plus parfaitement exempt de soucis et de peine que celui des sept ou huit jours que nous mîmes à ce voyage; car le pas de Mme Sabran, sur lequel il fallait régler le nôtre, n'en fit qu'une longue promenade. Ce souvenir m'a laissé le goût le plus vif pour tout ce qui s'y rapporte, surtout pour les montagnes et pour les voyages pédestres. Je n'ai voyagé à pied que dans mes beaux jours, et toujours avec délices. Bientôt les devoirs, les affaires, un bagage à porter, m'ont forcé de faire le monsieur et de prendre des voitures; les soucis rongeants, les embarras, la gêne, y sont montés avec moi, et dès lors, au lieu qu'auparavant dans mes voyages je ne sentais que le plaisir d'aller, je n'ai plus senti que le besoin d'arriver. J'ai cherché longtemps, à Paris, deux camarades du même goût que moi qui voulussent consacrer chacun cinquante louis de sa bourse et un an de son temps à faire ensemble, à pied, le tour de l'Italie, sans autre équipage qu'un garçon qui portât avec nous un sac de nuit. Beaucoup de gens se sont présentés, enchantés de ce projet en apparence, mais au fond le prenant tous pour un pur château en Espagne dont on cause en conversation sans vouloir l'exécuter en effet. Je me souviens que, parlant avec passion de ce projet avec Diderot et Grimm, je leur en donnai enfin la fantaisie. Je crus une fois l'affaire faite; mais le tout se réduisit à vouloir faire un voyage par écrit, dans lequel Grimm ne trouvait rien de si plaisant que de faire faire à Diderot beaucoup d'impiétés, et de me faire fourrer à l'Inquisition à sa place.

Mon regret d'arriver si vite à Turin fut tempéré par le plaisir de voir une grande ville, et par l'espoir d'y faire bientôt une figure digne de moi, car déjà les fumées de l'ambition me montaient à la tête; déjà je me regardais comme infiniment au-dessus de mon ancien état d'apprentif; j'étais bien loin de prévoir que dans peu j'allais être fort au-dessous.

Avant que d'aller plus loin, je dois au lecteur mon excuse ou ma justification, tant sur les menus détails où je viens d'entrer que sur ceux où j'entrerai dans la suite, et qui n'ont rien d'intéressant à ses yeux. Dans l'entreprise que j'ai faite de me montrer tout entier au public, il faut que rien de moi ne lui reste obscur ou caché; il faut que je me tienne incessamment sous ses yeux; qu'il me suive dans tous les égarements de mon cœur, dans tous les recoins de ma vie; qu'il ne me perde pas de vue un seul instant, de peur que, trouvant dans mon récit la moindre lacune, le moindre vide, et se demandant : Qu'a-t-il fait durant ce temps-là ? il ne m'accuse de n'avoir pas voulu tout dire. Je donne assez de prise à la malignité des hommes par mes récits, sans lui en donner encore par mon silence.

Mon petit pécule était parti : j'avais jasé, et mon indiscrétion ne fut pas pour mes conducteurs à pure perte. Mme Sabran trouva le moyen de m'arracher jusqu'à un petit ruban glacé d'argent que Mme de Warens m'avait donné pour ma petite épée, et que je regrettai plus que tout le reste; l'épée même eût resté dans leurs mains si je m'étais moins obstiné. Ils m'avaient fidèlement défrayé dans la route, mais ils ne m'avaient rien laissé. J'arrive à Turin sans habits, sans argent, sans linge, et laissant très exactement à mon seul mérite tout l'honneur de la fortune que j'allais faire.

J'avais des lettres, je les portai; et tout de suite je fus mené à l'Hospice des catéchumènes, pour y être instruit dans la religion pour laquelle on me vendait ma subsistance. En entrant je vis une grosse porte à barreaux de fer, qui dès que je fus passé fut fermée à double tour sur mes talons. Ce début me parut plus imposant qu'agréable, et commençait à me donner à penser, quand on me fit entrer dans une grande pièce. J'y vis pour tout meuble un autel de bois surmonté d'un grand crucifix au fond de la chambre, et autour quatre ou cinq chaises aussi de bois, qui paraissaient avoir été cirées, mais qui seulement étaient luisantes à force de s'en servir et de les frotter. Dans cette salle d'assemblée étaient quatre ou cinq affreux bandits, mes camarades d'instruction, et qui semblaient plutôt des archers du diable que des aspirants à se faire enfants de Dieu. Deux de ces coquins étaient des Esclavons, qui se disaient Juifs et Maures, et qui, comme ils me l'avouèrent, passaient leur vie à courir l'Espagne et l'Italie, embrassant le christianisme et se faisant baptiser partout où le produit en valait la peine. On ouvrit une autre porte de fer qui partageait en deux un grand balcon régnant sur la cour. Par cette porte entrèrent nos sœurs les catéchum[èn]es, qui comme moi s'allaient régénérer, non par le baptême, mais par une solennelle abjuration. C'étaient bien les plus grandes salopes et les plus vilaines coureuses qui jamais aient empuanti le bercail du Seigneur. Une seule me parut jolie et assez intéressante. Elle était à peu près de mon âge, peut-être un an ou deux de plus. Elle avait des yeux fripons qui rencontraient quelquefois les miens. Cela m'inspira quelque désir de faire connaissance avec elle ; mais, pendant près de deux mois qu'elle demeura encore dans cette maison, où elle était depuis trois, il me fut absolument impossible de l'accoster, tant elle était recommandée à notre vieille geôlière, et obsédée par le saint missionnaire, qui travaillait à sa conversion avec plus de zèle que de diligence. Il fallait qu'elle fût extrêmement stupide, quoiqu'elle n'en eût pas l'air, car jamais instruction ne fut plus longue. Le saint homme ne la trouvait toujours point en état d'abjurer. Mais elle s'ennuya de sa clôture, et dit qu'elle voulait sortir, chrétienne ou non. Il fallut la prendre au mot tandis qu'elle consentait encore à l'être, de peur qu'elle ne se mutinât et qu'elle ne le voulût plus.

La petite communauté fut assemblée en l'honneur du nouveau venu. On nous fit une courte exhortation ; à moi, pour m'engager à répondre à la grâce que Dieu me faisait ; aux autres, pour les inviter à m'accorder leurs prières et à m'édifier par leurs exemples. Après quoi, nos vierges étant rentrées dans leur clôture, j'eus le temps de m'étonner tout à mon aise de celle où je me trouvais.

Le lendemain matin on nous assembla de nouveau pour l'instruction, et ce fut alors que je commençai à réfléchir pour la première fois sur le pas que j'allais faire et sur les démarches qui m'y avaient entraîné.

J'ai dit, je répète et je répéterai peut-être une chose dont je suis tous les jours plus pénétré ; c'est que si jamais enfant reçut une éducation raisonnable et saine, ç'a été moi. Né dans une famille que ses mœurs distinguaient du peuple, je n'avais reçu que des leçons de sagesse et des exemples d'honneur de tous mes parents. Mon père, quoique homme de plaisir, avait non seulement une probité sûre, mais beaucoup de religion. Galant homme dans le monde, et chrétien dans l'intérieur, il m'avait inspiré de bonne heure les sentiments dont il était pénétré. De mes trois tantes, toutes sages et vertueuses, les deux aînées étaient dévotes, et la troisième, fille à la fois pleine de grâces, d'esprit et de sens, l'était peut-être encore plus qu'elles, quoique avec moins d'ostentation. Du sein de cette estimable famille, je passai chez M. Lambercier, qui, bien qu'homme d'Eglise et prédicateur, était croyant en dedans et faisait presque aussi bien qu'il disait. Sa sœur et lui cultivèrent, par des instructions douces et judicieuses, les principes de piété qu'ils trouvèrent dans mon cœur. Ces dignes gens employèrent pour cela des moyens si vrais, si discrets, si raisonnables, que, loin de m'ennuyer au sermon, je n'en sortais jamais sans être intérieurement touché et sans faire des résolutions de bien vivre, auxquelles je manquais rarement en y pensant. Chez ma tante Bernard la dévotion m'ennuyait un peu plus, parce qu'elle en faisait un métier. Chez mon maître je n'y pensais plus guère, sans pourtant penser différemment. Je ne trouvai point de jeunes gens qui me pervertissent. Je devins polisson, mais non libertin.

J'avais donc de la religion tout ce qu'un enfant à l'âge où j'étais en pouvait avoir. J'en avais même davantage, car pourquoi déguiser ici ma pensée ? Mon enfance ne fut point d'un enfant; je sentis, je pensai toujours en homme. Ce n'est qu'en grandissant que je suis rentré dans la classe ordinaire; en naissant, j'en étais sorti. L'on rira de me voir me donner modestement pour un prodige. Soit : mais quand on aura bien ri, qu'on trouve un enfant qu'à six ans les romans attachent, intéressent, transportent au point d'en pleurer à chaudes larmes; alors je sentirai ma vanité ridicule, et je conviendrai que j'ai tort.

Ainsi, quand j'ai dit qu'il ne fallait point parler aux enfants de religion si l'on voulait qu'un jour ils en eussent, et qu'ils étaient incapables de connaître Dieu, même à notre manière, j'ai tiré mon sentiment de mes observations, non de ma propre expérience : je savais qu'elle ne concluait rien pour les autres. Trouvez des J.-J. Rousseau à six ans, et parlez-leur de Dieu à sept, je vous réponds que vous ne courez aucun risque.

On sent, je crois, qu'avoir de la religion, pour un enfant, et même pour un homme, c'est suivre celle où il est né. Quelquefois on en ôte; rarement on y ajoute; la foi dogmatique est un fruit de l'éducation. Outre ce principe commun qui m'attachait au culte de mes pères, j'avais l'aversion particulière à notre ville pour le catholicisme, qu'on nous donnait pour une affreuse idolâtrie, et dont on nous peignait le clergé sous les plus noires couleurs. Ce sentiment allait si loin chez moi qu'au commencement je n'entrevoyais jamais le dedans d'une église, je ne rencontrais jamais un prêtre en surplis, je n'entendais jamais la sonnette d'une procession sans un frémissement de terreur et d'effroi, qui me quitta bientôt dans les villes mais qui souvent m'a repris dans les paroisses de campagne, plus semblables à celles où je l'avais d'abord éprouvé. Il est vrai que cette impression était singulièrement contrastée par le souvenir des caresses que les curés des environs de Genève font volontiers aux enfants de la ville. En même temps que la sonnette du viatique me faisait peur, la cloche de la messe ou de vêpres me rappelait un déjeuner, un goûter, du beurre frais, des fruits, du laitage. Le bon dîner de M. de Pontverre avait produit encore un grand effet. Ainsi je m'étais aisément étourdi sur tout cela. N'envisageant le papisme que par ses liaisons avec les amusements et la gourmandise, je m'étais apprivoisé sans peine avec l'idée d'y vivre; mais celle d'y entrer solennellement ne s'était présentée à moi qu'en fuyant, et dans un avenir éloigné. Dans ce moment il n'y eut plus moyen de prendre le change : je vis avec l'horreur la plus vive l'espèce d'engagement que j'avais pris et sa suite inévitable. Les futurs néophytes que j'avais autour de moi n'étaient pas propres à y soutenir mon courage par leur exemple, et je ne pus me dissimuler que la sainte œuvre que j'allais faire n'était au fond que l'action d'un bandit. Tout jeune encore, je sentis que, quelque religion qui fût la vraie, j'allais vendre la mienne, et que, quand même je choisirais bien, j'allais au fond de mon cœur mentir au Saint-Esprit et mériter le mépris des hommes. Plus j'y pensais, plus je m'indignais contre moi-même; et je gémissais du sort qui m'avait amené là, comme si ce sort n'eût pas été mon ouvrage. Il y eut des moments où ces réflexions devinrent si fortes, que si j'avais un instant trouvé la porte ouverte, je me serais certainement évadé; mais il ne me fut pas possible, et cette résolution ne tint pas non plus bien fortement.

Trop de désirs secrets la combattaient pour ne la pas vaincre. D'ailleurs, l'obstination du dessein formé de ne pas retourner à Genève, la honte, la difficulté même de repasser les monts, l'embarras de me voir loin de mon pays, sans amis, sans ressources; tout cela concourait à me faire regarder comme un repentir tardif les remords de ma conscience; j'affectais de me reprocher ce que j'avais fait, pour excuser ce que j'allais faire. En aggra-

vant les torts du passé, j'en regardais l'avenir comme une
suite nécessaire. Je ne me disais pas : rien n'est fait encore
et tu peux être innocent si tu veux; mais je me disais :
gémis du crime dont tu t'es rendu coupable et que tu
t'es mis dans la nécessité d'achever.

En effet, quelle rare force d'âme ne me fallait-il point
à mon âge pour révoquer tout ce que jusque-là j'avais
pu promettre ou laissé espérer, pour rompre les chaînes
que je m'étais données, pour déclarer avec intrépidité
que je voulais rester dans la religion de mes pères, au
risque de tout ce qui en pouvait arriver! Cette vigueur
n'était pas de mon âge, et il est peu problable qu'elle
eût eu un heureux succès. Les choses étaient trop avancées
pour qu'on voulût en avoir le démenti, et plus ma résistance eût été grande, plus de manière ou d'autre, on se
fût fait une loi de la surmonter.

Le sophisme qui me perdit est celui de la plupart des
hommes, qui se plaignent de manquer de force quand il
est déjà trop tard pour en user. La vertu ne nous coûte
que par notre faute, et si nous voulions être toujours
sages, rarement aurions-nous besoin d'être vertueux.
Mais des penchants faciles à surmonter nous entraînent
sans résistance; nous cédons à des tentations légères dont
nous méprisons le danger. Insensiblement nous tombons
dans des situations périlleuses, dont nous pouvions aisément nous garantir, mais dont nous ne pouvons plus nous
tirer sans des efforts héroïques qui nous effrayent, et nous
tombons enfin dans l'abîme en disant à Dieu : « Pourquoi
m'as-tu fait si faible ? » Mais malgré nous il répond à nos
consciences : « Je t'ai fait trop faible pour sortir du gouffre,
parce que je t'ai fait assez fort pour n'y pas tomber. »

Je ne pris pas précisément la résolution de me faire
catholique; mais, voyant le terme encore éloigné, je pris
le temps de m'apprivoiser à cette idée, et en attendant je
me figurais quelque événement imprévu qui me tirerait
d'embarras. Je résolus, pour gagner du temps, de faire
la plus belle défense qu'il me serait possible. Bientôt ma
vanité me dispensa de songer à ma résolution, et dès que
je m'aperçus que j'embarrassais quelquefois ceux qui
voulaient m'instruire, il ne m'en fallut pas davantage
pour chercher à les terrasser tout à fait. Je mis même à
cette entreprise un zèle bien ridicule; car tandis qu'ils
travaillaient sur moi, je voulus travailler sur eux. Je
croyais bonnement qu'il ne fallait que les convaincre pour
les engager à se faire protestants.

Ils ne trouvèrent donc pas en moi tout à fait autant de facilité qu'ils en attendaient, ni du côté des lumières ni du côté de la volonté. Les Protestants sont généralement mieux instruits que les Catholiques. Cela doit être : la doctrine des uns exige la discussion, celle des autres la soumission. Le Catholique doit adopter la décision qu'on lui donne; le Protestant doit apprendre à se décider. On savait cela; mais on n'attendait ni de mon état ni de mon âge de grandes difficultés pour des gens exercés. D'ailleurs je n'avais point fait encore ma première communion ni reçu les instructions qui s'y rapportent : on le savait encore, mais on ne savait pas qu'en revanche j'avais été bien instruit chez M. Lambercier, et que de plus j'avais par-devers moi un petit magasin fort incommode à ces messieurs dans l'*Histoire de l'Eglise et de l'Empire*, que j'avais apprise presque par cœur chez mon père, et depuis à peu près oubliée, mais qui me revint à mesure que la dispute s'échauffait.

Un vieux prêtre, petit, mais assez vénérable, nous fit en commun la première conférence. Cette conférence était pour mes camarades un catéchisme plutôt qu'une controverse, et il avait plus à faire à les instruire qu'à résoudre leurs objections. Il n'en fut pas de même avec moi. Quand mon tour vint, je l'arrêtai sur tout; je ne lui sauvai pas une des difficultés que je pus lui faire. Cela rendit la conférence fort longue et fort ennuyeuse pour les assistants. Mon vieux prêtre parlait beaucoup, s'échauffait, battait la campagne, et se tirait d'affaire en disant qu'il n'entendait pas bien le français. Le lendemain, de peur que mes indiscrètes objections ne scandalisassent mes camarades, on me mit à part dans une autre chambre avec un autre prêtre, plus jeune, beau parleur, c'est-à-dire faiseur de longues phrases, et content de lui si jamais Docteur le fut. Je ne me laissai pourtant pas trop subjuguer à sa mine imposante, et, sentant qu'après tout je faisais ma tâche, je me mis à lui répondre avec assez d'assurance et à le bourrer par-ci par-là du mieux que je pus. Il croyait m'assommer avec saint Augustin, saint Grégoire et les autres Pères, et il trouvait, avec une surprise incroyable, que je maniais tous ces Pères-là presque aussi légèrement que lui : ce n'était pas que je les eusse jamais lus, ni lui peut-être; mais j'en avais retenu beaucoup de passages tirés de mon Le Sueur; et sitôt qu'il m'en citait un, sans disputer sur sa citation, je lui ripostais par une autre du même Père, et qui souvent l'embarrassait beaucoup. Il l'emportait pourtant à la fin par deux raisons : l'une, qu'il était le plus fort, et que, me sentant pour ainsi dire à sa merci, je jugeais très bien, quelque jeune que je fusse, qu'il ne fallait pas le pousser à bout; car je voyais assez que le vieux petit prêtre n'avait pris en amitié ni mon érudition ni moi; l'autre raison était que le jeune avait de l'étude et que j'en avais point. Cela faisait qu'il mettait dans sa manière d'argumenter une méthode que je ne pouvais pas suivre, et que, sitôt qu'il se sentait pressé d'une objection imprévue, il la remettait au lendemain, disant que je sortais du sujet présent. Il rejetait même quelquefois toutes mes citations, soutenant qu'elles étaient fausses, et, s'offrant à m'aller chercher le livre, me défiait de les y trouver. Il sentait qu'il ne risquait pas grand'chose, et qu'avec toute mon érudition d'emprunt, j'étais trop peu exercé à manier les livres, et trop peu latiniste pour trouver un passage dans un gros volume, quand même je serais assuré qu'il y est. Je le soupçonne même d'avoir usé de l'infidélité dont il accusait les Ministres, et d'avoir fabriqué quelquefois des passages pour se tirer d'une objection qui l'incommodait.

Tandis que duraient ces petites ergoteries, et que les jours se passaient à disputer, à marmotter des prières et à faire le vaurien, il m'arriva une petite vilaine aventure assez dégoûtante, et qui faillit même à finir fort mal pour moi.

Il n'y a point d'âme si vile et de cœur si barbare qui ne soit susceptible de quelque sorte d'attachement. L'un de ces deux bandits qui se disaient Maures me prit en affection. Il m'accostait volontiers, causait avec moi dans son baragouin franc, me rendait de petits services, me faisait part quelquefois de sa portion à table, et me donnait surtout de fréquents baisers avec une ardeur qui m'était fort incommode. Quelque effroi que j'eusse naturellemment de ce visage de pain d'épice, orné d'une longue balafre, et de ce regard allumé qui semblait plutôt furieux que tendre, j'endurais ces baisers en me disant en moi-même : le pauvre homme a conçu pour moi une amitié bien vive; j'aurais tort de le rebuter. Il passait par degrés à des manières plus libres, et tenait de si singuliers propos, que je croyais quelquefois que la tête lui avait tourné. Un soir, il voulut venir coucher avec moi; je m'y opposai, disant que mon lit était trop petit. Il me pressa d'aller dans le sien; je le refusai encore; car ce misérable était si malpropre et puait si fort le tabac mâché, qu'il me faisait mal au cœur.

Le lendemain, d'assez bon matin, nous étions tous deux seuls dans la salle d'assemblée : il recommença ses caresses, mais avec des mouvements si violents qu'il en était effrayant. Enfin, il voulut passer par degrés aux privautés les plus malpropres et me forcer, en disposant de ma main, d'en faire autant. Je me dégageai impétueusement en poussant un cri et faisant un saut en arrière, et, sans marquer ni indignation ni colère, car je n'avais pas la moindre idée de ce dont il s'agissait, j'exprimai ma surprise et mon dégoût avec tant d'énergie, qu'il me laissa là : mais tandis qu'il achevait de se démener, je vis partir vers la cheminée et tomber à terre je ne sais quoi de gluant et de blanchâtre qui me fit soulever le cœur. Je m'élançai sur le balcon, plus ému, plus troublé, plus effrayé même que je ne l'avais été de ma vie, et prêt à me trouver mal.

Je ne pouvais comprendre ce qu'avait ce malheureux; je le crus saisi du haut mal, ou de quelque frénésie encore plus terrible, et véritablement je ne sache rien de plus hideux à voir pour quelqu'un de sang-froid que cet obscène et sale maintien, et ce visage affreux enflammé de la plus brutale concupiscence. Je n'ai jamais vu d'autre homme en pareil état; mais si nous sommes ainsi dans nos transports près des femmes, il faut qu'elles aient les yeux bien fascinés pour ne pas nous prendre en horreur.

Je n'eus rien de plus pressé que d'aller conter à tout le monde ce qui venait de m'arriver. Notre vieille intendante me dit de me taire, mais je vis que cette histoire l'avait fort affectée, et je l'entendais grommeler entre ses dents : *Can maledet! brutta bestia!* Comme je ne comprenais pas pourquoi je devais me taire, j'allai toujours mon train, malgré la défense, et je bavardai si bien que le lendemain un des administrateurs vint de bon matin m'adresser une assez vive mercuriale, m'accusant de faire beaucoup de bruit pour peu de mal et de commettre l'honneur d'une maison sainte.

Il prolongea sa censure en m'expliquant beaucoup de choses que j'ignorais, mais qu'il ne croyait pas m'apprendre, persuadé que je m'étais défendu sachant ce qu'on me voulait, et n'y voulant pas consentir. Il me dit gravement que c'était une œuvre défendue, ainsi que la paillardise, mais dont au reste l'intention n'était pas plus offensante pour la personne qui en était l'objet, et qu'il n'y avait pas de quoi s'irriter si fort pour avoir été trouvé aimable. Il me dit sans détour que lui-même, dans sa jeunesse, avait eu le même honneur, et qu'ayant été surpris

hors d'état de faire résistance, il n'avait rien trouvé là de
si cruel. Il poussa l'impudence jusqu'à se servir des
propres termes, et s'imaginant que la cause de ma résistance était la crainte de la douleur, il m'assura que cette
crainte était vaine, et qu'il ne fallait pas s'alarmer de rien.

J'écoutais cet infâme avec un étonnement d'autant
plus grand qu'il ne parlait point pour lui-même; il semblait ne m'instruire que pour mon bien. Son discours
lui paraissait si simple qu'il n'avait pas même cherché
le secret du tête-à-tête; et nous avions en tiers un ecclé-
siastique que tout cela n'effarouchait pas plus que lui.
Cet air naturel m'en imposa tellement, que j'en vins à
croire que c'était sans doute un usage admis dans le
monde, et dont je n'avais pas eu plus tôt occasion d'être
instruit. Cela fit que je l'écoutai sans colère, mais non
sans dégoût. L'image de ce qui m'était arrivé, mais surtout
de ce que j'avais vu, restait si fortement empreinte dans
ma mémoire, qu'en y pensant, le cœur me soulevait
encore. Sans que j'en susse davantage, l'aversion de la
chose s'étendit à l'apologiste, et je ne pus me contraindre
assez pour qu'il ne vît pas le mauvais effet de ses leçons.
Il me lança un regard peu caressant, et dès lors il n'épargna rien pour me rendre le séjour de l'hospice désagréable.
Il y parvint si bien que, n'apercevant pour en sortir qu'une
seule voie, je m'empressai de la prendre, autant que
jusque-là je m'étais efforcé de l'éloigner.

Cette aventure me mit pour l'avenir à couvert des
entreprises des Chevaliers de la manchette, et la vue
des gens qui passaient pour en être, me rappelant l'air et
les gestes de mon effroyable Maure, m'a toujours inspiré
tant d'horreur, que j'avais peine à la cacher. Au contraire,
les femmes gagnèrent beaucoup dans mon esprit à cette
comparaison : il me semblait que je leur devais en tendresse de sentiments, en hommage de ma personne, la
réparation des offenses de mon sexe, et la plus laide
guenon devenait à mes yeux un objet adorable, par le
souvenir de ce faux Africain.

Pour lui, je ne sais ce qu'on put lui dire; il ne me
parut pas que, excepté la dame Lorenza, personne le vît
de plus mauvais œil qu'auparavant. Cependant il ne
m'accosta ni ne me parla plus. Huit jours après, il fut
baptisé en grande cérémonie, et habillé de blanc de la
tête aux pieds, pour représenter la candeur de son âme
régénérée. Le lendemain il sortit de l'hospice et je ne l'ai
jamais revu.

Mon tour vint un mois après ; car il fallut tout ce temps-là pour donner à mes directeurs l'honneur d'une conversion difficile, et l'on me fit passer en revue tous les dogmes pour triompher de ma nouvelle docilité.

Enfin, suffisamment instruit et suffisamment disposé au gré de mes maîtres, je fus mené processionnellement à l'église métropolitaine de Saint-Jean pour y faire une abjuration solennelle et recevoir les accessoires du baptême, quoiqu'on ne me baptisât pas réellement : mais comme ce sont à peu près les mêmes cérémonies, cela sert à persuader au peuple que les protestants ne sont pas chrétiens. J'étais revêtu d'une certaine robe grise, garnie de brandebourgs blancs, et destinée pour ces sortes d'occasions. Deux hommes portaient, devant et derrière moi, des bassins de cuivre, sur lesquels ils frappaient avec une clef, et où chacun mettait son aumône, au gré de sa dévotion ou de l'intérêt qu'il prenait au nouveau converti. Enfin, rien du faste catholique ne fut omis pour rendre la solennité plus édifiante pour le public, et plus humiliante pour moi. Il n'y eut que l'habit blanc, qui m'eût été fort utile, et qu'on ne me donna pas comme au Maure, attendu que je n'avais pas l'honneur d'être Juif.

Ce ne fut pas tout. Il fallut ensuite aller à l'Inquisition recevoir l'absolution du crime d'hérésie, et rentrer dans le sein de l'Eglise avec la même cérémonie à laquelle Henri IV fut soumis par son ambassadeur. L'air et les manières du très Révérend Père Inquisiteur n'étaient pas propres à dissiper la terreur secrète qui m'avait saisi en entrant dans cette maison. Après plusieurs questions sur ma foi, sur mon état, sur ma famille, il me demanda brusquement si ma mère était damnée. L'effroi me fit réprimer le premier mouvement de mon indignation ; je me contentai de répondre que je voulais espérer qu'elle ne l'était pas, et que Dieu avait pu l'éclairer à sa dernière heure. Le moine se tut, mais il fit une grimace qui ne me parut point du tout un signe d'approbation.

Tout cela fait, au moment où je pensais être enfin placé selon mes espérances, on me mit à la porte avec un peu plus de vingt francs en petite monnaie qu'avait produit[s] ma quête. On me recommanda de vivre en bon chrétien, d'être fidèle à la grâce ; on me souhaita bonne fortune, on ferma sur moi la porte, et tout disparut.

Ainsi s'éclipsèrent en un instant toutes mes grandes espérances, et il ne me resta de la démarche intéressée que je venais de faire que le souvenir d'avoir été apostat et dupe tout à la fois. Il est aisé de juger quelle brusque révolution dut se faire dans mes idées, lorsque de mes brillants projets de fortune je me vis tomber dans la plus complète misère, et qu'après avoir délibéré le matin sur le choix du palais que j'habiterais, je me vis le soir réduit à coucher dans la rue. On croira que je commençai par me livrer à un désespoir d'autant plus cruel que le regret de mes fautes devait s'irriter, en me reprochant que tout mon malheur était mon ouvrage. Rien de tout cela. Je venais pour la première fois de ma vie d'être enfermé pendant plus de deux mois; le premier sentiment que je goûtai fut celui de la liberté que j'avais recouvrée. Après un long esclavage, redevenu maître de moi-même et de mes actions, je me voyais au milieu d'une grande ville abondante en ressources, pleine de gens de condition dont mes talents et mon mérite ne pouvaient manquer de me faire accueillir sitôt que j'en serais connu. J'avais de plus tout le temps d'attendre, et vingt francs que j'avais dans ma poche me semblaient un trésor qui ne pouvait s'épuiser. J'en pouvais disposer à mon gré, sans rendre compte à personne. C'était la première fois que je m'étais vu si riche. Loin de me livrer au découragement et aux larmes, je ne fis que changer d'espérances, et l'amour-propre n'y perdit rien. Jamais je ne me sentis tant de confiance et de sécurité; je croyais déjà ma fortune faite, et je trouvais beau de n'en avoir l'obligation qu'à moi seul.

La première chose que je fis fut de satisfaire ma curiosité en parcourant toute la ville, quand ce n'eût été que pour faire un acte de ma liberté. J'allai voir monter la garde; les instruments militaires me plaisaient beaucoup. Je suivis des processions; j'aimais le faux bourdon des prêtres; j'allai voir le Palais du Roi; j'en approchais avec crainte; mais voyant d'autres gens entrer, je fis comme eux; on me laissa faire. Peut-être dus-je cette grâce au petit paquet que j'avais sous le bras. Quoi qu'il en soit, je conçus une grande opinion de moi-même, en me trouvant dans ce palais; déjà je m'en regardais presque comme un habitant. Enfin, à force d'aller et venir, je me lassai; j'avais faim, il faisait chaud : j'entrai chez une marchande de laitage; on me donna de la giuncà, du lait caillé, et avec deux grisses de cet excellent pain de Piémont que j'aime plus qu'aucun autre, je fis pour mes cinq ou six sols un des bons dîners que j'aie faits de mes jours.

Il fallut chercher un gîte. Comme je savais déjà assez
de piémontais pour me faire entendre, il ne me fut pas
difficile à trouver, et j'eus la prudence de le choisir plus
selon ma bourse que selon mon goût. On m'enseigna
dans la rue du Pô la femme d'un soldat qui retirait à un
sol par nuit des domestiques hors de service. Je trouvai
chez elle un grabat vide, et je m'y établis. Elle était jeune
et nouvellement mariée, quoiqu'elle eût déjà cinq ou
six enfants. Nous couchâmes tous dans la même chambre,
la mère, les enfants, les hôtes ; et cela dura de cette
façon tant que je restai chez elle. Au demeurant c'était
une bonne femme, jurant comme un charretier, toujours
débraillée et décoiffée, mais douce de cœur, officieuse,
qui me prit en amitié, et qui même me fut utile.

Je passai plusieurs jours à me livrer uniquement au
plaisir de l'indépendance et de la curiosité. J'allais errant
dedans et dehors la ville, furetant, visitant tout ce qui
me paraissait curieux et nouveau ; et tout l'était pour un
jeune homme sortant de sa niche, qui n'avait jamais vu
de capitale. J'étais surtout fort exact à faire ma cour,
et j'assistais régulièrement tous les matins à la messe du
Roi. Je trouvais beau de me voir dans la même chapelle
avec ce Prince et sa suite : mais ma passion pour la
musique, qui commençait à se déclarer, avait plus de
part à mon assiduité que la pompe de la Cour, qui,
bientôt vue et toujours la même, ne frappe pas longtemps.
Le roi de Sardaigne avait alors la meilleure symphonie
de l'Europe. Somis, Desjardins, les Bezozzi y brillaient
alternativement. Il n'en fallait pas tant pour attirer un
jeune homme que le jeu du moindre instrument, pourvu
qu'il fût juste, transportait d'aise. Du reste, je n'avais
pour la magnificence qui frappait mes yeux qu'une admiration stupide et sans convoitise. La seule chose qui m'in-
téressât dans tout l'éclat de la Cour était de voir s'il n'y
aurait point là quelque jeune Princesse qui méritât mon
hommage, et avec laquelle je pusse faire un roman.

Je faillis en commencer un dans un état moins brillant,
mais où, si je l'eusse mis à fin, j'aurais trouvé des plaisirs
mille fois plus délicieux.

Quoique je vécusse avec beaucoup d'économie, ma
bourse insensiblement s'épuisait. Cette économie, au
reste, était moins l'effet de la prudence que d'une simplicité de goût que même aujourd'hui l'usage des grandes
tables n'a point altéré. Je ne connaissais pas et je ne
connais pas encore de meilleure chère que celle d'un

repas rustique. Avec du laitage, des œufs, des herbes, du fromage, du pain bis et du vin passable, on est toujours sûr de me bien régaler; mon bon appétit fera le reste, quand un maître d'hôtel et des laquais autour de moi ne me rassasieront pas de leur importun aspect. Je faisais alors de beaucoup meilleurs repas, avec six ou sept sols de dépense, que je ne les ai faits depuis à six ou sept francs. J'étais donc sobre, faute d'être tenté de ne pas l'être : encore ai-je tort d'appeler tout cela sobriété, car j'y mettais toute la sensualité possible. Mes poires, ma giuncà, mon fromage, mes grisses, et quelques verres d'un gros vin de Montferrat à couper par tranches, me rendaient le plus heureux des gourmands. Mais encore avec tout cela pouvait-on voir la fin de vingt livres. C'était ce que j'apercevais plus sensiblement de jour en jour, et malgré l'étourderie de mon âge, mon inquiétude sur l'avenir alla bientôt jusqu'à l'effroi. De tous mes châteaux en Espagne, il ne me resta que celui de chercher une occupation qui me fît vivre, encore n'était-il pas facile à réaliser. Je songeai à mon ancien métier; mais je ne le savais pas assez pour aller travailler chez un maître, et les maîtres même n'abondaient pas à Turin. Je pris donc, en attendant mieux, le parti d'aller m'offrir de boutique en boutique pour graver un chiffre ou des armes sur de la vaisselle, espérant tenter les gens par le bon marché, en me mettant à leur discrétion. Cet expédient ne fut pas fort heureux. Je fus presque partout éconduit, et ce que je trouvais à faire était si peu de chose, qu'à peine y gagnai-je quelques repas. Un jour, cependant, passant d'assez bon matin dans la Contrà nova, je vis, à travers les vitres d'un comptoir, une jeune marchande de si bonne grâce et d'un air si attirant, que, malgré ma timidité près des dames, je n'hésitai pas d'entrer et de lui offrir mon petit talent. Elle ne me rebuta point, me fit asseoir, conter ma petite histoire, me plaignit, me dit d'avoir bon courage, et que les bons chrétiens ne m'abandonneraient pas; puis, tandis qu'elle envoyait chercher, chez un orfèvre du voisinage, les outils dont j'avais dit avoir besoin, elle monta dans sa cuisine, et m'apporta elle-même à déjeuner. Ce début me parut de bon augure; la suite ne le démentit pas. Elle parut contente de mon petit travail, encore plus de mon petit babil quand je me fus un peu rassuré; car elle était brillante et parée, et, malgré son air gracieux, cet éclat m'en avait imposé. Mais son accueil plein de bonté, son ton compatissant, ses

manières douces et caressantes, me mirent bientôt à mon
aise. Je vis que je réussissais, et cela me fit réussir davantage. Mais quoique Italienne, et trop jolie pour n'être
pas un peu coquette, elle était pourtant si modeste, et
moi si timide, qu'il était difficile que cela vînt sitôt à bien.
On ne nous laissa pas le temps d'achever l'aventure. Je
ne m'en rappelle qu'avec plus de charmes les courts
moments que j'ai passés auprès d'elle, et je puis dire y
avoir goûté dans leurs prémices les plus doux ainsi que
les plus purs plaisirs de l'amour.

  C'était une brune extrêmement piquante, mais dont
le bon naturel peint sur son joli visage rendait la vivacité touchante. Elle s'appelait Madame Basile. Son mari,
plus âgé qu'elle et passablement jaloux, la laissait, durant
ses voyages, sous la garde d'un commis trop maussade
pour être séduisant, et qui ne laissait pas d'avoir des prétentions pour son compte, qu'il ne montrait guère que
par sa mauvaise humeur. Il en prit beaucoup contre moi,
quoique j'aimasse à l'entendre jouer de la flûte, dont il
jouait assez bien. Ce nouvel Egisthe grognait toujours
quand il me voyait entrer chez sa dame : il me traitait
avec un dédain qu'elle lui rendait bien. Il semblait
même qu'elle se plût, pour le tourmenter, à me caresser
en sa présence, et cette sorte de vengeance, quoique fort
de mon goût, l'eût été bien plus dans le tête-à-tête.
Mais elle ne la poussait pas jusque-là, ou du moins ce
n'était pas de la même manière. Soit qu'elle me trouvât
trop jeune, soit qu'elle ne sût point faire les avances,
soit qu'elle voulût sérieusement être sage, elle avait alors
une sorte de réserve qui n'était pas repoussante, mais
qui m'intimidait sans que je susse pourquoi. Quoique
je ne me sentisse pas pour elle ce respect aussi vrai que
tendre que j'avais pour Mme de Warens, je me sentais
plus de crainte et bien moins de familiarité. J'étais
embarrassé, tremblant; je n'osais la regarder, je n'osais
respirer auprès d'elle; cependant je craignais plus que la
mort de m'en éloigner. Je dévorais d'un œil avide tout
ce que je pouvais regarder sans être aperçu : les fleurs de
sa robe, le bout de son joli pied, l'intervalle d'un bras
ferme et blanc qui paraissait entre son gant et sa manchette, et celui qui se faisait quelquefois entre son tour
de gorge et son mouchoir. Chaque objet ajoutait à
l'impression des autres. A force de regarder ce que je
pouvais voir, et même au delà, mes yeux se troublaient,
ma poitrine s'oppressait, ma respiration, d'instant en

instant plus embarrassée, me donnait beaucoup de peine
à gouverner, et tout ce que je pouvais faire était de filer
sans bruit des soupirs fort incommodes dans le silence
où nous étions assez souvent. Heureusement Mme Basile
occupée à son ouvrage, ne s'en apercevait pas, à ce qu'il
me semblait. Cependant je voyais quelquefois, par une
sorte de sympathie, son fichu se renfler assez fréquemment. Ce dangereux spectacle achevait de me perdre,
et quand j'étais prêt à céder à mon transport, elle m'adressait quelque mot d'un ton tranquille qui me faisait
rentrer en moi-même à l'instant.

Je la vis plusieurs fois seule de cette manière, sans que
jamais un mot, un geste, un regard même trop expressif
marquât entre nous la moindre intelligence. Cet état,
très tourmentant pour moi, faisait cependant mes délices,
et à peine dans la simplicité de mon cœur pouvais-je imaginer pourquoi j'étais si tourmenté. Il paraissait que ces
petits tête-à-tête ne lui déplaisaient pas non plus, du
moins elle en rendait les occasions assez fréquentes ; soin
bien gratuit assurément de sa part pour l'usage qu'elle
en faisait et qu'elle m'en laissait faire.

Un jour qu'ennuyée des sots colloques du commis
elle avait monté dans sa chambre, je me hâtai, dans
l'arrière-boutique où j'étais, d'achever ma petite tâche
et je la suivis. Sa chambre était entr'ouverte ; j'y entrai
sans être aperçu. Elle brodait près d'une fenêtre, ayant,
en face, le côté de la chambre opposé à la porte. Elle ne
pouvait me voir entrer, ni m'entendre, à cause du bruit
que des chariots faisaient dans la rue. Elle se mettait
toujours bien : ce jour-là sa parure approchait de la
coquetterie. Son attitude était gracieuse, sa tête un peu
baissée laissait voir la blancheur de son cou ; ses cheveux
relevés avec élégance étaient ornés de fleurs. Il régnait
dans toute sa figure un charme que j'eus le temps de considérer, et qui me mit hors de moi. Je me jetai à genoux à
l'entrée de la chambre, en tendant les bras vers elle d'un
mouvement passionné, bien sûr qu'elle ne pouvait m'entendre, et ne pensant pas qu'elle pût me voir : mais il y
avait à la cheminée une glace qui me trahit. Je ne sais
quel effet ce transport fit sur elle ; elle ne me regarda
point, ne me parla point ; mais tournant à demi la tête,
d'un simple mouvement de doigt, elle me montra la
natte à ses pieds. Tressaillir, pousser un cri, m'élancer
à la place qu'elle m'avait marquée, ne fut pour moi
qu'une même chose : mais ce qu'on aurait peine à croire

est que dans cet état je n'osai rien entreprendre au delà, ni dire un seul mot, ni lever les yeux sur elle, ni la toucher même, dans une attitude aussi contrainte, pour m'appuyer un instant sur ses genoux. J'étais muet, immobile : mais non pas tranquille assurément : tout marquait en moi l'agitation, la joie, la reconnaissance, les ardents désirs incertains dans leur objet, et contenus par la frayeur de déplaire sur laquelle mon jeune cœur ne pouvait se rassurer.

Elle ne paraissait ni plus tranquille ni moins timide que moi. Troublée de me voir là, interdite de m'y avoir attiré, et commençant à sentir toute la conséquence d'un signe parti sans doute avant la réflexion, elle ne m'accueillait ni me repoussait, elle n'ôtait pas les yeux de dessus son ouvrage, elle tâchait de faire comme si elle ne m'eût pas vu à ses pieds : mais toute ma bêtise ne m'empêchait pas de juger qu'elle partageait mon embarras, peut-être mes désirs, et qu'elle était retenue par une honte semblable à la mienne, sans que cela me donnât la force de la surmonter. Cinq ou six ans qu'elle avait de plus que moi devaient, selon moi, mettre de son côté toute la hardiesse, et je me disais que, puisqu'elle ne faisait rien pour exciter la mienne, elle ne voulait pas que j'en eusse. Même encore aujourd'hui je trouve que je pensais juste, et sûrement elle avait trop d'esprit pour ne pas voir qu'un novice tel que moi avait besoin non seulement d'être encouragé, mais d'être instruit.

Je ne sais comment eût fini cette scène vive et muette, ni combien de temps j'aurais demeuré immobile dans cet état ridicule et délicieux, si nous n'eussions été interrompus. Au plus fort de mes agitations, j'entendis ouvrir la porte de la cuisine, qui touchait la chambre où nous étions, et Mme Basile alarmée me dit vivement de la voix et du geste : Levez-vous, voici Rosina. En me levant en hâte, je saisis une main qu'elle me tendait, et j'y appliquai deux baisers brûlants, au second desquels je sentis cette charmante main se presser un peu contre mes lèvres. De mes jours je n'eus un si doux moment : mais l'occasion que j'avais perdue ne revint plus, et nos jeunes amours en restèrent là.

C'est peut-être pour cela même que l'image de cette aimable femme est restée empreinte au fond de mon cœur en traits si charmants. Elle s'y est même embellie à mesure que j'ai mieux connu le monde et les femmes. Pour peu qu'elle eût eu d'expérience, elle s'y fût prise autrement pour animer un petit garçon : mais si son cœur était faible, il était honnête ; elle cédait involontairement au penchant qui l'entraînait : c'était, selon toute apparence, sa première infidélité, et j'aurais peut-être eu plus à faire à vaincre sa honte que la mienne. Sans être venu là, j'ai goûté près d'elle des douceurs inexprimables. Rien de tout ce que m'a fait sentir la possession des femmes ne vaut les deux minutes que j'ai passées à ses pieds sans même oser toucher à sa robe. Non, il n'y a point de jouissances pareilles à celles que peut donner une honnête femme qu'on aime ; tout est faveur auprès d'elle. Un petit signe du doigt, une main légèrement pressée contre ma bouche, sont les seuls faveurs que je reçus jamais de Mme Basile, et le souvenir de ces faveurs si légères me transporte encore en y pensant.

Les deux jours suivants, j'eus beau guetter un nouveau tête-à-tête, il me fut impossible d'en trouver le moment, et je n'aperçus de sa part aucun soin pour le ménager. Elle eut même le maintien non plus froid, mais plus retenu qu'à l'ordinaire, et je crois qu'elle évitait mes regards, de peur de ne pouvoir assez gouverner les siens. Son maudit commis fut plus désolant que jamais : il devint même railleur, goguenard ; il me dit que je ferais mon chemin près des dames. Je tremblais d'avoir commis quelque indiscrétion, et, me regardant déjà comme d'intelligence avec elle, je voulus couvrir du mystère un goût qui jusqu'alors n'en avait pas grand besoin. Cela me rendit plus circonspect à saisir les occasions de le satisfaire, et à force de les vouloir sûres, je n'en trouvai plus du tout.

Voici encore une autre folie romanesque dont jamais je n'ai pu me guérir, et qui, jointe à ma timidité naturelle, a beaucoup démenti les prédictions du commis. J'aimais trop sincèrement, trop parfaitement, j'ose dire, pour pouvoir aisément être heureux. Jamais passions ne furent en même temps plus vives et plus pures que les miennes, jamais amour ne fut plus tendre, plus vrai, plus désintéressé. J'aurais mille fois sacrifié mon bonheur à celui de la personne que j'aimais ; sa réputation m'était plus chère que ma vie, et jamais pour tous les plaisirs de la jouissance je n'aurais voulu compromettre un moment son repos. Cela m'a fait apporter tant de soins, tant de secret, tant de précaution dans mes entreprises, que jamais aucune n'a pu réussir. Mon peu de succès près des femmes est toujours venu de les trop aimer.

Pour revenir au flûteur Egisthe, ce qu'il y avait de
singulier, était qu'en devenant plus insupportable, le
traître semblait devenir plus complaisant. Dès le premier
jour que sa dame m'avait pris en affection, elle avait songé
à me rendre utile dans le magasin. Je savais passablement l'arithmétique; elle lui avait proposé de m'apprendre à tenir les livres; mais mon bourru reçut très
mal la proposition, craignant peut-être d'être supplanté.
Ainsi tout mon travail après mon burin était de transcrire
quelques comptes et mémoires, de mettre au net quelques
livres, et de traduire quelques lettres de commerce d'italien en français. Tout d'un coup mon homme s'avisa
de revenir à la proposition faite et rejetée, et dit qu'il
m'apprendrait les comptes à parties doubles; et qu'il
voulait me mettre en état d'offrir mes services à M. Basile,
quand il serait de retour. Il y avait dans son ton, dans
son air, je ne sais quoi de faux, de malin, d'ironique, qui
ne me donnait pas de la confiance. Mme Basile, sans
attendre ma réponse, lui dit sèchement que je lui étais
obligé de ses offres, qu'elle espérait que la fortune favo-
riserait enfin mon mérite, et que ce serait grand dommage
qu'avec tant d'esprit je ne fusse qu'un commis.

Elle m'avait dit plusieurs fois qu'elle voulait me faire
faire une connaissance qui pourrait m'être utile. Elle
pensait assez sagement pour sentir qu'il était temps de
me détacher d'elle. Nos muettes déclarations s'étaient
faites le jeudi. Le dimanche elle donna un dîner, où je
me trouvai et où se trouva aussi un Jacobin de bonne
mine auquel elle me présenta. Le moine me traita très
affectueusement, me félicita sur ma conversion, et me
dit plusieurs choses sur mon histoire qui m'apprirent
qu'elle la lui avait détaillée; puis, me donnant deux petits
coups d'un revers de main sur la joue, il me dit d'être
sage, d'avoir bon courage, et de l'aller voir, que nous
causerions plus à loisir ensemble. Je jugeai, par les égards
que tout le monde avait pour lui, que c'était un homme
de considération, et par le ton paternel qu'il prenait
avec Mme Basile, qu'il était son confesseur. Je me
rappelle bien aussi que sa décente familiarité était mêlée
de marques d'estime et même de respect pour sa péni-
tente, qui me firent alors moins d'impression qu'elles
ne m'en font aujourd'hui. Si j'avais eu plus d'intelligence, combien j'eusse été touché d'avoir pu rendre sensible une jeune femme respectée par son confesseur!

La table ne se trouva pas assez grande pour le nombre

que nous étions; il en fallut une petite, où j'eus l'agréable
tête-à-tête de Monsieur le Commis. Je n'y perdis rien
du côté des attentions et de la bonne chère; il y eut bien
des assiettes envoyées à la petite table dont l'intention
n'était sûrement pas pour lui. Tout allait très bien jusque-là : les femmes étaient fort gaies, les hommes fort
galants; Mme Basile faisait ses honneurs avec une grâce
charmante. Au milieu du dîner, l'on entend arrêter une
chaise à la porte; quelqu'un monte, c'est M. Basile. Je
le vois comme s'il entrait actuellement, en habit d'écar-
late à boutons d'or, couleur que j'ai prise en aversion
depuis ce jour-là. M. Basile était un grand et bel homme
qui se présentait très bien. Il entre avec fracas, et de l'air
de quelqu'un qui surprend son monde, quoiqu'il n'y eût
là que de ses amis. Sa femme lui saute au cou, lui prend
les mains, lui fait mille caresses qu'il reçoit sans les lui
rendre. Il salue la compagnie, on lui donne un couvert,
il mange. A peine avait-on commencé de parler de son
voyage, que, jetant les yeux sur la petite table, il demande
d'un ton sévère ce que c'est que ce petit garçon qu'il
aperçoit là. Mme Basile le lui dit tout naïvement. Il
demande si je loge dans la maison. On lui dit que non.
Pourquoi non ? reprend-il grossièrement : puisqu'il s'y
tient le jour, il peut bien y rester la nuit. Le moine prit
la parole, et après un éloge grave et vrai de Mme Basile,
il fit le mien en peu de mots; ajoutant que, loin de blâmer
la pieuse charité de sa femme, il devait s'empresser d'y
prendre part, puisque rien n'y passait les bornes de la
discrétion. Le mari répliqua d'un ton d'humeur, dont il
cachait la moitié, contenu par la présence du moine,
mais qui suffit pour me faire sentir qu'il avait des instructions sur mon compte, et que le commis m'avait
servi de sa façon.

A peine était-on hors de table, que celui-ci, dépêché
par son bourgeois, vint en triomphe me signifier de sa
part de sortir à l'instant de chez lui, et de n'y remettre
les pieds de ma vie. Il assaisonna sa commission de tout
ce qui pouvait la rendre insultante et cruelle. Je partis
sans rien dire, mais le cœur navré, moins de quitter cette
aimable femme que de la laisser en proie à la brutalité
de son mari. Il avait raison, sans doute, de ne vouloir pas
qu'elle fût infidèle; mais, quoique sage et bien née, elle
était Italienne, c'est-à-dire sensible et vindicative, et il
avait tort, ce me semble, de prendre avec elle les moyens
les plus propres à s'attirer le malheur qu'il craignait.

Tel fut le succès de ma première aventure. Je voulus essayer de repasser deux ou trois fois dans la rue, pour revoir au moins celle que mon cœur regrettait sans cesse ; mais au lieu d'elle je ne vis que son mari et le vigilant commis, qui, m'ayant aperçu, me fit, avec l'aune de la boutique, un geste plus expressif qu'attirant. Me voyant si bien guetté, je perdis courage et n'y passai plus. Je voulus aller voir au moins le patron qu'elle m'avait ménagé. Malheureusement je ne savais pas son nom. Je rôdai plusieurs fois inutilement autour du couvent, pour tâcher de le rencontrer. Enfin d'autres événements m'ôtèrent les charmants souvenirs de Mme Basile, et dans peu je l'oubliai si bien, qu'aussi simple et aussi novice qu'auparavant je ne restai pas même affriandé de jolies femmes.

Cependant ses libéralités avaient un peu remonté mon petit équipage, très modestement toutefois, et avec la précaution d'une femme prudente, qui regardait plus à la propreté qu'à la parure, et qui voulait m'empêcher de souffrir, et non pas me faire briller. Mon habit, que j'avais apporté de Genève, était bon et portable encore ; elle y ajouta seulement un chapeau et quelque linge. Je n'avais point de manchettes ; elle ne voulut point m'en donner, quoique j'en eusse bonne envie. Elle se contenta de me mettre en état de me tenir propre, et c'est un soin qu'il ne fallut pas me recommander tant que je parus devant elle.

Peu de jours après ma catastrophe, mon hôtesse, qui, comme je l'ai dit, m'avait pris en amitié, me dit qu'elle m'avait peut-être trouvé une place, et qu'une dame de condition voulait me voir. A ce mot, je me crus tout de bon dans les hautes aventures : car j'en revenais toujours là. Celle-ci ne se trouva pas aussi brillante que je me l'étais figuré. Je fus chez cette dame avec le domestique qui lui avait parlé de moi. Elle m'interrogea, m'examina : je ne lui déplus pas ; et tout de suite j'entrai à son service, non pas tout à fait en qualité de favori, mais en qualité de laquais. Je fus vêtu de la couleur de ses gens ; la seule distinction fut qu'ils portaient l'aiguillette, et qu'on ne me la donna pas ; comme il n'y avait point de galons à sa livrée, cela faisait à peu près un habit bourgeois. Voilà le terme inattendu auquel aboutirent enfin toutes mes grandes espérances.

Madame la comtesse de Vercellis, chez qui j'entrai, était veuve et sans enfants : son mari était piémontais ;

pour elle, je l'ai toujours crue savoyarde, ne pouvant
imaginer qu'une Piémontaise parlât si bien français, et
eût un accent si pur. Elle était entre deux âges, d'une
figure fort noble, d'un esprit orné, aimant la littérature
française, et s'y connaissant. Elle écrivait beaucoup, et
toujours en français. Ses lettres avaient le tour et presque
la grâce de celles de Mme de Sévigné; on aurait pu s'y
tromper à quelques-unes. Mon principal emploi, et qui
ne me déplaisait pas, était de les écrire sous sa dictée,
un cancer au sein, qui la faisait beaucoup souffrir, ne lui
permettant plus d'écrire elle-même.

Mme de Vercellis avait non seulement beaucoup d'esprit, mais une âme élevée et forte. J'ai suivi sa dernière
maladie; je l'ai vu[e] souffrir et mourir sans jamais marquer un instant de faiblesse, sans faire le moindre effort
pour se contraindre, sans sortir de son rôle de femme,
et sans se douter qu'il y eût à cela de la philosophie, mot
qui n'était pas encore à la mode, et qu'elle ne connaissait
même pas dans le sens qu'il porte aujourd'hui. Cette
force de caractère allait quelquefois jusqu'à la sécheresse.
Elle m'a toujours paru aussi peu sensible pour autrui
que pour elle-même : et quand elle faisait du bien aux
malheureux, c'était pour faire ce qui était bien en soi,
plutôt que par une véritable commisération. J'ai un peu
éprouvé de cette insensibilité pendant les trois mois que j'ai
passés auprès d'elle. Il était naturel qu'elle prît en affection un jeune homme de quelque espérance, qu'elle avait
incessamment sous les yeux, et qu'elle songeât, se sentant mourir, qu'après elle il aurait besoin de secours et
d'appui : cependant, soit qu'elle ne me jugeât pas digne
d'une attention particulière, soit que les gens qui l'obsé-
daient ne lui aient permis de songer qu'à eux, elle ne fit
rien pour moi.

Je me rappelle pourtant fort bien qu'elle avait marqué
quelque curiosité de me connaître. Elle m'interrogeait
quelquefois : elle était bien aise que je lui montrasse les
lettres que j'écrivais à Mme de Warens, que je lui ren-
disse compte de mes sentiments. Mais elle ne s'y prenait
assurément pas bien pour les connaître, en ne me montrant jamais les siens. Mon cœur aimait à s'épancher,
pourvu qu'il sentît que c'était dans un autre. Des interro-
gations sèches et froides, sans aucun signe d'approbation
ni de blâme sur mes réponses, ne me donnaient aucune
confiance. Quand rien ne m'apprenait si mon babil plaisait ou déplaisait, j'étais toujours en crainte, et je cher-

chais moins à montrer ce que je pensais qu'à ne rien dire qui pût me nuire. J'ai remarqué depuis que cette manière sèche d'interroger les gens pour les connaître est un tic assez commun chez les femmes qui se piquent d'esprit. Elles s'imaginent qu'en ne laissant point paraître leur sentiment, elles parviendront à mieux pénétrer le vôtre : mais elles ne voient pas qu'elles ôtent par là le courage de le montrer. Un homme qu'on interroge commence par cela seul à se mettre en garde, et s'il croit que, sans prendre à lui un véritable intérêt, on ne veut que le faire jaser, il ment, ou se tait, ou redouble d'attention sur lui-même, et aime encore mieux passer pour un sot que d'être dupe de votre curiosité. Enfin c'est toujours un mauvais moyen de lire dans le cœur des autres que d'affecter de cacher le sien.

Mme de Vercellis ne m'a jamais dit un mot qui sentît l'affection, la pitié, la bienveillance. Elle m'interrogeait froidement; je répondais avec réserve. Mes réponses étaient si timides qu'elle dut les trouver basses et s'en ennuya. Sur la fin elle ne me questionnait plus, ne me parlait plus que pour son service. Elle me jugea moins sur ce que j'étais que sur ce qu'elle m'avait fait, et à force de ne voir en moi qu'un laquais, elle m'empêcha de lui paraître autre chose.

Je crois que j'éprouvai dès lors ce jeu malin des intérêts cachés qui m'a traversé toute ma vie, et qui m'a donné une aversion bien naturelle pour l'ordre apparent qui les produit. Mme de Vercellis, n'ayant point d'enfants, avait pour héritier son neveu le comte de la Roque, qui lui faisait assidûment sa cour. Outre cela, ses principaux domestiques, qui la voyaient tirer à sa fin, ne s'oubliaient pas, et il y avait tant d'empressés autour d'elle, qu'il était difficile qu'elle eût du temps pour penser à moi. À la tête de sa maison, était un nommé M. Lorenzi [ni], homme adroit, dont la femme, encore plus adroite, s'était tellement insinuée dans les bonnes grâces de sa maîtresse, qu'elle était plutôt chez elle sur le pied d'une amie que d'une femme à gages. Elle lui avait donné pour femme de chambre une nièce à elle appelée Mlle Pontal, fine mouche, qui se donnait des airs de demoiselle suivante, et aidait sa tante à obséder si bien leur maîtresse qu'elle ne voyait que par leurs yeux et n'agissait que par leurs mains. Je n'eus pas le bonheur d'agréer à ces trois personnes : je leur obéissais, mais je ne les servais pas; je n'imaginais pas qu'outre le service de notre commune maîtresse, je dusse être encore le valet de ses valets. J'étais d'ailleurs une espèce de personnage inquiétant pour eux. Ils voyaient bien que je n'étais pas à ma place; ils craignaient que Madame ne le vît aussi, et que ce qu'elle ferait pour m'y mettre ne diminuât leurs portions : car ces sortes de gens, trop avides pour être justes, regardent tous les legs qui sont pour d'autres comme pris sur leur propre bien. Ils se réunirent donc pour m'écarter de ses yeux. Elle aimait à écrire des lettres; c'était un amusement pour elle dans son état : ils l'en dégoûtèrent et l'en firent détourner par le médecin, en la persuadant que cela la fatiguait. Sous prétexte que je n'entendais pas le service, on employait au lieu de moi deux gros manants de porteurs de chaise autour d'elle; enfin l'on fit si bien, que, quand elle fit son testament, il y avait huit jours que je n'étais entré dans sa chambre. Il est vrai qu'après cela j'y entrai comme auparavant, et j'y fus même plus assidu que personne, car les douleurs de cette pauvre femme me déchiraient; la constance avec laquelle elle les souffrait me la rendait extrêmement respectable et chère, et j'ai bien versé dans sa chambre des larmes sincères, sans qu'elle ni personne s'en aperçût.

Nous la perdîmes enfin. Je la vis expirer. Sa vie avait été celle d'une femme d'esprit et de sens; sa mort fut celle d'un sage. Je puis dire qu'elle me rendit la religion catholique aimable par la sérénité d'âme avec laquelle elle en remplit les devoirs sans négligence et sans affectation. Elle était naturellement sérieuse. Sur la fin de sa maladie, elle prit une sorte de gaieté trop égale pour être jouée, et qui n'était qu'un contrepoids donné par la raison même contre la tristesse de son état. Elle ne garda le lit que les deux derniers jours, et ne cessa de s'entretenir paisiblement avec tout le monde. Enfin, ne parlant plus, et déjà dans les combats de l'agonie, elle fit un gros pet. Bon! dit-elle en se retournant, femme qui pète n'est pas morte. Ce furent les derniers mots qu'elle prononça.

Elle avait légué un an de leurs gages à ses bas domestiques; mais n'étant point couché sur l'état de sa maison, je n'eus rien. Cependant le comte de la Roque me fit donner trente livres, et me laissa l'habit neuf que j'avais sur le corps, et que M. Lorenzi[ni] voulait m'ôter. Il promit même de chercher à me placer et me permit de l'aller voir. J'y fus deux ou trois fois sans pouvoir lui parler. J'étais facile à rebuter, je n'y retournai plus. On verra bientôt que j'eus tort.

Que n'ai-je achevé tout ce que j'avais à dire de mon séjour chez Mme de Vercellis! Mais bien que mon apparente situation demeurât la même, je ne sortis pas de sa maison comme j'y étais entré. J'en emportai les longs souvenirs du crime et l'insupportable poids des remords dont au bout de quarante ans ma conscience est encore chargée, et dont l'amer sentiment, loin de s'affaiblir, s'irrite à mesure que je vieillis. Qui croirait que la faute d'un enfant pût avoir des suites aussi cruelles? C'est de ces suites plus que probables que mon cœur ne saurait se consoler. J'ai peut-être fait périr dans l'opprobre et dans la misère une fille aimable, honnête, estimable, et qui sûrement valait beaucoup mieux que moi.

Il est bien difficile que la dissolution d'un ménage n'entraîne un peu de confusion dans la maison, et qu'il ne s'égare bien des choses : cependant, telle était la fidélité des domestiques et la vigilance de M. et Mme Lorenzi[ni], que rien ne se trouva de manque sur l'inventaire. La seule Mlle Pontal perdit un petit ruban couleur de rose et argent, déjà vieux. Beaucoup d'autres meilleures choses étaient à ma portée; ce ruban seul me tenta, je le volai, et comme je ne le cachais guère, on me le trouva bientôt. On voulut savoir où je l'avais pris. Je me trouble, je balbutie, et enfin je dis, en rougissant, que c'est Marion qui me l'a donné. Marion était une jeune Mauriennoise dont Mme de Vercellis avait fait sa cuisinière, quand, cessant de donner à manger, elle avait renvoyé la sienne, ayant plus besoin de bons bouillons que de ragoûts fins. Non seulement Marion était jolie, mais elle avait une fraîcheur de coloris qu'on ne trouve que dans les montagnes, et surtout un air de modestie et de douceur qui faisait qu'on ne pouvait la voir sans l'aimer; d'ailleurs bonne fille, sage, et d'une fidélité à toute épreuve. C'est ce qui surprit quand je la nommai. L'on n'avait guère moins de confiance en moi qu'en elle, et l'on jugea qu'il importait de vérifier lequel était le fripon des deux. On la fit venir; l'assemblée était nombreuse, le comte de la Roque y était. Elle arrive, on lui montre le ruban, je la charge effrontément; elle reste interdite, se tait, me jette un regard qui aurait désarmé les démons, et auquel mon barbare cœur résiste. Elle nie enfin avec assurance, mais sans emportement, m'apostrophe, m'exhorte à rentrer en moi-même, à ne pas désho-

norer une fille innocente qui ne m'a jamais fait de mal ;
et moi, avec une impudence infernale, je confirme ma
déclaration, et lui soutiens en face qu'elle m'a donné le
ruban. La pauvre fille se mit à pleurer, et ne me dit que
ces mots : Ah ! Rousseau, je vous croyais un bon caractère. Vous me rendez bien malheureuse ; mais je ne voudrais pas être à votre place. Voilà tout. Elle continua de se
défendre avec autant de simplicité que de fermeté, mais
sans se permettre jamais contre moi la moindre invective.
Cette modération, comparée à mon ton décidé, lui fit
tort. Il ne semblait pas naturel de supposer d'un côté
une audace aussi diabolique, et de l'autre une aussi angélique douceur. On ne parut pas se décider absolument,
mais les préjugés étaient pour moi. Dans le tracas où l'on
était, on ne se donna pas le temps d'approfondir la
chose ; et le comte de la Roque, en nous renvoyant tous
deux, se contenta de dire que la conscience du coupable
vengerait assez l'innocent. Sa prédiction n'a pas été
vaine ; elle ne cesse pas un seul jour de s'accomplir.

J'ignore ce que devint cette victime de ma calomnie ;
mais il n'y a pas d'apparence qu'elle ait après cela trouvé
facilement à se bien placer. Elle emportait une impu-
tation cruelle à son honneur de toutes manières. Le vol
n'était qu'une bagatelle, mais enfin c'était un vol, et, qui
pis est, employé à séduire un jeune garçon : enfin le
mensonge et l'obstination ne laissaient rien à espérer de
celle en qui tant de vices étaient réunis. Je ne regarde
pas même la misère et l'abandon comme le plus grand
danger auquel je l'aie exposée. Qui sait, à son âge, où
le découragement de l'innocence avilie a pu la porter ?
Eh ! si le remords d'avoir pu la rendre malheureuse est
insupportable, qu'on juge de celui d'avoir pu la rendre
pire que moi !

Ce souvenir cruel me trouble quelquefois et me boule-
verse au point de voir dans mes insomnies cette pauvre
fille venir me reprocher mon crime, comme s'il n'était
commis que d'hier. Tant que j'ai vécu tranquille, il m'a
moins tourmenté ; mais au milieu d'une vie orageuse il
m'ôte la plus douce consolation des innocents persécutés :
il me fait bien sentir ce que je crois avoir dit dans quelque
ouvrage, que le remords s'endort durant un destin pros-
père, et s'aigrit dans l'adversité. Cependant je n'ai jamais
pu prendre sur moi de décharger mon cœur de cet aveu
dans le sein d'un ami. La plus étroite intimité ne me l'a
jamais fait faire à personne, pas même à Mme de Warens.

Tout ce que j'ai pu faire a été d'avouer que j'avais à me reprocher une action atroce, mais jamais je n'ai dit en quoi elle consistait. Ce poids est donc resté jusqu'à ce jour sans allègement sur ma conscience, et je puis dire que le désir de m'en délivrer en quelque sorte a beaucoup contribué à la résolution que j'ai prise d'écrire mes confessions.

J'ai procédé rondement dans celle que je viens de faire, et l'on ne trouvera sûrement pas que j'aie ici pallié la noirceur de mon forfait. Mais je ne remplirais pas le but de ce livre, si je n'exposais en même temps mes dispositions intérieures, et que je craignisse de m'excuser en ce qui est conforme à la vérité. Jamais la méchanceté ne fut plus loin de moi que dans ce cruel moment, et lorsque je chargeai cette malheureuse fille, il est bizarre, mais il est vrai que mon amitié pour elle en fut la cause. Elle était présente à ma pensée, je m'excusai sur le premier objet qui s'offrit. Je l'accusai d'avoir fait ce que je voulais faire, et de m'avoir donné le ruban, parce que mon intention était de le lui donner. Quand je la vis paraître ensuite, mon cœur fut déchiré, mais la présence de tant de monde fut plus forte que mon repentir. Je craignais peu la punition, je ne craignais que la honte; mais je la craignais plus que la mort, plus que le crime, plus que tout au monde. J'aurais voulu m'enfoncer, m'étouffer dans le centre de la terre; l'invincible honte l'emporta sur tout, la honte seule fit mon impudence; et plus je devenais criminel, plus l'effroi d'en convenir me rendait intrépide. Je ne voyais que l'horreur d'être reconnu, déclaré publiquement, moi présent, voleur, menteur, calomniateur. Un trouble universel m'ôtait tout autre sentiment. Si l'on m'eût laissé revenir à moi-même, j'aurais infailliblement tout déclaré. Si M. de la Roque m'eût pris à part, qu'il m'eût dit : Ne perdez pas cette pauvre fille; si vous êtes coupable, avouez-le-moi; je me serais jeté à ses pieds dans l'instant, j'en suis parfaitement sûr. Mais on ne fit que m'intimider quand il fallait me donner du courage. L'âge est encore une attention qu'il est juste de faire; à peine étais-je sorti de l'enfance, ou plutôt j'y étais encore. Dans la jeunesse, les véritables noirceurs sont plus criminelles encore que dans l'âge mûr : mais ce qui n'est que faiblesse l'est beaucoup moins, et ma faute au fond n'était guère autre chose. Aussi son souvenir m'afflige-t-il moins à cause du mal en lui-même qu'à cause de celui qu'il a dû causer. Il m'a même fait ce bien de me garantir

pour le reste de ma vie de tout acte tendant au crime, par
l'impression terrible qui m'est restée du seul que j'aie
jamais commis; et je crois sentir que mon aversion pour
le mensonge me vient en grande partie du regret d'en
avoir pu faire un aussi noir. Si c'est un crime qui puisse
être expié, comme j'ose le croire, il doit l'être par tant de
malheurs dont la fin de ma vie est accablée, par quarante
ans de droiture et d'honneur dans des occasions difficiles,
et la pauvre Marion trouve tant de vengeurs en ce monde,
que, quelque grande qu'ait été mon offense envers elle,
je crains peu d'en emporter la coulpe avec moi. Voilà ce
que j'avais à dire sur cet article. Qu'il me soit permis de
n'en reparler jamais.

LIVRE III

Sorti de chez Mme de Vercellis à peu près comme j'y
étais entré, je retournai chez mon ancienne hôtesse, et
j'y restai cinq ou six semaines, durant lesquelles la santé,
la jeunesse et l'oisiveté me rendirent souvent mon tempérament importun. J'étais inquiet, distrait, rêveur; je pleurais, je soupirais, je désirais un bonheur dont je n'avais
pas l'idée, et dont je sentais pourtant la privation. Cet état
ne peut se décrire, et peu d'hommes même le peuvent
imaginer, parce que la plupart ont prévenu cette plénitude
de vie, à la fois tourmentante et délicieuse, qui, dans
l'ivresse du désir, donne un avant-goût de la jouissance.
Mon sang allumé remplissait incessamment mon cerveau
de filles et de femmes : mais, n'en sentant pas le véritable
usage, je les occupais bizarrement en idée à mes fantaisies
sans en savoir rien faire de plus; et ces idées tenaient
mes sens dans une activité très incommode, dont, par
bonheur, elles ne m'apprenaient point à me délivrer.
J'aurais donné ma vie pour retrouver un quart d'heure
une demoiselle Goton. Mais ce n'était plus le temps où
les jeux de l'enfance allaient là comme d'eux-mêmes. La
honte, compagne de la conscience du mal, était venue
avec les années; elle avait accru ma timidité naturelle au
point de la rendre invincible; et jamais, ni dans ce temps-
là ni depuis, je n'ai pu parvenir à faire une proposition
lascive, que celle à qui je la faisais ne m'y ait en quelque
sorte contraint par ses avances, quoique sachant qu'elle
n'était pas scrupuleuse, et presque assuré d'être pris au
mot.

Mon agitation crût au point que, ne pouvant contenter
mes désirs, je les attisais par les plus extravagantes
manœuvres. J'allais chercher des allées sombres, des
réduits cachés, où je pusse m'exposer de loin aux per-

sonnes du sexe dans l'état où j'aurais voulu pouvoir être
auprès d'elles. Ce qu'elles voyaient n'était pas l'objet obscène, je n'y songeais même pas; c'était l'objet ridicule. Le
sot plaisir que j'avais de l'étaler à leurs yeux ne peut se
décrire. Il n'y avait de là plus qu'un pas à faire pour
sentir le traitement désiré, et je ne doute pas que quelque
résolue, en passant, ne m'en eût donné l'amusement, si
j'eusse eu l'audace d'attendre. Cette folie eut une catastrophe à peu près aussi comique, mais un peu moins
plaisante pour moi.

Un jour j'allai m'établir au fond d'une cour dans
laquelle était un puits où les filles de la maison venaient
souvent chercher de l'eau. Dans ce fond il y avait une
petite descente qui menait à des caves par plusieurs com-
munications. Je sondai dans l'obscurité ces allées souter-
raines, et, les trouvant longues et obscures, je jugeai
qu'elles ne finissaient point, et que, si j'étais vu et surpris,
j'y trouverais un refuge assuré. Dans cette confiance,
j'offrais aux filles qui venaient au puits un spectacle plus
risible que séducteur. Les plus sages feignirent de ne rien
voir; d'autres se mirent à rire; d'autres se crurent insul-
tées et firent du bruit. Je me sauvai dans ma retraite : j'y
fus suivi. J'entendis une voix d'homme sur laquelle je
n'avais pas compté, et qui m'alarma. Je m'enfonçai dans
les souterrains, au risque de m'y perdre : le bruit, les voix,
la voix d'homme, me suivaient toujours. J'avais compté
sur l'obscurité, je vis de la lumière. Je frémis, je m'enfonçai davantage. Un mur m'arrêta, et, ne pouvant aller
plus loin, il fallut attendre là ma destinée. En un moment
je fus atteint et saisi par un grand homme portant une
grande moustache, un grand chapeau, un grand sabre,
escorté de quatre ou cinq vieilles femmes armées chacune
d'un manche à balai, parmi lesquelles j'aperçus la petite
coquine qui m'avait décelé, et qui voulait sans doute me
voir au visage.

L'homme au sabre, en me prenant par le bras, me
demanda rudement ce que je faisais là. On conçoit que ma
réponse n'était pas prête. Je me remis cependant; et,
m'évertuant dans ce moment critique, je tirai de ma tête
un expédient romanesque qui me réussit. Je lui dis, d'un
ton suppliant, d'avoir pitié de mon âge et de mon état;
que j'étais un jeune étranger de grande naissance, dont le
cerveau s'était dérangé; que je m'étais échappé de la maison paternelle parce qu'on voulait m'enfermer; que j'étais
perdu s'il me faisait connaître; mais que, s'il voulait bien

me laisser aller, je pourrais peut-être un jour reconnaître cette grâce. Contre toute attente, mon discours et mon air firent effet : l'homme terrible en fut touché; et après une réprimande assez courte, il me laissa doucement aller sans me questionner davantage. A l'air dont la jeune et les vieilles me virent partir, je jugeai que l'homme que j'avais tant craint m'était fort utile, et qu'avec elles seules je n'en aurais pas été quitte à si bon marché. Je les entendis murmurer je ne sais quoi dont je ne me souciais guère; car, pourvu que le sabre et l'homme ne s'en mêlassent pas, j'étais bien sûr, leste et vigoureux comme j'étais, de me délivrer bientôt et de leurs tricots et d'elles.

Quelques jours après, passant dans une rue avec un jeune abbé, mon voisin, j'allai donner du nez contre l'homme au sabre. Il me reconnut, et me contrefaisant d'un ton railleur : Je suis prince, me dit-il, je suis prince; et moi je suis un coyon : mais que Son Altesse n'y revienne pas. Il n'ajouta rien de plus, et je m'esquivai en baissant la tête et le remerciant, dans mon cœur, de sa discrétion. J'ai jugé que ces maudites vieilles lui avaient fait honte de sa crédulité. Quoi qu'il en soit, tout piémontais qu'il était, c'était un bon homme, et jamais je ne pense à lui sans un mouvement de reconnaissance : car l'histoire était si plaisante, que, par le seul désir de faire rire, tout autre à sa place m'eût déshonoré. Cette aventure, sans avoir les suites que j'en pouvais craindre, ne laissa pas de me rendre sage pour longtemps.

Mon séjour chez Mme de Vercellis m'avait procuré quelques connaissances, que j'entretenais dans l'espoir qu'elles pourraient m'être utiles. J'allai voir quelquefois entre autres un abbé savoyard appelé M. Gaime, précepteur des enfants du comte de Mellarède. Il était jeune encore et peu répandu, mais plein de bon sens, de probité, de lumières, et l'un des plus honnêtes hommes que j'aie connus. Il ne me fut d'aucune ressource pour l'objet qui m'attirait chez lui : il n'avait pas assez de crédit pour me placer; mais je trouvai près de lui des avantages plus précieux qui m'ont profité toute ma vie, les leçons de la saine morale et les maximes de la droite raison. Dans l'ordre successif de mes goûts et de mes idées, j'avais toujours été trop haut ou trop bas; Achille ou Thersite, tantôt héros et tantôt vaurien. M. Gaime prit le soin de me mettre à ma place et de me montrer à moi-même, sans m'épargner ni me décourager. Il me parla très honorablement de mon naturel et de mes talents : mais il ajouta qu'il en voyait naître les obstacles qui m'empêcheraient d'en tirer parti; de sorte qu'ils devaient, selon lui, bien moins me servir de degrés pour monter à la fortune que de ressources pour m'en passer. Il me fit un tableau vrai de la vie humaine, dont je n'avais que de fausses idées; il me montra comment, dans un destin contraire, l'homme sage peut toujours tendre au bonheur et courir au plus près du vent pour y parvenir; comment il n'y a point de vrai bonheur sans sagesse, et comment la sagesse est de tous les états. Il amortit beaucoup mon admiration pour la grandeur, en me prouvant que ceux qui dominaient les autres n'étaient ni plus sages ni plus heureux qu'eux. Il me dit une chose qui m'est souvent revenue à la mémoire, c'est que si chaque homme pouvait lire dans les cœurs de tous les autres, il y aurait plus de gens qui voudraient descendre que de ceux qui voudraient monter. Cette réflexion, dont la vérité frappe, et qui n'a rien d'outré, m'a été d'un grand usage dans le cours de ma vie pour me faire tenir à ma place paisiblement. Il me donna les premières vraies idées de l'honnête, que mon génie ampoulé n'avait saisi que dans ses excès. Il me fit sentir que l'enthousiasme des vertus sublimes était peu d'usage dans la société, qu'en s'élançant trop haut on était sujet aux chutes; que la continuité des petits devoirs toujours bien remplis ne demandait pas moins de force que les actions héroïques; qu'on en tirait meilleur parti pour l'honneur et pour le bonheur; et qu'il valait infiniment mieux avoir toujours l'estime des hommes que quelquefois leur admiration.

Pour établir les devoirs de l'homme il fallait bien remonter à leur principe. D'ailleurs, le pas que je venais de faire, et dont mon état présent était la suite, nous conduisait à parler de religion. L'on conçoit déjà que l'honnête M. Gaime est, du moins en grande partie, l'original du Vicaire savoyard. Seulement, la prudence l'obligeant à parler avec plus de réserve, il s'expliqua moins ouvertement sur certains points; mais au reste ses maximes, ses sentiments, ses avis, furent les mêmes, et, jusqu'au conseil de retourner dans ma patrie, tout fut comme je l'ai rendu depuis au public. Ainsi, sans m'étendre sur des entretiens dont chacun peut avoir la substance, je dirai que ses leçons, sages, mais d'abord sans effet, furent dans mon cœur un germe de vertu et de religion qui ne s'y étouffa jamais, et qui n'attendait, pour fructifier, que les soins d'une main plus chérie.

Quoique alors ma conversion fût peu solide, je ne laissais pas d'être ému. Loin de m'ennuyer de ses entretiens, j'y pris goût à cause de leur clarté, de leur simplicité, et surtout d'un certain intérêt de cœur dont je sentais qu'ils étaient pleins. J'ai l'âme aimante, et je me suis toujours attaché aux gens moins à proportion du bien qu'ils m'ont fait que de celui qu'ils m'ont voulu, et c'est sur quoi mon tact ne me trompe guère. Aussi je m'affectionnais véritablement à M. Gaime; j'étais pour ainsi dire son second disciple; et cela me fit pour le moment même l'inestimable bien de me détourner de la pente du vice où m'entraînait mon oisiveté.

Un jour que je ne pensais à rien moins, on vint me chercher de la part du comte de la Roque. A force d'y aller et de ne pouvoir lui parler, je m'étais ennuyé, je n'y allais plus : je crus qu'il m'avait oublié, ou qu'il lui était resté de mauvaises impressions de moi. Je me trompais. Il avait été témoin plus d'une fois du plaisir avec lequel je remplissais mon devoir auprès de sa tante; il le lui avait même dit, et il m'en reparla quand moi-même je n'y songeais plus. Il me reçut bien, me dit que, sans m'amuser de promesses vagues, il avait cherché à me placer, qu'il avait réussi, qu'il me mettait en chemin de devenir quelque chose, que c'était à moi de faire le reste; que la maison où il me faisait entrer était puissante et considérée, que je n'avais pas besoin d'autres protecteurs pour m'avancer, et que quoique traité d'abord en simple domestique, comme je venais de l'être, je pouvais être assuré que si l'on me jugeait par mes sentiments et par ma conduite au-dessus de cet état, on était disposé à ne m'y pas laisser. La fin de ce discours démentit cruellement les brillantes espérances que le commencement m'avait données. Quoi! toujours laquais ? me dis-je en moi-même avec un dépit amer que la confiance effaça bientôt. Je me sentais trop peu fait pour cette place pour craindre qu'on m'y laissât.

Il me mena chez le comte de Gouvon, premier écuyer de la Reine, et chef de l'illustre maison de Solar. L'air de dignité de ce respectable vieillard me rendit plus touchante l'affabilité de son accueil. Il m'interrogea avec intérêt, et je lui répondis avec sincérité. Il dit au comte de la Roque que j'avais une physionomie agréable et qui promettait de l'esprit; qu'il lui paraissait qu'en effet je n'en manquais pas, mais que ce n'était pas là tout, et qu'il fallait voir le reste; puis, se tournant vers moi : Mon enfant, me dit-il, presque en toutes choses les commencements sont rudes; les vôtres ne le seront pourtant pas beaucoup. Soyez sage, et cherchez à plaire ici à tout le monde; voilà, quant à présent, votre unique emploi : du reste, ayez bon courage; on veut prendre soin de vous. Tout de suite il passa chez la marquise de Breil, sa belle-fille, et me présenta à elle, puis à l'abbé de Gouvon, son fils. Ce début me parut de bon augure. J'en savais assez déjà pour juger qu'on ne fait pas tant de façon à la réception d'un laquais. En effet, on ne me traita pas comme tel. J'eus la table de l'office; on ne me donna point d'habit de livrée, et le comte de Favria, jeune étourdi, m'ayant voulu faire monter derrière son carrosse, son grand-père défendit que je montasse derrière aucun carrosse, et que je suivisse personne hors de la maison. Cependant je servais à table, et je faisais à peu près au-dedans le service d'un laquais; mais je le faisais en quelque façon librement, sans être attaché nommément à personne. Hors quelques lettres qu'on me dictait, et des images que le comte de Favria me faisait découper, j'étais presque le maître de tout mon temps dans la journée. Cette épreuve dont je ne m'apercevais pas, était assurément très dangereuse; elle n'était pas même fort humaine; car cette grande oisiveté pouvait me faire contracter des vices que je n'aurais pas eus sans cela.

Mais c'est ce qui très heureusement n'arriva point. Les leçons de M. Gaime avaient fait impression sur mon cœur, et j'y pris tant de goût que je m'échappais quelquefois pour aller les entendre encore. Je crois que ceux qui me voyaient sortir ainsi furtivement ne devinaient guère où j'allais. Il ne se peut rien de plus sensé que les avis qu'il me donna sur ma conduite. Mes commencements furent admirables; j'étais d'une assiduité, d'une attention, d'un zèle, qui charmaient tout le monde. L'abbé Gaime m'avait sagement averti de modérer cette première ferveur, de peur qu'elle ne vînt à se relâcher et qu'on n'y prît garde. Votre début, me dit-il, est la règle de ce qu'on exigera de vous : tâchez de vous ménager de quoi faire plus dans la suite, mais gardez-vous de faire jamais moins.

Comme on ne m'avait guère examiné sur mes petits talents et qu'on ne me supposait que ceux que m'avait donné[s] la nature, il ne paraissait pas, malgré ce que le comte de Gouvon m'avait pu dire, qu'on songeât à tirer parti de moi. Des affaires vinrent à la traverse, et je fus à peu près oublié. Le marquis de Breil, fils du comte de

Gouvon, était alors ambassadeur à Vienne. Il survint des mouvements à la cour qui se firent sentir dans la famille, et l'on y fut quelques semaines dans une agitation qui ne laissait guère le temps de penser à moi. Cependant jusque-là je m'étais peu relâché. Une chose me fit du bien et du mal, en m'éloignant de toute dissipation extérieure, mais en me rendant un peu plus distrait sur mes devoirs.

Mademoiselle de Breil était une jeune personne à peu près de mon âge, bien faite, assez belle, très blanche, avec des cheveux très noirs, et, quoique brune, portant sur son visage cet air de douceur des blondes auquel mon cœur n'a jamais résisté. L'habit de cour, si favorable aux jeunes personnes, marquait sa jolie taille, dégageait sa poitrine et ses épaules, et rendait son teint encore plus éblouissant par le deuil qu'on portait alors. On dira que ce n'est pas à un domestique de s'apercevoir de ces choses-là. J'avais tort, sans doute; mais je m'en apercevais toutefois, et même je n'étais pas le seul. Le maître d'hôtel et les valets de chambre en parlaient quelquefois à table avec une grossièreté qui me faisait cruellement souffrir. La tête ne me tournait pourtant pas au point d'être amoureux tout de bon. Je ne m'oubliais point; je me tenais à ma place, et mes désirs même ne s'émancipaient pas. J'aimais à voir Mlle de Breil, à lui entendre dire quelques mots qui marquaient de l'esprit, du sens, de l'honnêteté : mon ambition, bornée au plaisir de la servir, n'allait point au delà de mes droits. A table j'étais attentif à chercher l'occasion de les faire valoir. Si son laquais quittait un moment sa chaise, à l'instant on m'y voyait établi : hors de là je me tenais vis-à-vis d'elle; je cherchais dans ses yeux ce qu'elle allait demander, j'épiais le moment de changer son assiette. Que n'aurais-je point fait pour qu'elle daignât m'ordonner quelque chose, me regarder, me dire un seul mot; mais point; j'avais la mortification d'être nul pour elle; elle ne s'apercevait pas même que j'étais là. Cependant, son frère, qui m'adressait quelquefois la parole à table, m'ayant dit je ne sais quoi de peu obligeant, je lui fis une réponse si fine et si bien tournée, qu'elle y fit attention, et jeta les yeux sur moi. Ce coup d'œil, qui fut court, ne laissa pas de me transporter. Le lendemain, l'occasion se présenta d'en obtenir un second, et j'en profitai. On donnait ce jour-là un grand dîner, où, pour la première fois, je vis avec beaucoup d'étonnement le maître d'hôtel servir l'épée au côté et le chapeau sur la

tête. Par hasard on vint à parler de la devise de la maison
de Solar, qui était sur la tapisserie avec les armoiries : *Tel
fiert qui ne tue pas*. Comme les Piémontais ne sont pas
pour l'ordinaire consommés dans la langue française,
quelqu'un trouva dans cette devise une faute d'orthographe, et dit qu'au mot *fiert* il ne fallait point de *t*.

Le vieux comte de Gouvon allait répondre ; mais ayant
jeté les yeux sur moi, il vit que je souriais sans oser rien
dire : il m'ordonna de parler. Alors je dis que je ne croyais
pas que le *t* fût de trop, que *fiert* était un vieux mot français qui ne venait pas du nom *ferus*, fier, menaçant, mais
du verbe *ferit*, il frappe, il blesse ; qu'ainsi la devise ne me
paraissait pas dire : Tel menace, mais *tel frappe qui ne
tue pas*.

Tout le monde me regardait et se regardait sans rien
dire. On ne vit de la vie un pareil étonnement. Mais ce
qui me flatta davantage fut de voir clairement sur le
visage de Mlle de Breil un air de satisfaction. Cette
personne si dédaigneuse daigna me jeter un second regard
qui valait tout au moins le premier ; puis, tournant les
yeux vers son grand-papa, elle semblait attendre avec
une sorte d'impatience la louange qu'il me devait, et qu'il
me donna en effet si pleine et entière et d'un air si content,
que toute la table s'empressa de faire chorus. Ce moment
fut court, mais délicieux à tous égards. Ce fut un de ces
moments trop rares qui replacent les choses dans leur
ordre naturel, et vengent le mérite avili des outrages de
la fortune. Quelques minutes après, Mlle de Breil, levant
derechef les yeux sur moi, me pria, d'un ton de voix aussi
timide qu'affable, de lui donner à boire. On juge que je ne
la fis pas attendre ; mais en approchant je fus saisi d'un tel
tremblement, qu'ayant trop rempli le verre, je répandis
une partie de l'eau sur l'assiette et même sur elle. Son
frère me demanda étourdiment pourquoi je tremblais si
fort. Cette question ne servit pas à me rassurer, et Mlle de
Breil rougit jusqu'au blanc des yeux.

Ici finit le roman où l'on remarquera, comme avec
Mme Basile, et dans toute la suite de ma vie, que je ne
suis pas heureux dans la conclusion de mes amours. Je
m'affectionnai inutilement à l'antichambre de Madame de
Breil : je n'obtins plus une seule marque d'attention de
la part de sa fille. Elle sortait et rentrait sans me regarder,
et moi, j'osais à peine jeter les yeux sur elle. J'étais même
si bête et si maladroit, qu'un jour qu'elle avait en passant
laissé tomber son gant, au lieu de m'élancer sur ce gant

que j'aurais voulu couvrir de baisers, je n'osai sortir de ma place, et je laissai ramasser le gant par un gros butor de valet que j'aurais volontiers écrasé. Pour achever de m'intimider, je m'aperçus que je n'avais pas le bonheur d'agréer à Mme de Breil. Non seulement elle ne m'ordonnait rien, mais elle n'acceptait jamais mon service ; et deux fois, me trouvant dans son antichambre, elle me demanda d'un ton fort sec si je n'avais rien à faire. Il fallut renoncer à cette chère antichambre. J'en eus d'abord du regret, mais les distractions vinrent à la traverse, et bientôt je n'y pensai plus.

J'eus de quoi me consoler du dédain de Mme de Breil par les bontés de son beau-père, qui s'aperçut enfin que j'étais là. Le soir du dîner dont j'ai parlé, il eut avec moi un entretien d'une demi-heure, dont il parut content et dont je fus enchanté. Ce bon vieillard, quoique homme d'esprit, en avait moins que Mme de Vercellis, mais il avait plus d'entrailles, et je réussis mieux auprès de lui. Il me dit de m'attacher à l'abbé de Gouvon son fils, qui m'avait pris en affection ; que cette affection, si j'en profitais, pouvait m'être utile, et me faire acquérir ce qui me manquait pour les vues qu'on avait sur moi. Dès le lendemain matin je volai chez M. l'abbé. Il ne me reçut point en domestique ; il me fit asseoir au coin de son feu, m'interrogeant avec la plus grande douceur, il vit bientôt que mon éducation, commencée sur tant de choses, n'était achevée sur aucune. Trouvant surtout que j'avais peu de latin, il entreprit de m'en enseigner davantage. Nous convînmes que je me rendrais chez lui tous les matins, et je commençai dès le lendemain. Ainsi, par une de ces bizarreries qu'on trouvera souvent dans le cours de ma vie, en même temps au-dessus et au-dessous de mon état, j'étais disciple et valet dans la même maison, et dans ma servitude j'avais cependant un précepteur d'une naissance à ne l'être que des enfants des rois.

M. l'Abbé de Gouvon était un cadet destiné par sa famille à l'épiscopat, et dont par cette raison l'on avait poussé les études plus qu'il n'est ordinaire aux enfants de qualité. On l'avait envoyé à l'Université de Sienne, où il avait resté plusieurs années et dont il avait rapporté une assez forte dose de cruscantisme pour être à peu près à Turin ce qu'était jadis à Paris l'abbé de Dangeau. Le dégoût de la théologie l'avait jeté dans les belles-lettres, ce qui est très ordinaire en Italie à ceux qui courent la carrière de la prélature. Il avait bien lu les poètes ; il faisait

passablement des vers latins et italiens. En un mot il avait
le goût qu'il fallait pour former le mien et mettre quelque
choix dans le fatras dont je m'étais farci la tête. Mais,
soit que mon babil lui eût fait quelque illusion sur mon
savoir, soit qu'il ne pût supporter l'ennui du latin élémentaire, il me mit d'abord beaucoup trop haut; et à peine
m'eut-il fait traduire quelques fables de Phèdre, qu'il me
jeta dans Virgile, où je n'entendais presque rien. J'étais
destiné, comme on verra dans la suite, à rapprendre
souvent le latin et à ne le savoir jamais. Cependant je
travaillais avec assez de zèle, et M. l'Abbé me prodiguait
ses soins avec une bonté dont le souvenir m'attendrit
encore. Je passais avec lui une bonne partie de la matinée,
tant pour mon instruction que pour son service; non
pour celui de sa personne, car il ne souffrit jamais que je
lui en redisse aucun, mais pour écrire sous sa dictée et
pour copier; et ma fonction de secrétaire me fut plus
utile que celle d'écolier. Non seulement j'appris ainsi
l'italien dans sa pureté, mais je pris du goût pour la
littérature et quelque discernement des bons livres
qui ne s'acquérait pas chez la Tribu, et qui me servit
beaucoup dans la suite, quand je me mis à travailler
seul.

Ce temps fut celui de ma vie, où sans projets romanesques, je pouvais le plus raisonnablement me livrer
à l'espoir de parvenir. M. l'Abbé, très content de moi,
le disait à tout le monde, et son père m'avait pris dans
une affection si singulière, que le comte de Favria m'apprit
qu'il avait parlé de moi au Roi. Mme de Breil elle-même
avait quitté pour moi son air méprisant. Enfin je devins
une espèce de favori dans la maison, à la grande jalousie
des autres domestiques, qui, me voyant honoré des
instructions du fils de leur maître, sentaient bien que ce
n'était pas pour rester longtemps leur égal.

Autant que j'ai pu en juger des vues qu'on avait sur moi
par quelques mots lâchés à la volée, et auxquels je n'ai
réfléchi qu'après coup, il m'a paru que la maison de
Solar, voulant courir la carrière des ambassades, et peut-
être s'ouvrir de loin celle du ministère, aurait été bien
aise de se former d'avance un sujet qui eût du mérite
et des talents, et qui, dépendant uniquement d'elle, eût
pu dans la suite obtenir sa confiance et la servir utilement.
Ce projet du comte de Gouvon était noble, judicieux,
magnanime, et vraiment digne d'un grand seigneur bien-
faisant et prévoyant : mais, outre que je n'en voyais pas

alors toute l'étendue, il était trop sensé pour ma tête, et demandait un trop long assujettissement. Ma folle ambition ne cherchait la fortune qu'à travers les aventures, et ne voyant point de femme à tout cela, cette manière de parvenir me paraissait lente, pénible et triste; tandis que j'aurais dû la trouver d'autant plus honorable et sûre que les femmes ne s'en mêlaient pas, l'espèce de mérite qu'elles protègent ne valant assurément pas celui qu'on me supposait.

Tout allait à merveille. J'avais obtenu, presque arraché l'estime de tout le monde : les épreuves étaient finies; et l'on me regardait généralement dans la maison comme un jeune homme de la plus grande espérance, qui n'était pas à sa place et qu'on s'attendait d'y voir arriver. Mais ma place n'était pas celle qui m'était assignée par les hommes, et j'y devais parvenir par des chemins bien différents. Je touche à un de ces traits caractéristiques qui me sont propres, et qu'il suffit de présenter au lecteur sans y ajouter de réflexion.

Quoiqu'il y eût à Turin beaucoup de nouveaux convertis de mon espèce, je ne les aimais pas et n'en avais jamais voulu voir aucun. Mais j'avais vu quelques Genevois qui ne l'étaient pas, entre autres un M. Mussard, surnommé Tord-Gueule, peintre en miniature, et un peu mon parent. Ce M. Mussard déterra ma demeure chez le comte de Gouvon, et vint m'y voir avec un autre Genevois appelé Bâcle, dont j'avais été camarade durant mon apprentissage. Ce Bâcle était un garçon très amusant, très gai, plein de saillies bouffonnes que son âge rendait agréables. Me voilà tout d'un coup engoué de M. Bâcle, mais engoué au point de ne pouvoir le quitter. Il allait partir bientôt pour s'en retourner à Genève. Quelle perte j'allais faire! J'en sentais bien toute la grandeur. Pour mettre du moins à profit le temps qui m'était laissé, je ne le quittais plus, où plutôt il ne me quittait pas lui-même; car la tête ne me tourna pas d'abord au point d'aller hors de l'hôtel passer la journée avec lui sans congé; mais bientôt, voyant qu'il m'obsédait entièrement, on lui défendit la porte, et je m'échauffai si bien, qu'oubliant tout, hors mon ami Bâcle, je n'allais ni chez M. l'Abbé, ni chez M. le Comte, et l'on ne me voyait plus dans la maison. On me fit des réprimandes que je n'écoutai pas. On me menaça de me congédier. Cette menace fut ma perte : elle me fit entrevoir qu'il était possible que Bâcle ne s'en allât pas seul. Dès lors, je ne vis plus d'autre plaisir, d'autre sort, d'autre bonheur, que celui de faire un pareil voyage, et je ne voyais à cela que l'ineffable félicité du voyage, au bout duquel, pour surcroît, j'entrevoyais Mme de Warens, mais dans un éloignement immense; car pour retourner à Genève, c'est à quoi je ne pensai jamais. Les monts, les prés, les bois, les ruisseaux, les villages, se succédaient sans fin et sans cesse avec de nouveaux charmes; ce bienheureux trajet semblait devoir absorber ma vie entière. Je me rappelais avec délices combien ce même voyage m'avait paru charmant en venant. Que devait-ce être lorsqu'à tout l'attrait de l'indépendance se joindrait celui de faire route avec un camarade de mon âge, de mon goût et de bonne humeur, sans gêne, sans devoir, sans contrainte, sans obligation d'aller ou rester que comme il nous plairait ? Il fallait être fou pour sacrifier une pareille fortune à des projets d'ambition d'une exécution lente, difficile, incertaine, et qui, les supposant réalisés un jour, ne valaient pas dans tout leur éclat un quart d'heure de vrai plaisir et de liberté dans la jeunesse.

Plein de cette sage fantaisie, je me conduisis si bien que je vins à bout de me faire chasser, et en vérité ce ne fut pas sans peine. Un soir, comme je rentrais, le maître d'hôtel me signifia mon congé de la part de M. le Comte. C'était précisément ce que je demandais; car, sentant malgré moi l'extravagance de ma conduite, j'y ajoutais, pour m'excuser, l'injustice et l'ingratitude, croyant mettre ainsi les gens dans leur tort, et me justifier à moi-même un parti pris par nécessité. On me dit de la part du comte de Favria d'aller lui parler le lendemain matin avant mon départ; et comme on voyait que, la tête m'ayant tourné, j'étais capable de n'en rien faire, le maître d'hôtel remit après cette visite à me donner quelque argent qu'on m'avait destiné, et qu'assurément j'avais fort mal gagné; car ne voulant pas me laisser dans l'état de valet, on ne m'avait pas fixé de gages.

Le comte de Favria, tout jeune et tout étourdi qu'il était, me tint en cette occasion les discours les plus sensés, et j'oserais presque dire les plus tendres, tant il m'exposa d'une manière flatteuse et touchante les soins de son oncle et les intentions de son grand-père. Enfin, après m'avoir mis vivement devant les yeux tout ce que je sacrifiais pour courir à ma perte, il m'offrit de faire ma paix, exigeant pour toute condition que je ne visse plus ce petit malheureux qui m'avait séduit.

Il était si clair qu'il ne disait pas tout cela de lui-même, que malgré mon stupide aveuglement, je sentis toute la bonté de mon vieux maître, et j'en fus touché : mais ce cher voyage était trop empreint dans mon imagination pour que rien pût en balancer le charme. J'étais tout à fait hors de sens : je me raffermis, je m'endurcis, je fis le fier, et je répondis arrogamment que, puisqu'on m'avait donné mon congé, je l'avais pris, qu'il n'était plus temps de s'en dédire, et que quoi qu'il pût m'arriver en ma vie, j'étais bien résolu de ne jamais me faire chasser deux fois d'une maison. Alors ce jeune homme, justement irrité, me donna les noms que je méritais, me mit hors de sa chambre par les épaules, et me ferma la porte aux talons. Moi, je sortis triomphant, comme si je venais d'emporter la plus grande victoire et de peur d'avoir un second combat à soutenir, j'eus l'indignité de partir sans aller remercier M. l'Abbé de ses bontés.

Pour concevoir jusqu'où mon délire allait dans ce moment, il faudrait connaître à quel point mon cœur est sujet à s'échauffer sur les moindres choses, et avec quelle force il se plonge dans l'imagination de l'objet qui l'attire, quelque vain que soit quelquefois cet objet. Les plans les plus bizarres, les plus enfantins, les plus fous, viennent caresser mon idée favorite et me montrer de la vraisemblance à m'y livrer. Croirait-on qu'à près de dix-neuf ans on puisse fonder sur une fiole vide la subsistance du reste de ses jours ? Or, écoutez.

L'abbé de Gouvon m'avait fait présent, il y avait quelques semaines, d'une petite fontaine de Héron fort jolie, et dont j'étais transporté. A force de faire jouer cette fontaine et de parler de notre voyage, nous pensâmes, le sage Bâcle et moi, que l'une pourrait bien servir à l'autre et le prolonger. Qu'y avait-il dans le monde d'aussi curieux qu'une fontaine de Héron ? Ce principe fut le fondement sur lequel nous bâtîmes l'édifice de notre fortune. Nous devions, dans chaque village, assembler les paysans autour de notre fontaine, et là les repas et la bonne chère devaient nous tomber avec d'autant plus d'abondance que nous étions persuadés l'un et l'autre que les vivres ne coûtent rien à ceux qui les recueillent, et que quand ils n'en gorgent pas les passants, c'est pure mauvaise volonté de leur part. Nous n'imaginions partout que festins et noces, comptant que, sans débourser que le vent de nos poumons, et l'eau de notre fontaine, elle pouvait nous défrayer en Piémont, en Savoie

en France, et par tout le monde. Nous faisions des projets,
de voyage qui ne finissaient point, et nous dirigions
d'abord notre course au nord, plutôt pour le plaisir de
passer les Alpes que pour la nécessité supposée de nous
arrêter enfin quelque part.

Tel fut le plan sur lequel je me mis en campagne, abandonnant sans regret mon protecteur, mon précepteur,
mes études, mes espérances, et l'attente d'une fortune
presque assurée, pour commencer la vie d'un vrai vaga-
bond. Adieu la capitale ; adieu la cour, l'ambition, la vanité,
l'amour, les belles, et toutes les grandes aventures dont
l'espoir m'avait amené l'année précédente. Je pars avec
ma fontaine et mon ami Bâcle, la bourse légèrement
garnie, mais le cœur saturé de joie, et ne songeant qu'à
jouir de cette ambulante félicité à laquelle j'avais tout à
coup borné mes brillants projets.

Je fis cet extravagant voyage presque aussi agréablement toutefois que je m'y étais attendu, mais non pas
tout à fait de la même manière ; car bien que notre fontaine amusât quelques moments dans les cabarets les
hôtesses et leurs servantes, il n'en fallait pas moins payer
en sortant. Mais cela ne nous troublait guère, et nous ne
songions à tirer parti tout de bon de cette ressource que
quand l'argent viendrait à nous manquer. Un accident
nous en évita la peine : la fontaine se cassa près de
Bramant ; et il en était temps, car nous sentions, sans
oser nous le dire, qu'elle commençait à nous ennuyer.
Ce malheur nous rendit plus gais qu'auparavant, et nous
rîmes beaucoup de notre étourderie, d'avoir oublié que
nos habits et nos souliers s'useraient, ou d'avoir cru les
renouveler avec le jeu de notre fontaine. Nous continuâmes notre voyage aussi allègrement que nous l'avions
commencé, mais filant un peu plus droit vers le terme
où notre bourse tarissante nous faisait une nécessité
d'arriver.

A Chambéry je devins pensif, non sur la sottise que
je venais de faire : jamais homme ne prit sitôt ni si bien
son parti sur le passé ; mais sur l'accueil qui m'attendait
chez Mme de Warens : car j'envisageais exactement sa
maison comme ma maison paternelle. Je lui avais écrit
mon entrée chez le comte de Gouvon ; elle savait sur quel
pied j'y étais, et en m'en félicitant, elle m'avait donné des
leçons très sages sur la manière dont je devais corres-
pondre aux bontés qu'on avait pour moi. Elle regardait
ma fortune comme assurée, si je ne la détruisais pas par

ma faute. Qu'allait-elle dire en me voyant arriver? Il ne me vint pas même à l'esprit qu'elle pût me fermer sa porte : mais je craignais le chagrin que j'allais lui donner; je craignais ses reproches plus durs pour moi que la misère. Je résolus de tout endurer en silence et de tout faire pour l'apaiser. Je ne voyais plus dans l'univers qu'elle seule : vivre dans sa disgrâce était une chose qui ne se pouvait pas.

Ce qui m'inquiétait le plus était mon compagnon de voyage, dont je ne voulais pas lui donner le surcroît, et dont je craignais de ne pouvoir me débarrasser aisément. Je préparai cette séparation en vivant assez froidement avec lui la dernière journée. Le drôle me comprit; il était plus fou que sot. Je crus qu'il s'affecterait de mon inconstance; j'eus tort; mon ami Bâcle ne s'affectait de rien. A peine, en entrant à Annecy, avions-nous mis le pied dans la ville, qu'il me dit : Te voilà chez toi, m'embrassa, me dit adieu, fit une pirouette et disparut. Je n'ai jamais plus entendu parler de lui. Notre connaissance et notre amitié durèrent en tout environ six semaines, mais les suites en dureront autant que moi.

Que le cœur me battit en approchant de la maison de Mme de Warens! Mes jambes tremblaient sous moi, mes yeux se couvraient d'un voile, je ne voyais rien, je n'entendais rien, je n'aurais reconnu personne; je fus contraint de m'arrêter plusieurs fois pour respirer et reprendre mes sens. Etait-ce la crainte de ne pas obtenir les secours dont j'avais besoin qui me troublait à ce point? A l'âge où j'étais, la peur de mourir de faim donne-t-elle de pareilles alarmes? Non, non; je le dis, avec autant de vérité que de fierté, jamais en aucun temps de ma vie il n'appartint à l'intérêt ni à l'indigence de m'épanouir ou de me serrer le cœur. Dans le cours d'une vie inégale et mémorable par ses vicissitudes, souvent sans asile et sans pain, j'ai toujours vu du même œil l'opulence et la misère. Au besoin, j'aurais pu mendier ou voler comme un autre, mais non pas me troubler pour en être réduit là. Peu d'hommes ont autant gémi que moi, peu ont autant versé de pleurs dans leur vie; mais jamais la pauvreté ni la crainte d'y tomber ne m'ont fait pousser un soupir ni répandre une larme. Mon âme, à l'épreuve de la fortune n'a connu de vrais biens ni de vrais maux que ceux qui ne dépendent pas d'elle, et c'est quand rien ne m'a manqué pour le nécessaire que je me suis senti le plus malheureux des mortels.

A peine parus-je aux yeux de Mme de Warens que son air me rassura. Je tressaillis au premier son de sa voix; je me précipite à ses pieds, et, dans les transports de la plus vive joie, je colle ma bouche sur sa main. Pour elle, j'ignore si elle avait su de mes nouvelles; mais je vis peu de surprise sur son visage, et je n'y vis aucun chagrin. Pauvre petit, me dit-elle d'un ton caressant, te revoilà donc ? Je savais bien que tu étais trop jeune pour ce voyage; je suis bien aise au moins qu'il n'ait pas aussi mal tourné que j'avais craint. Ensuite elle me fit conter mon histoire, qui ne fut pas longue, et que je lui fis très fidèlement, en supprimant cependant quelques articles, mais au reste sans m'épargner ni m'excuser.

Il fut question de mon gîte. Elle consulta sa femme de chambre. Je n'osais respirer durant cette délibération; mais quand j'entendis que je coucherais dans la maison, j'eus à peine à me contenir, et je vis porter mon petit paquet dans la chambre qui m'était destinée, à peu près comme Saint-Preux vit remiser sa chaise chez Mme de Wolmar. J'eus pour surcroît le plaisir d'apprendre que cette faveur ne serait point passagère; et dans un moment où l'on me croyait attentif à tout autre chose, j'entendis qu'elle disait : On dira ce qu'on voudra; mais puisque la providence me le renvoie, je suis déterminée à ne pas l'abandonner.

Me voilà donc enfin établi chez elle. Cet établissement ne fut pourtant pas encore celui dont je date les jours heureux de ma vie, mais il servit à le préparer. Quoique cette sensibilité de cœur, qui nous fait vraiment jouir de nous, soit l'ouvrage de la nature et peut-être un produit de l'organisation, elle a besoin de situations qui la développent. Sans ces causes occasionnelles, un homme né très sensible ne sentirait rien, et mourrait sans avoir connu son être. Tel à peu près j'avais été jusqu'alors, et tel j'aurais toujours été peut-être, si je n'avais jamais connu Mme de Warens, ou si même l'ayant connue, je n'avais pas vécu assez longtemps auprès d'elle pour contracter la douce habitude des sentiments affectueux qu'elle m'inspira. J'oserai le dire; qui ne sent que l'amour ne sent pas ce qu'il y a de plus doux dans la vie. Je connais un autre sentiment, moins impétueux peut-être, mais plus délicieux mille fois, qui quelquefois est joint à l'amour et qui souvent en est séparé. Ce sentiment n'est pas non plus l'amitié seule; il est plus voluptueux, plus tendre : je n'imagine pas qu'il puisse agir pour quelqu'un du même sexe; du moins je fus ami si jamais homme le fut, et je ne l'éprouvai jamais près d'aucun de mes amis. Ceci n'est pas clair, mais il le deviendra dans la suite; les sentiments ne se décrivent bien que par leurs effets.

Elle habitait une vieille maison mais assez grande pour avoir une belle pièce de réserve, dont elle fit sa chambre de parade, et qui fut celle où l'on me logea. Cette chambre était sur le passage dont j'ai parlé, où se fit notre première entrevue, et au delà du ruisseau et des jardins, on découvrait la campagne. Cet aspect n'était pas pour le jeune habitant une chose indifférente. C'était, depuis Bossey, la première fois que j'avais du vert devant mes fenêtres. Toujours masqué par des murs, je n'avais eu sous les yeux que des toits ou le gris des rues. Combien cette nouveauté me fut sensible et douce! Elle augmenta beaucoup mes dispositions à l'attendrissement. Je faisais de ce charmant paysage encore un des bienfaits de ma chère patronne : il me semblait qu'elle l'avait mis là tout exprès pour moi; je m'y plaçais paisiblement auprès d'elle; je la voyais partout entre les fleurs et la verdure; ses charmes et ceux du printemps se confondaient à mes yeux. Mon cœur, jusqu'alors comprimé, se trouvait plus au large dans cet espace, et mes soupirs s'exhalaient plus librement parmi ces vergers.

On ne trouvait pas chez Mme de Warens la magnificence que j'avais vue à Turin; mais on y trouvait la propreté, la décence et une abondance patriarcale avec laquelle le faste ne s'allie jamais. Elle avait peu de vaisselle d'argent, point de porcelaine, point de gibier dans sa cuisine, ni dans sa cave de vins étrangers; mais l'une et l'autre étaient bien garnies au service de tout le monde, et dans des tasses de faïence elle donnait d'excellent café. Quiconque la venait voir était invité à dîner avec elle ou chez elle; et jamais ouvrier, messager ou passant ne sortait sans manger ou boire. Son domestique était composé d'une femme de chambre fribourgeoise assez jolie, appelée Merceret, d'un valet de son pays appelé Claude Anet, dont il sera question dans la suite, d'une cuisinière et de deux porteurs de louage quand elle allait en visite, ce qu'elle faisait rarement. Voilà bien des choses pour deux mille livres de rente; cependant son petit revenu bien ménagé eût pu suffire à tout cela dans un pays où la terre est très bonne et l'argent très rare. Malheureusement l'économie ne fut jamais sa vertu favorite : elle s'endettait, elle payait; l'argent faisait la navette, et tout allait.

La manière dont son ménage était monté était précisément celle que j'aurais choisie : on peut croire que j'en profitais avec plaisir. Ce qui m'en plaisait moins était qu'il fallait rester très longtemps à table. Elle supportait avec peine la première odeur du potage et des mets; cette odeur la faisait presque tomber en défaillance, et ce dégoût durait longtemps. Elle se remettait peu à peu, causait et ne mangeait point. Ce n'était qu'au bout d'une demi-heure qu'elle essayait le premier morceau. J'aurais dîné trois fois dans cet intervalle; mon repas était fait longtemps avant qu'elle eût commencé le sien. Je recommençais de compagnie; ainsi je mangeais pour deux, et ne m'en trouvais pas plus mal. Enfin je me livrais d'autant plus au doux sentiment du bien-être que j'éprouvais auprès d'elle, que ce bien-être dont je jouissais n'était mêlé d'aucune inquiétude sur les moyens de le soutenir. N'étant point encore dans l'étroite confidence de ses affaires, je les supposais en état d'aller toujours sur le même pied. J'ai retrouvé les mêmes agréments dans sa maison par la suite : mais, plus instruit de sa situation réelle, et voyant qu'ils anticipaient sur ses rentes, je ne les ai plus goûtés si tranquillement. La prévoyance a toujours gâté chez moi la jouissance. J'ai vu l'avenir à pure perte : je n'ai jamais pu l'éviter.

Dès le premier jour, la familiarité la plus douce s'établit entre nous au même degré où elle a continué tout le reste de sa vie. *Petit* fut mon nom, *Maman* fut le sien, et toujours nous demeurâmes *Petit* et *Maman*, même quand le nombre des années en eut presque effacé la différence entre nous. Je trouve que ces deux noms rendent à merveilles l'idée de notre ton, la simplicité de nos manières, et surtout la relation de nos cœurs. Elle fut pour moi la plus tendre des mères, qui jamais ne chercha son plaisir, mais toujours mon bien; et si les sens entrèrent dans mon attachement pour elle, ce n'était pas pour en changer la nature, mais pour le rendre seulement plus exquis, pour m'enivrer du charme d'avoir une maman jeune et jolie qu'il m'était délicieux de caresser : je dis caresser au pied de la lettre car jamais elle n'imagina de m'épargner les baisers ni les plus tendres caresses maternelles, et jamais il n'entra dans mon cœur d'en abuser. On dira que nous avons eu à la fin des relations d'une autre espèce; j'en conviens; mais il faut attendre, je ne puis tout dire à la fois.

Le coup d'œil de notre première entrevue fut le seul moment vraiment passionné qu'elle m'ait jamais fait sentir; encore ce moment fut-il l'ouvrage de la surprise. Mes regards indiscrets n'allaient jamais fureter sous son mouchoir, quoiqu'un embonpoint mal caché dans cette place eût bien pu les y attirer. Je n'avais ni transports ni désirs auprès d'elle; j'étais dans un calme ravissant, jouissant sans savoir de quoi. J'aurais ainsi passé ma vie et l'éternité même sans m'ennuyer un instant. Elle est la seule personne avec qui je n'ai jamais senti cette sécheresse de conversation qui me fait un supplice du devoir de la soutenir. Nos tête-à-tête étaient moins des entretiens qu'un babil intarissable, qui pour finir avait besoin d'être interrompu. Loin de me faire une loi de parler, il fallait plutôt m'en faire une de me taire. A force de méditer ses projets, elle tombait souvent dans la rêverie. Hé bien! je la laissais rêver, je me taisais, je la contemplais, et j'étais le plus heureux des hommes. J'avais encore un tic fort singulier. Sans prétendre aux faveurs du tête-à-tête, je le recherchais sans cesse, et j'en jouissais avec une passion qui dégénérait en fureur quand des importuns venaient le troubler. Sitôt que quelqu'un arrivait, homme ou femme, il n'importait pas, je sortais en murmurant, ne pouvant souffrir de rester en tiers auprès d'elle. J'allais compter les minutes dans son antichambre, maudissant mille fois ces éternels visiteurs, et ne pouvant concevoir ce qu'ils avaient tant à dire, parce que j'avais à dire encore plus.

Je ne sentais toute la force de mon attachement pour elle que quand je ne la voyais pas. Quand je la voyais, je n'étais que content; mais mon inquiétude en son absence allait au point d'être douloureuse. Le besoin de vivre avec elle me donnait des élans d'attendrissement qui souvent allaient jusqu'aux larmes. Je me souviendrai toujours qu'un jour de grande fête, tandis qu'elle était à vêpres, j'allai me promener hors de la ville, le cœur plein de son image et du désir ardent de passer mes jours auprès d'elle. J'avais assez de sens pour voir que quant à présent cela n'était pas possible, et qu'un bonheur que je goûtais si bien serait court. Cela donnait à ma rêverie une tristesse qui n'avait pourtant rien de sombre, et qu'un espoir flatteur tempérait. Le son des cloches, qui m'a toujours singulièrement affecté, le chant des oiseaux, la beauté du jour, la douceur du paysage, les maisons éparses et champêtres dans lesquelles je plaçais en idée notre commune demeure; tout cela me frappait tellement d'une impression vive, tendre, triste et touchante, que je me vis comme en extase transporté dans cet heureux temps et dans cet heureux séjour où mon cœur, possédant toute la félicité qui pouvait lui plaire, la goûtait dans des ravissements inexprimables, sans songer même à la volupté des sens. Je ne me souviens pas de m'être élancé jamais dans l'avenir avec plus de force et d'illusion que je fis alors; et ce qui m'a frappé le plus dans le souvenir de cette rêverie, quand elle s'est réalisée, c'est d'avoir retrouvé des objets tels exactement que je les avais imaginés. Si jamais rêve d'un homme éveillé eut l'air d'une vision prophétique, ce fut assurément celui-là. Je n'ai été déçu que dans sa durée imaginaire; car les jours, et les ans, et la vie entière, s'y passaient dans une inaltérable tranquillité; au lieu qu'en effet tout cela n'a duré qu'un moment. Hélas! mon plus constant bonheur fut en songe. Son accomplissement fut presque à l'instant suivi du réveil.

Je ne finirais pas si j'entrais dans le détail de toutes les folies que le souvenir de cette chère Maman me faisait faire quand je n'étais plus sous ses yeux. Combien de fois j'ai baisé mon lit en songeant qu'elle y avait couché; mes rideaux, tous les meubles de ma chambre, en songeant qu'ils étaient à elle, que sa belle main les avait touchés; le plancher même sur lequel je me prosternais en songeant qu'elle y avait marché! Quelquefois même en sa présence il m'échappait des extravagances que le plus violent amour seul semblait pouvoir inspirer. Un jour, à table, au moment qu'elle avait mis un morceau dans sa bouche, je m'écrie que j'y vois un cheveu : elle rejette le morceau sur son assiette; je m'en saisis avidement et l'avale. En un mot, de moi à l'amant le plus passionné il n'y avait qu'une différence unique, mais essentielle, et qui rend mon état presque inconcevable à la raison.

J'étais revenu d'Italie, non tout à fait comme j'y étais allé, mais comme peut-être jamais à mon âge on n'en est revenu. J'en avais rapporté non ma virginité, mais mon pucelage. J'avais senti le progrès des ans; mon tempérament inquiet s'était enfin déclaré, et sa première éruption, très involontaire, m'avait donné sur ma santé des alarmes qui peignent mieux que toute autre chose l'innocence dans laquelle j'avais vécu jusqu'alors. Bientôt rassuré, j'appris ce dangereux supplément qui trompe la nature, et sauve aux jeunes gens de mon humeur beaucoup de désordres aux dépens de leur santé, de leur vigueur, et quelquefois de leur vie. Ce vice que la honte et la timidité trouvent si commode, a de plus un grand attrait pour les imaginations vives : c'est de disposer, pour ainsi dire, à leur gré, de tout le sexe, et de faire servir à leurs plaisirs la beauté qui les tente, sans avoir besoin d'obtenir son aveu. Séduit par ce funeste avantage, je travaillais à détruire la bonne constitution qu'avait rétablie en moi la nature, et à qui j'avais donné le temps de se bien former. Qu'on ajoute à cette disposition le local de ma situation présente ; logé chez une jolie femme, caressant son image au fond de mon cœur, la voyant sans cesse dans la journée ; le soir entouré d'objets qui me la rappellent, couché dans un lit où je sais qu'elle a couché. Que de stimulants ! tel lecteur qui se les représente me regarde déjà comme à demi mort. Tout au contraire ce qui devait me perdre fut précisément ce qui me sauva, du moins pour un temps. Enivré du charme de vivre auprès d'elle, du désir ardent d'y passer mes jours, absente ou présente, je voyais toujours en elle une tendre mère, une sœur chérie, une délicieuse amie, et rien de plus. Je la voyais toujours ainsi, toujours la même, et ne voyais jamais qu'elle. Son image, toujours présente à mon cœur, n'y laissait place à nulle autre ; elle était pour moi la seule femme qui fût au monde ; et l'extrême douceur des sentiments qu'elle m'inspirait, ne laissant pas à mes sens le temps de s'éveiller pour d'autres, me garantissait d'elle et de tout son sexe. En un mot, j'étais sage parce que je l'aimais. Sur ces effets, que je rends mal, dise qui pourra de quelle espèce était mon attachement pour elle. Pour moi, tout ce que j'en puis dire est que s'il paraît déjà fort extraordinaire, dans la suite il le paraîtra beaucoup plus.

Je passais mon temps le plus agréablement du monde, occupé des choses qui me plaisaient le moins. C'étaient des projets à rédiger, des mémoires à mettre au net, des recettes à transcrire ; c'étaient des herbes à trier, des drogues à piler, des alambics à gouverner. Tout à travers tout cela venaient des foules de passants, de mendiants, de visites de toute espèce. Il fallait entretenir tout à la fois un soldat, un apothicaire, un chanoine, une belle dame, un frère lai. Je pestais, je grommelais, je jurais, je donnais au diable toute cette maudite cohue. Pour elle, qui prenait tout en gaieté, mes fureurs la faisaient rire aux larmes ; et ce qui la faisait rire encore plus était de me voir d'autant plus furieux que je ne pouvais moi-même m'empêcher de rire. Ces petits intervalles où j'avais le plaisir de gro-

gner étaient charmants; et s'il survenait un nouvel importun durant la querelle, elle en savait encore tirer parti pour
l'amusement en prolongeant malicieusement la visite,
et me jetant des coups d'œil pour lesquels je l'aurais
volontiers battue. Elle avait peine à s'abstenir d'éclater
en me voyant, contraint et retenu par la bienséance, lui
faire des yeux de possédé, tandis qu'au fond de mon cœur,
et même en dépit de moi, je trouvais tout cela très comique.

Tout cela, sans me plaire en soi, m'amusait pourtant
parce qu'il faisait partie d'une manière d'être qui m'était
charmante. Rien de ce qui se faisait autour de moi, rien
de tout ce qu'on me faisait faire, n'était selon mon
goût, mais tout était selon mon cœur. Je crois que je serais
parvenu à aimer la médecine, si mon dégoût pour elle
n'eût fourni des scènes folâtres qui nous égayaient sans
cesse : c'est peut-être la première fois que cet art a produit
un pareil effet. Je prétendais connaître à l'odeur un livre
de médecine, et ce qu'il y a de plaisant est que je m'y
trompais rarement. Elle me faisait goûter des plus détes-
tables drogues. J'avais beau fuir ou vouloir me défendre;
malgré ma résistance et mes horribles grimaces, malgré
moi et mes dents, quand je voyais ses jolis doigts barbouillés s'approcher de ma bouche, il fallait finir par
l'ouvrir et sucer. Quand tout son petit ménage était ras-
semblé dans la même chambre, à nous entendre courir
et crier au milieu des éclats de rire, on eût cru qu'on y
jouait quelque farce, et non pas qu'on y faisait de l'opiat
ou de l'élixir.

Mon temps ne se passait pourtant pas tout entier à
ces polissonneries. J'avais trouvé quelques livres dans
la chambre que j'occupais : *Le Spectateur*, Pufendorf,
Saint-Evremond, *La Henriade*. Quoique je n'eusse plus
mon ancienne fureur de lecture, par désœuvrement
je lisais un peu de tout cela. *Le Spectateur* surtout me
plut beaucoup, et me fit du bien. M. l'abbé de Gouvon
m'avait appris à lire moins avidement et avec plus de
réflexion; la lecture me profitait mieux. Je m'accoutumais à réfléchir sur l'élocution, sur les constructions
élégantes; je m'exerçais à discerner le français pur de
mes idiomes provinciaux. Par exemple, je fus corrigé
d'une faute d'orthographe, que je faisais avec tous nos
Genevois, par ces deux vers de *la Henriade :*

Soit qu'un ancien respect pour le sang de leurs maîtres
Parlât encor pour lui dans le cœur de ces traîtres.

Ce mot *parlât*, qui me frappa, m'apprit qu'il fallait un *t* à la troisième personne du subjonctif, au lieu qu'auparavant je l'écrivais et prononçais *parla* comme le présent [*sic*] de l'indicatif.

Quelquefois je causais avec Maman de mes lectures; quelquefois je lisais auprès d'elle; j'y prenais grand plaisir; je m'exerçais à bien lire, et cela me fut utile aussi. J'ai dit qu'elle avait l'esprit orné : il était alors dans toute sa fleur. Plusieurs gens de lettres s'étaient empressés à lui plaire, et lui avaient appris à juger des ouvrages d'esprit. Elle avait, si je puis parler ainsi, le goût un peu protestant; elle ne parlait que de Bayle et faisait grand cas de Saint-Evremond, qui depuis longtemps était mort en France. Mais cela n'empêchait pas qu'elle ne connût la bonne littérature et qu'elle n'en parlât fort bien. Elle avait été élevée dans des sociétés choisies : et, venue en Savoie encore jeune, elle avait perdu dans le commerce charmant de la noblesse du pays ce ton maniéré du pays de Vaud, où les femmes prennent le bel esprit pour l'esprit du monde, et ne savent parler que par épigrammes.

Quoiqu'elle n'eût vu la Cour qu'en passant, elle y avait jeté un coup d'œil rapide qui lui avait suffi pour la connaître. Elle s'y conserva toujours des amis, et malgré de secrètes jalousies, malgré les murmures qu'excitaient sa conduite et ses dettes, elle n'a jamais perdu sa pension. Elle avait l'expérience du monde et l'esprit de réflexion qui fait tirer parti de cette expérience. C'était le sujet favori de ses conversations, et c'était précisément, vu mes idées chimériques, la sorte d'instruction dont j'avais le plus grand besoin. Nous lisions ensemble La Bruyère : il lui plaisait plus que La Rochefoucauld, livre triste et désolant, principalement dans la jeunesse, où l'on n'aime pas à voir l'homme comme il est. Quand elle moralisait, elle se perdait quelquefois un peu dans les espaces; mais, en lui baisant de temps en temps la bouche ou les mains, je prenais patience, et ses longueurs ne m'ennuyaient pas.

Cette vie était trop douce pour pouvoir durer. Je le sentais, et l'inquiétude de la voir finir était la seule chose qui en troublait la jouissance. Tout en folâtrant, Maman m'étudiait, m'observait, m'interrogeait, et bâtissait pour ma fortune force projets dont je me serais bien passé. Heureusement ce n'était pas le tout de connaître mes penchants, mes goûts, mes petits talents : il fallait trouver ou faire naître les occasions d'en tirer parti, et tout cela n'était pas l'affaire d'un jour. Les préjugés mêmes qu'avait conçus la pauvre femme en faveur de mon mérite reculaient les moments de le mettre en œuvre, en la rendant plus difficile sur le choix des moyens. Enfin, tout allait au gré de mes désirs, grâce à la bonne opinion qu'elle avait de moi : mais il en fallut rabattre, et dès lors adieu la tranquillité. Un de ses parents, appelé M. d'Aubonne, la vint voir. C'était un homme de beaucoup d'esprit, intrigant, génie à projets comme elle, mais qui ne s'y ruinait pas, une espèce d'aventurier. Il venait de proposer au cardinal de Fleury un plan de loterie très composée, qui n'avait pas été goûté. Il allait le proposer à la cour de Turin, où il fut adopté et mis en exécution. Il s'arrêta quelque temps à Annecy, et devint amoureux de Mme l'Intendante, qui était une personne fort aimable, fort de mon goût, et la seule que je visse avec plaisir chez Maman. M. d'Aubonne me vit; sa parente lui parla de moi : il se chargea de m'examiner, de voir à quoi j'étais propre, et, s'il me trouvait de l'étoffe, de chercher à me placer.

Mme de Warens m'envoya chez lui deux ou trois matins de suite, sous prétexte de quelque commission, et sans me prévenir de rien. Il s'y prit très bien pour me faire jaser, se familiarisa avec moi, me mit à mon aise autant qu'il était possible, me parla de niaiseries et de toutes sortes de sujets, le tout sans paraître m'observer, sans la moindre affectation, et comme si, se plaisant avec moi, il eût voulu converser sans gêne. J'étais enchanté de lui. Le résultat de ses observations fut que, malgré ce que promettaient mon extérieur et ma physionomie animée, j'étais sinon tout à fait inepte, au moins un garçon de peu d'esprit, sans idées, presque sans acquis, très borné en un mot à tous égards, et que l'honneur de devenir quelque jour curé de village était la plus haute fortune à laquelle je dusse aspirer. Tel fut le compte qu'il rendit de moi à Mme de Warens. Ce fut la seconde ou troisième fois que je fus ainsi jugé : ce ne fut pas la dernière, et l'arrêt de M. Masseron a souvent été confirmé.

La cause de ces jugements tient trop à mon caractère pour n'avoir pas ici besoin d'explication; car en conscience on sent bien que je ne puis sincèrement y souscrire, et qu'avec toute l'impartialité possible, quoi qu'aient pu dire MM. Masseron, d'Aubonne et beaucoup d'autres, je ne les saurais prendre au mot.

Deux choses presque inalliables s'unissent en moi sans que j'en puisse concevoir la manière : un tempérament très ardent, des passions vives, impétueuses, et des idées lentes à naître, embarrassées et qui ne se présentent jamais qu'après coup. On dirait que mon cœur et mon esprit n'appartiennent pas au même individu. Le sentiment, plus prompt que l'éclair, vient remplir mon âme, mais au lieu de m'éclairer, il me brûle et m'éblouit. Je sens tout et je ne vois rien. Je suis emporté, mais stupide ; il faut que je sois de sang-froid pour penser. Ce qu'il y a d'étonnant est que j'ai cependant le tact assez sûr, de la pénétration, de la finesse même, pourvu qu'on m'attende : je fais d'excellents impromptus à loisir, mais sur le temps je n'ai jamais rien fait ni dit qui vaille. Je ferais une fort jolie conversation par la poste, comme on dit que les Espagnols jouent aux échecs. Quand je lus le trait d'un duc de Savoie qui se retourna, faisant route, pour crier : *A votre gorge, marchand de Paris*, je dis : Me voilà.

Cette lenteur de penser, jointe à cette vivacité de sentir, je ne l'ai pas seulement dans la conversation, je l'ai même seul et quand je travaille. Mes idées s'arrangent dans ma tête avec la plus incroyable difficulté : elles y circulent sourdement, elles y fermentent jusqu'à m'émouvoir, m'échauffer, me donner des palpitations ; et, au milieu de toute cette émotion, je ne vois rien nettement, je ne saurais écrire un seul mot, il faut que j'attende. Insensiblement ce grand mouvement s'apaise, ce chaos se débrouille, chaque chose vient se mettre à sa place, mais lentement, et après une longue et confuse agitation. N'avez-vous point vu quelquefois l'opéra en Italie ? Dans les changements de scènes il règne sur ces grands théâtres un désordre désagréable et qui dure assez longtemps ; toutes les décorations sont entremêlées ; on voit de toutes parts un tiraillement qui fait peine, on croit que tout va renverser : cependant, peu à peu tout s'arrange, rien ne manque, et l'on est tout surpris de voir succéder à ce long tumulte un spectacle ravissant. Cette manœuvre est à peu près celle qui se fait dans mon cerveau quand je veux écrire. Si j'avais su premièrement attendre, et puis rendre dans leur beauté les choses qui s'y sont ainsi peintes, peu d'auteurs m'auraient surpassé.

De là vient l'extrême difficulté que je trouve à écrire. Mes manuscrits, raturés, barbouillés, mêlés, indéchiffrables, attestent la peine qu'ils m'ont coûtée. Il n'y en a pas un qu'il ne m'ait fallu transcrire quatre ou cinq fois avant de le donner à la presse. Je n'ai jamais pu rien faire la plume à la main vis-à-vis d'une table et de mon papier :

c'est à la promenade, au milieu des rochers et des bois,
c'est la nuit dans mon lit, et durant mes insomnies, que
j'écris dans mon cerveau; l'on peut juger avec quelle
lenteur, surtout pour un homme absolument dépourvu
de mémoire verbale, et qui de la vie n'a pu retenir six vers
par cœur. Il y a telle de mes périodes que j'ai tournée et
retournée cinq ou six nuits dans ma tête avant qu'elle fût
en état d'être mise sur le papier. De là vient encore que
je réussis mieux aux ouvrages qui demandent du travail
qu'à ceux qui veulent être faits avec une certaine légè-
reté, comme les lettres, genre dont je n'ai jamais pu
prendre le ton, et dont l'occupation me met au supplice.
Je n'écris point de lettres sur les moindres sujets qui ne
me coûtent des heures de fatigue, ou, si je veux écrire
de suite ce qui me vient, je ne sais ni commencer ni finir;
ma lettre est un long et confus verbiage; à peine m'en-
tend-on quand on la lit.

Non seulement les idées me coûtent à rendre, elles me
coûtent même à recevoir. J'ai étudié les hommes, et
je me crois assez bon observateur : cependant je ne sais
rien voir de ce que je vois; je ne vois bien que ce que je
me rappelle, et je n'ai de l'esprit que dans mes souvenirs.
De tout ce qu'on dit, de tout ce qu'on fait, de tout ce qui
se passe en ma présence, je ne sens rien, je ne pénètre rien.
Le signe extérieur est tout ce qui me frappe. Mais ensuite
tout cela me revient : je me rappelle le lieu, le temps, le
ton, le regard, le geste, la circonstance; rien ne m'échappe.
Alors, sur ce qu'on a fait ou dit, je trouve ce qu'on a
pensé, et il est rare que je me trompe.

Si peu maître de mon esprit seul avec moi-même, qu'on
juge de ce que je dois être dans la conversation, où, pour
parler à propos, il faut penser à la fois et sur-le-champ
à mille choses. La seule idée de tant de convenances, dont
je suis sûr d'oublier au moins quelqu'une, suffit pour
m'intimider. Je ne comprends pas même comment on
ose parler dans un cercle : car à chaque mot il faudrait
passer en revue tous les gens qui sont là; il faudrait connaître tous leurs caractères, savoir leurs histoires, pour
être sûr de ne rien dire qui puisse offenser quelqu'un.
Là-dessus, ceux qui vivent dans le monde ont un grand
avantage : sachant mieux ce qu'il faut taire, ils sont plus
sûrs de ce qu'ils disent; encore leur échappe-t-il souvent
des balourdises. Qu'on juge de celui qui tombe là des
nues : il lui est presque impossible de parler une minute
impunément. Dans le tête-à-tête, il y a un autre inconvé-

nient que je trouve pire, la nécessité de parler toujours : quand on vous parle il faut répondre, et si l'on ne dit mot il faut relever la conversation. Cette insupportable contrainte m'eût seule dégoûté de la société. Je ne trouve point de gêne plus terrible que l'obligation de parler sur-le-champ et toujours. Je ne sais si ceci tient à ma mortelle aversion pour tout assujettissement; mais c'est assez qu'il faille absolument que je parle pour que je dise une sottise infailliblement.

Ce qu'il y a de plus fatal est qu'au lieu de savoir me taire quand je n'ai rien à dire, c'est alors que pour payer plus tôt ma dette, j'ai la fureur de vouloir parler. Je me hâte de balbutier promptement des paroles sans idées, trop heureux quand elles ne signifient rien du tout. En voulant vaincre ou cacher mon ineptie, je manque rarement de la montrer. Entre mille exemples que j'en pourrais citer, j'en prends un qui n'est pas de ma jeunesse, mais d'un temps où, ayant vécu plusieurs années dans le monde, j'en aurais pris l'aisance et le ton, si la chose eût été possible. J'étais un soir avec deux grandes dames et un homme qu'on peut nommer; c'était M. le duc de Gontaut. Il n'y avait personne autre dans la chambre, et je m'efforçais de fournir quelques mots, Dieu sait quels! à une conversation entre quatre personnes, dont trois n'avaient assurément pas besoin de mon supplément. La maîtresse de la maison se fit apporter un [*sic*] opiate dont elle prenait tous les jours deux fois pour son estomac. L'autre dame, lui voyant faire la grimace, dit en riant : Est-ce de l'opiate de M. Tronchin ? — Je ne crois pas, répondit sur le même ton la première. — Je crois qu'elle ne vaut guère mieux, ajouta galamment le spirituel Rousseau. Tout le monde resta interdit; il n'échappa ni le moindre mot ni le moindre sourire, et, à l'instant d'après, la conversation prit un autre tour. Vis-à-vis d'une autre, la balourdise eût pu n'être que plaisante; mais adressée à une femme trop aimable pour n'avoir pas un peu fait parler d'elle, et qu'assurément je n'avais pas dessein d'offenser, elle était terrible; et je crois que les deux témoins, homme et femme, eurent bien de la peine à s'abstenir d'éclater. Voilà de ces traits d'esprit qui m'échappent pour vouloir parler sans avoir rien à dire. J'oublierai difficilement celui-là; car, outre qu'il est par lui-même très mémorable, j'ai dans la tête qu'il a eu des suites qui ne me le rappellent que trop souvent.

Je crois que voilà de quoi faire assez comprendre

comment, n'étant pas un sot, j'ai cependant souvent passé pour l'être, même chez des gens en état de bien juger : d'autant plus malheureux que ma physionomie et mes yeux promettent davantage, et que cette attente frustrée rend plus choquante aux autres ma stupidité. Ce détail, qu'une occasion particulière a fait naître, n'est pas inutile à ce qui doit suivre. Il contient la clef de bien des choses extraordinaires qu'on m'a vu faire et qu'on attribue à une humeur sauvage que je n'ai point. J'aimerais la société comme un autre, si je n'étais sûr de m'y montrer non seulement à mon désavantage, mais tout autre que je ne suis. Le parti que j'ai pris d'écrire et de me cacher est précisément celui qui me convenait. Moi présent, on n'aurait jamais su ce que je valais, on ne l'aurait pas soupçonné même ; et c'est ce qui est arrivé à Mme Dupin, quoique femme d'esprit, et quoique j'aie vécu dans sa maison plusieurs années ; elle me l'a dit bien des fois elle-même depuis ce temps-là. Au reste, tout ceci souffre de certaines exceptions et j'y reviendrai dans la suite.

La mesure de mes talents ainsi fixée, l'état qui me convenait ainsi désigné, il ne fut plus question, pour la seconde fois, que de remplir ma vocation. La difficulté fut que je n'avais pas fait mes études, et que je ne savais pas même assez de latin pour être prêtre. Mme de Warens imagina de me faire instruire au séminaire pendant quelque temps. Elle en parla au supérieur. C'était un lazariste appelé M. Gros, bon petit homme, à moitié borgne, maigre, grison, le plus spirituel et le moins pédant lazariste que j'aie connu ; ce qui n'est pas beaucoup dire, à la vérité.

Il venait quelquefois chez Maman, qui l'accueillait, le caressait, l'agaçait même, et se faisait quelquefois lacer par lui, emploi dont il se chargeait assez volontiers. Tandis qu'il était en fonction, elle courait par la chambre de côté et d'autre, faisant tantôt ceci, tantôt cela. Tiré par le lacet, Monsieur le Supérieur suivait en grondant, et disant à tout moment : Mais, Madame, tenez-vous donc. Cela faisait un sujet assez pittoresque.

M. Gros se prêta de bon cœur au projet de Maman. Il se contenta d'une pension très modique, et se chargea de l'instruction. Il ne fut question que du consentement de l'évêque, qui non seulement l'accorda, mais qui voulut payer la pension. Il permit aussi que je restasse en habit laïque jusqu'à ce qu'on pût juger, par un essai, du succès qu'on devait espérer.

Quel changement! Il fallut m'y soumettre. J'allai au séminaire comme j'aurais été au supplice. La triste maison qu'un séminaire, surtout pour qui sort de celle d'une aimable femme! J'y portai un seul livre, que j'avais prié Maman de me prêter, et qui me fut d'une grande ressource. On ne devinera pas quelle sorte de livre c'était : un livre de musique. Parmi les talents qu'elle avait cultivés, la musique n'avait pas été oubliée. Elle avait de la voix, chantait passablement, et jouait un peu du clavecin : elle avait eu la complaisance de me donner quelques leçons de chant, et il fallut commencer de loin, car à peine savais-je la musique de nos psaumes. Huit ou dix leçons de femme, et fort interrompues, loin de me mettre en état de solfier, ne m'apprirent pas le quart des signes de la musique. Cependant j'avais une telle passion pour cet art, que je voulus essayer de m'exercer seul. Le livre que j'emportai n'était pas même des plus faciles; c'étaient les cantates de Clérambault. On concevra quelle fut mon application et mon obstination, quand je dirai que, sans connaître ni transposition, ni quantité, je parvins à déchiffrer et chanter sans faute le premier récitatif et le premier air de la cantate d'*Alphée et Aréthuse ;* et il est vrai que cet air est scandé si juste, qu'il ne faut que réciter les vers avec leur mesure pour y mettre celle de l'air.

Il y avait au séminaire un maudit lazariste qui m'entreprit, et qui me fit prendre en horreur le latin qu'il voulait m'enseigner. Il avait des cheveux plats, gras et noirs, un visage de pain d'épice, une voix de buffle, un regard de chat-huant, des crins de sanglier au lieu de barbe; son sourire était sardonique; ses membres jouaient comme les poulies d'un mannequin : j'ai oublié son odieux nom; mais sa figure effrayante et doucereuse m'est bien restée, et j'ai peine à me la rappeler sans frémir. Je crois le rencontrer encore dans les corridors, avançant gracieusement son crasseux bonnet carré pour me faire signe d'entrer dans sa chambre, plus affreuse pour moi qu'un cachot. Qu'on juge du contraste d'un pareil maître pour le disciple d'un abbé de cour!

Si j'étais resté deux mois à la merci de ce monstre, je suis persuadé que ma tête n'y aurait pas résisté. Mais le bon M. Gros, qui s'aperçut que j'étais triste, que je ne mangeais pas, que je maigrissais, devina le sujet de mon chagrin; cela n'était pas difficile. Il m'ôta des griffes de ma bête, et, par un autre contraste encore plus marqué, me remit au plus doux des hommes : c'était un jeune abbé faucigneran, appelé M. Gâtier, qui faisait son séminaire, et qui, par complaisance pour M. Gros, et je crois par humanité, voulait bien prendre sur ses études le temps qu'il donnait à diriger les miennes; je n'ai jamais vu de physionomie plus touchante que celle de M. Gâtier. Il était blond, et sa barbe tirait sur le roux : il avait le maintien ordinaire aux gens de sa province, qui, sous une figure épaisse, cachent tous beaucoup d'esprit; mais ce qui se marquait vraiment en lui était une âme sensible, affectueuse, aimante. Il y avait dans ses grands yeux bleus un mélange de douceur, de tendresse et de tristesse, qui faisait qu'on ne pouvait le voir sans s'intéresser à lui. Aux regards, au ton de ce pauvre jeune homme, on eût dit qu'il prévoyait sa destinée, et qu'il se sentait né pour être malheureux.

Son caractère ne démentait point sa physionomie; plein de patience et de complaisance, il semblait plutôt étudier avec moi que m'instruire. Il n'en fallait pas tant pour me le faire aimer : son prédécesseur avait rendu cela très facile. Cependant, malgré tout le temps qu'il me donnait, malgré toute la bonne volonté que nous y mettions l'un et l'autre, et quoiqu'il s'y prît très bien, j'avançai peu en travaillant beaucoup. Il est singulier qu'avec assez de conception, je n'ai jamais pu rien apprendre avec des maîtres, excepté mon père et M. Lambercier. Le peu que je sais de plus, je l'ai appris seul, comme on verra ci-après. Mon esprit impatient de toute espèce de joug ne peut s'asservir à la loi du moment; la crainte même de ne pas apprendre m'empêche d'être attentif; de peur d'impatienter celui qui me parle, je feins d'entendre, il va en avant, et je n'entends rien. Mon esprit veut marcher à son heure, il ne peut se soumettre à celle d'autrui.

Le temps des ordinations étant venu, M. Gâtier s'en retourna diacre dans sa province. Il emporta mes regrets, mon attachement, ma reconnaissance. Je fis pour lui des vœux qui n'ont pas été plus exaucés que ceux que j'ai faits pour moi-même. Quelques années après j'appris qu'étant vicaire dans une paroisse, il avait fait un enfant à une fille, la seule dont, avec un cœur très tendre, il eût jamais été amoureux. Ce fut un scandale effroyable dans un diocèse administré très sévèrement. Les prêtres, en bonne règle, ne doivent faire des enfants qu'à des femmes mariées. Pour avoir manqué à cette loi de convenance, il fut mis en prison, diffamé, chassé. Je ne sais s'il aura pu dans la suite rétablir ses affaires; mais le sentiment de son infortune, profondément gravé dans mon cœur, me revint quand j'écrivis l'*Emile*, et réunissant M. Gâtier avec M. Gaime, je fis de ces deux dignes prêtres l'original du Vicaire savoyard. Je me flatte que l'imitation n'a pas déshonoré mes modèles.

Pendant que j'étais au séminaire, M. d'Aubonne fut obligé de quitter Annecy. M. l'Intendant s'avisa de trouver mauvais qu'il fît l'amour à sa femme. C'était faire comme le chien du jardinier : car, quoique Mme Corvesi fût aimable, il vivait fort mal avec elle; des goûts ultramontains la lui rendaient inutile, et il la traitait si brutalement qu'il fut question de séparation. M. Corvesi était un vilain homme, noir comme une taupe, fripon comme une chouette, et qui à force de vexations finit par se faire chasser lui-même. On dit que les Provençaux se vengent de leurs ennemis par des chansons : M. d'Aubonne se vengea du sien par une comédie; il envoya cette pièce à Mme de Warens, qui me la fit voir. Elle me plut, et me fit naître la fantaisie d'en faire une pour essayer si j'étais en effet aussi bête que l'auteur l'avait prononcé : mais ce ne fut qu'à Chambéry que j'exécutai ce projet en écrivant l'*Amant de lui-même*. Ainsi quand j'ai dit dans la préface de cette pièce que je l'avais écrite à dix-huit ans, j'ai menti de quelques années.

C'est à peu près à ce temps-ci que se rapporte un événement peu important en lui-même, mais qui a eu pour moi des suites, et qui a fait du bruit dans le monde quand je l'avais oublié. Toutes les semaines j'avais une fois la permission de sortir; je n'ai pas besoin de dire quel usage j'en faisais. Un dimanche que j'étais chez Maman, le feu prit à un bâtiment des Cordeliers attenant à la maison qu'elle occupait. Ce bâtiment, où était leur four, était plein jusqu'au comble de fascines sèches. Tout fut embrasé en très peu de temps : la maison était en grand péril et couverte par les flammes que le vent y portait. On se mit en devoir de déménager en hâte et de porter les meubles dans le jardin, qui était vis-à-vis mes anciennes fenêtres et au delà du ruisseau dont j'ai parlé. J'étais si troublé, que je jetais indifféremment par la fenêtre tout ce qui me tombait sous la main, jusqu'à un gros mortier de pierre qu'en tout autre temps j'aurais eu peine à soulever. J'étais prêt à y jeter de même une grande glace si quelqu'un ne m'eût retenu. Le bon évêque, qui était venu voir Maman ce jour-là, ne resta pas non plus oisif : il l'emmena dans le jardin, où il se mit en prières avec elle et tous ceux qui étaient là; en sorte qu'arrivant quelque temps après, je vis tout le monde à genoux, et m'y mis, comme les autres. Durant la prière du saint homme le vent changea, mais si brusquement et si à propos, que les flammes qui couvraient la maison et entraient déjà par les fenêtres furent portées de l'autre côté de la cour, et la maison n'eut aucun mal. Deux ans après, M. de Bernex étant mort, les Antonins, ses anciens confrères, commencèrent à recueillir les pièces qui pouvaient servir à sa béatification. A la prière du père Boudet, je joignis à ces pièces une attestation du fait que je viens de rapporter, en quoi je fis bien; mais en quoi je fis mal, ce fut de donner ce fait pour un miracle. J'avais vu l'évêque en prière, et durant sa prière, j'avais vu le vent changer et même très à propos; voilà ce que je pouvais dire et certifier; mais qu'une de ces deux choses fût la cause de l'autre, voilà ce que je ne devais pas attester, parce que je ne pouvais le savoir. Cependant, autant que je puis me rappeler mes idées, alors sincèrement catholique, j'étais de bonne foi. L'amour du merveilleux, si naturel au cœur humain, ma vénération pour ce vertueux prélat, l'orgueil secret d'avoir peut-être contribué moi-même au miracle aidèrent à me séduire; et ce qu'il y a de sûr est que si ce miracle eût été l'effet des plus ardentes prières, j'aurais bien pu m'en attribuer ma part.

Plus de trente ans après, lorsque j'eus publié les *Lettres de la montagne*, M. Fréron déterra ce certificat, je ne sais comment, et en fit usage dans ses feuilles. Il faut avouer que la découverte était heureuse, et l'à-propos me parut à moi-même très plaisant.

J'étais destiné à être le rebut de tous les états. Quoique M. Gâtier eût rendu de mes progrès le compte le moins défavorable qui lui fût possible, on voyait qu'ils n'étaient pas proportionnés à mon travail, et cela n'était pas encourageant pour me faire pousser mes études. Aussi l'évêque et le supérieur se rebutèrent-ils, et on me rendit à Mme de Warens comme un sujet qui n'était pas même bon pour être prêtre; au reste assez bon garçon, disait-on, et point vicieux : ce qui fit que, malgré tant de préjugés rebutants sur mon compte, elle ne m'abandonna pas.

Je rapportai chez elle en triomphe son livre de musique, dont j'avais tiré si bon parti. Mon air d'*Alphée et Aréthuse* était à peu près tout ce que j'avais appris au séminaire. Mon goût marqué pour cet art lui fit naître la pensée de me faire musicien : l'occasion était commode;

on faisait chez elle, au moins une fois la semaine, de la musique, et le maître de musique de la cathédrale, qui dirigeait ce petit concert, venait la voir très souvent. C'était un Parisien nommé M. Le Maître, bon compositeur, fort vif, fort gai, jeune encore, assez bien fait, peu d'esprit, mais au demeurant très bon homme. Maman me fit faire sa connaissance : je m'attachais à lui, je ne lui déplaisais pas : on parla de pension, l'on en convint. Bref, j'entrai chez lui, et j'y passai l'hiver d'autant plus agréablement que, la maîtrise n'étant qu'à vingt pas de la maison de Maman, nous étions chez elle en un moment, et nous y soupions très souvent ensemble.

On jugera bien que la vie de la maîtrise, toujours chantante et gaie, avec les musiciens et les enfants de chœur, me plaisait plus que celle du séminaire avec les pères de Saint-Lazare. Cependant cette vie, pour être plus libre, n'en était pas moins égale et réglée. J'étais fait pour aimer l'indépendance et pour n'en abuser jamais. Durant six mois entiers je ne sortis pas une seule fois que pour aller chez Maman ou à l'église, et je n'en fus pas même tenté. Cet intervalle est un de ceux où j'ai vécu dans le plus grand calme, et que je me suis rappelés avec le plus de plaisir. Dans les situations diverses où je me suis trouvé, quelques-uns ont été marqués par un tel sentiment de bien-être, qu'en les remémorant j'en suis affecté comme si j'y étais encore. Non seulement je me rappelle les temps, les lieux, les personnes, mais tous les objets environnants, la température de l'air, son odeur, sa couleur, une certaine impression locale qui ne s'est fait sentir que là, et dont le souvenir vif m'y transporte de nouveau. Par exemple, tout ce qu'on répétait à la maîtrise, tout ce qu'on chantait au chœur, tout ce qu'on y faisait, le bel et noble habit des chanoines, les chasubles des prêtres, les mitres des chantres, la figure des musiciens, un vieux charpentier boiteux qui jouait de la contrebasse, un petit abbé blondin qui jouait du violon, le lambeau de soutane qu'après avoir posé son épée, M. Le Maître endossait par-dessus son habit laïque, et le beau surplis fin dont il en couvrait les loques pour aller au chœur; l'orgueil avec lequel j'allais, tenant ma petite flûte à bec, m'établir dans l'orchestre à la tribune pour un petit bout de récit que M. Le Maître avait fait exprès pour moi, le bon dîner qui nous attendait ensuite, le bon appétit qu'on y portait; ce concours d'objets vivement retracé m'a cent fois charmé dans ma mémoire, autant et plus que dans la réalité. J'ai gardé toujours une affection tendre pour un certain air du *Conditor alme siderum* qui marche par ïambes, parce qu'un dimanche de l'Avent j'entendis de mon lit chanter cette hymne avant le jour sur le perron de la cathédrale, selon un rite de cette église-là. Mlle Merceret, femme de chambre de Maman, savait un peu de musique; je n'oublierai jamais un petit motet *Afferte* que M. Le Maître me fit chanter avec elle, et que sa maîtresse écoutait avec tant de plaisir. Enfin tout, jusqu'à la bonne servante Perrine, qui était si bonne fille et que les enfants de chœur faisaient tant endêver, tout, dans les souvenirs de ces temps de bonheur et d'innocence, revient souvent me ravir et m'attrister.

Je vivais à Annecy depuis près d'un an sans le moindre reproche; tout le monde était content de moi. Depuis mon départ de Turin je n'avais point fait de sottise, et je n'en fis point tant que je fus sous les yeux de Maman. Elle me conduisait, et me conduisait toujours bien; mon attachement pour elle était devenu ma seule passion; et ce qui prouve que ce n'était pas une passion folle, c'est que mon cœur formait ma raison. Il est vrai qu'un seul sentiment, absorbant pour ainsi dire toutes mes facultés, me mettait hors d'état de rien apprendre, pas même la musique, bien que j'y fisse tous mes efforts. Mais il n'y avait point de ma faute; la bonne volonté y était tout entière, l'assiduité y était. J'étais distrait, rêveur, je soupirais : qu'y pouvais-je faire ? Il ne manquait à mes progrès rien qui dépendît de moi; mais pour que je fisse de nouvelles folies il ne fallait qu'un sujet qui vînt me les inspirer. Ce sujet se présenta; le hasard arrangea les choses, et, comme on verra dans la suite, ma mauvaise tête en tira parti.

Un soir du mois de février qu'il faisait bien froid, comme nous étions tous autour du feu, nous entendîmes frapper à la porte de la rue. Perrine prend sa lanterne, descend, ouvre; un jeune homme entre avec elle, monte, se présente d'un air aisé, et fait à M. Le Maître un compliment court et bien tourné, se donnant pour un musicien français que le mauvais état de ses finances forçait de vicarier pour passer son chemin. A ce mot de musicien français le cœur tressaillit au bon Le Maître; il aimait passionnément son pays et son art. Il accueillit le jeune passager, lui offrit le gîte, dont il paraissait avoir grand besoin, et qu'il accepta sans beaucoup de façon. Je l'examinai tandis qu'il se chauffait et qu'il jasait en attendant le souper. Il était court de stature, mais large de carrure; il avait je ne sais quoi de contrefait dans sa taille sans aucune difformité particulière; c'était pour ainsi dire un bossu à épaules plates, mais je crois qu'il boitait un peu. Il avait un habit noir plutôt usé que vieux, et qui tombait par pièces, une chemise très fine et très sale, de belles manchettes d'effilé, des guêtres dans chacune desquelles il aurait mis ses deux jambes, et pour se garantir de la neige un petit chapeau à porter sous le bras. Dans ce comique équipage il y avait pourtant quelque chose de noble que son maintien ne démentait pas; sa physionomie avait de la finesse et de l'agrément; il parlait facilement et bien, mais très peu modestement. Tout marquait en lui un jeune débauché qui avait eu de l'éducation, et qui n'allait pas gueusant comme un gueux, mais comme un fou. Il nous dit qu'il s'appelait Venture de Villeneuve, qu'il venait de Paris, qu'il s'était égaré dans sa route; et oubliant un peu son rôle de musicien, il ajouta qu'il allait à Grenoble voir un parent qu'il avait dans le parlement.

Pendant le souper on parla de musique, et il en parla bien. Il connaissait tous les grands virtuoses, tous les ouvrages célèbres, tous les acteurs, toutes les actrices, toutes les jolies femmes, tous les grands seigneurs. Sur tout ce qu'on disait il paraissait au fait; mais à peine un sujet était-il entamé qu'il brouillait l'entretien par quelque polissonnerie qui faisait rire et oublier ce qu'on avait dit. C'était un samedi; il y avait le lendemain musique à la cathédrale; M. Le Maître lui propose d'y chanter : *Très volontiers ;* lui demande quelle est sa partie : *la haute-contre,* et il parle d'autre chose. Avant d'aller à l'église on lui offrit sa partie à prévoir; il n'y jeta pas les yeux. Cette gasconnade surprit Le Maître. Vous verrez, me dit-il à l'oreille, qu'il ne sait pas une note de musique. J'en ai grand'peur, lui répondis-je. Je les suivis très inquiet. Quand on commença, le cœur me battit d'une terrible force, car je m'intéressais beaucoup à lui.

J'eus bientôt de quoi me rassurer. Il chanta ses deux récits avec toute la justesse et tout le goût imaginables, et qui plus est, avec une très jolie voix. Je n'ai guère eu de plus agréable surprise. Après la messe, M. Venture reçut des compliments à perte de vue des chanoines et des musiciens, auxquels il répondait en polissonnant, mais toujours avec beaucoup de grâce. M. Le Maître l'embrassa de bon cœur; j'en fis autant : il vit que j'étais bien aise, et cela parut lui faire plaisir.

On conviendra, je m'assure, qu'après m'être engoué de M. Bâcle, qui tout compté n'était qu'un manant, je pouvais m'engouer de M. Venture, qui avait de l'éducation, des talents, de l'esprit, de l'usage du monde, et qui pouvait passer pour un aimable débauché. C'est aussi ce qui m'arriva, et ce qui serait arrivé, je pense, à tout autre jeune homme à ma place, d'autant plus facilement encore qu'il aurait eu un meilleur tact pour sentir le mérite, et un meilleur goût pour s'y attacher; car Venture en avait, sans contredit, et il en avait surtout un bien rare à son âge, celui de n'être point pressé de montrer son acquis. Il est vrai qu'il se vantait de beaucoup de choses qu'il ne savait point; mais pour celles qu'il savait et qui étaient en assez grand nombre, il n'en disait rien : il attendait l'occasion de les montrer, il s'en prévalait alors sans empressement, et cela faisait le plus grand effet. Comme il s'arrêtait après chaque chose sans parler du reste, on ne savait plus quand il aurait tout montré. Badin, folâtre, inépuisable, séduisant dans la conversation, souriant toujours et ne riant jamais, il disait du ton le plus élégant les choses les plus grossières, et les faisait passer. Les femmes même[s] les plus modestes s'étonnaient de ce qu'elles enduraient de lui. Elles avaient beau sentir qu'il fallait se fâcher, elles n'en avaient pas la force. Il ne lui fallait que des filles perdues, et je ne crois pas qu'il fût fait pour avoir des bonnes fortunes, mais il était fait pour mettre un agrément infini dans la société des gens qui en avaient. Il était difficile qu'avec tant de talents agréables, dans un pays où l'on s'y connaît et où on les aime, il restât borné longtemps à la sphère des musiciens.

Mon goût pour M. Venture, plus raisonnable dans sa cause, fut aussi moins extravagant dans ses effets, quoique plus vif et plus durable que celui que j'avais pris pour M. Bâcle. J'aimais à le voir, à l'entendre; tout ce qu'il faisait me paraissait charmant; tout ce qu'il disait me semblait des oracles ; mais mon engouement n'allait point jusqu'à ne pouvoir me séparer de lui. J'avais à mon voisinage un bon préservatif contre cet excès. D'ailleurs, trouvant ses maximes très bonnes pour lui, je sentais qu'elles n'étaient pas à mon usage; il me fallait une autre sorte de volupté, dont il n'avait pas l'idée, et dont je

n'osais même lui parler, bien sûr qu'il se serait moqué
de moi. Cependant j'aurais voulu allier cet attachement
avec celui qui me dominait. J'en parlais à Maman avec
transport; Le Maître lui en parlait avec éloges. Elle
consentit qu'on le lui amenât. Mais cette entrevue ne
réussit point du tout : il la trouva précieuse; elle le
trouva libertin; et, s'alarmant pour moi d'une aussi
mauvaise connaissance, non seulement elle me défendit
de le lui ramener, mais elle me peignit si fortement les
dangers que je courais avec ce jeune homme, que je
devins un peu plus circonspect à m'y livrer, et très heureusement pour mes mœurs et pour ma tête, nous fûmes
bientôt séparés.

M. Le Maître avait les goûts de son art; il aimait le
vin. A table cependant, il était sobre, mais en travaillant
dans son cabinet il fallait qu'il bût. Sa servante le savait
si bien, que, sitôt qu'il préparait son papier pour composer, et qu'il prenait son violoncelle, son pot et son verre
arrivaient l'instant d'après, et le pot se renouvelait de
temps à autre. Sans jamais être absolument ivre, il était
presque toujours pris de vin; et en vérité c'était dommage, car c'était un garçon essentiellement bon et si gai
que Maman ne l'appelait que *petit chat*. Malheureusement il aimait son talent, travaillait beaucoup, et buvait
de même. Cela prit sur sa santé et enfin sur son humeur : il
était quelquefois ombrageux et facile à offenser. Incapable de grossièreté, incapable de manquer à qui que
ce fût, il n'a jamais dit une mauvaise parole, même à
un de ses enfants de chœur; mais il ne fallait pas non
plus lui manquer, et cela était juste. Le mal était qu'ayant
peu d'esprit, il ne discernait pas les tons et les caractères, et prenait souvent la mouche sur rien.

L'ancien Chapitre de Genève, où jadis tant de princes
et d'évêques se faisaient un bonheur d'entrer, a perdu
dans son exil son ancienne splendeur, mais il a conservé
sa fierté. Pour pouvoir y être admis, il faut toujours être
gentilhomme ou docteur de Sorbonne, et s'il est un
orgueil pardonnable, après celui qui se tire du mérite
personnel, c'est celui qui se tire de la naissance. D'ailleurs tous les prêtres qui ont des laïques à leurs gages les
traitent d'ordinaire avec assez de hauteur. C'est ainsi
que les chanoines traitaient souvent le pauvre Le Maître.
Le chantre surtout, appelé M. l'abbé de Vidonne, qui
du reste était un très galant homme, mais trop plein de
sa noblesse, n'avait pas toujours pour lui les égards

que méritaient ses talents; et l'autre n'endurait pas volontiers ses dédains. Cette année ils eurent, durant la semaine sainte, un démêlé plus vif qu'à l'ordinaire dans un dîner de règle que l'évêque donnait aux chanoines, et où Le Maître était toujours invité. Le chantre lui fit quelque passe-droit, et lui dit quelque parole dure que celui-ci ne put digérer; il prit sur-le-champ la résolution de s'enfuir la nuit suivante, et rien ne put l'en faire démordre, quoique Mme de Warens, à qui il alla faire ses adieux, n'épargnât rien pour l'apaiser. Il ne put renoncer au plaisir de se venger de ses tyrans, en les laissant dans l'embarras aux fêtes de Pâques, temps où l'on avait le plus grand besoin de lui. Mais ce qui l'embarrassait lui-même était sa musique qu'il voulait emporter, ce qui n'était pas facile : elle formait une caisse assez grosse et fort lourde, qui ne s'emportait pas sous le bras.

Maman fit ce que j'aurais fait, et ce que je ferais encore à sa place. Après bien des efforts inutiles pour le retenir, le voyant résolu de partir comme que ce fût, elle prit le parti de l'aider en tout ce qui dépendait d'elle. J'ose dire qu'elle le devait. Le Maître s'était consacré, pour ainsi dire, à son service. Soit en ce qui tenait à son art, soit en ce qui tenait à ses soins, il était entièrement à ses ordres et le cœur avec lequel il les suivrait donnait à sa complaisance un nouveau prix. Elle ne faisait donc que rendre à un ami, dans une occasion essentielle, ce qu'il faisait pour elle en détail depuis trois ou quatre ans; mais elle avait une âme, qui pour remplir de pareils devoirs, n'avait pas besoin de songer que c'en étaient pour elle. Elle me fit venir, m'ordonna de suivre M. Le Maître au moins jusqu'à Lyon, et de m'attacher à lui aussi longtemps qu'il aurait besoin de moi. Elle m'a depuis avoué que le désir de m'éloigner de Venture était entré pour beaucoup dans cet arrangement. Elle consulta Claude Anet, son fidèle domestique, pour le transport de la caisse. Il fut d'avis qu'au lieu de prendre à Annecy une bête de somme, qui nous ferait infailliblement découvrir, il fallait, quand il serait nuit, porter la caisse à bras jusqu'à une certaine distance, et louer ensuite un âne dans un village pour la transporter jusqu'à Seyssel où, étant sur terres de France, nous n'aurions plus rien à risquer. Cet avis fut suivi; nous partîmes le même soir à sept heures, et Maman, sous prétexte de payer ma dépense, grossit la petite bourse du pauvre *petit chat* d'un surcroît qui ne lui fut pas inutile. Claude Anet, le jardinier

LIVRE TROISIÈME

165

et moi, portâmes la caisse comme nous pûmes jusqu'au premier village, où un âne nous relaya, et la même nuit nous nous rendîmes à Seyssel.

Je crois avoir déjà remarqué qu'il y a des temps où je suis si peu semblable à moi-même qu'on me prendrait pour un autre homme de caractère tout opposé. On en va voir un exemple. M. Reydelet, curé de Seyssel, était chanoine de Saint-Pierre, par conséquent de la connaissance de M. Le Maître, et l'un des hommes dont il devait le plus se cacher. Mon avis fut au contraire d'aller nous présenter à lui, et lui demander gîte sous quelque prétexte, comme si nous étions là du consentement du Chapitre. Le Maître goûta cette idée qui rendait sa vengeance moqueuse et plaisante. Nous allâmes donc effrontément chez M. Reydelet, qui nous reçut très bien. Le Maître lui dit qu'il allait à Belley, à la prière de l'évêque, diriger sa musique aux fêtes de Pâques; qu'il comptait repasser dans peu de jours, et moi, à l'appui de ce mensonge, j'en enfilai cent autres si naturels, que M. Reydelet, me trouvant joli garçon, me prit en amitié et me fit mille caresses. Nous fûmes bien régalés, bien couchés. M. Reydelet ne savait quelle chère nous faire; et nous nous séparâmes les meilleurs amis du monde, avec promesse de nous arrêter plus longtemps au retour. A peine pûmes-nous attendre que nous fussions seuls pour commencer nos éclats de rire, et j'avoue qu'ils me reprennent encore en y pensant, car on ne saurait imaginer une espièglerie mieux soutenue et plus heureuse. Elle nous eût égayés durant toute la route, si M. le Maître qui ne cessait de boire et de battre la campagne, n'eût été attaqué deux ou trois fois d'une atteinte à laquelle il devenait très sujet et qui ressemblait fort à l'épilepsie. Cela me jeta dans des embarras qui m'effrayèrent, et dont je pensai bientôt à me tirer comme je pourrais.

Nous allâmes à Belley passer les fêtes de Pâques comme nous l'avions dit à M. Reydelet; et, quoique nous n'y fussions point attendus, nous fûmes reçus du maître de musique et accueillis de tout le monde avec grand plaisir. M. Le Maître avait de la considération dans son art, et la méritait. Le maître de musique de Belley se fit honneur de ses meilleurs ouvrages et tâcha d'obtenir l'approbation d'un si bon juge : car outre que Le Maître était connaisseur, il était équitable, point jaloux et point flagorneur. Il était si supérieur à tous ces maîtres de musique de province, et ils le sentaient si bien eux-mêmes, qu'ils le regardaient moins comme leur confrère que comme leur chef.

Après avoir passé très agréablement quatre ou cinq jours à Belley, nous en repartîmes et continuâmes notre route sans autre accident que ceux dont je viens de parler. Arrivés à Lyon, nous fûmes loger à Notre-Dame-de-Pitié, et en attendant la caisse, qu'à la faveur d'un autre mensonge nous avions embarquée sur le Rhône par les soins de notre bon patron M. Reydelet, M. Le Maître alla voir ses connaissances, entre autres le P. Caton cordelier, dont il sera parlé dans la suite, et l'abbé Dortan, comte de Lyon. L'un et l'autre le reçurent bien; mais ils le trahirent comme on verra tout à l'heure; son bonheur s'était épuisé chez M. Reydelet.

Deux jours après notre arrivée à Lyon, comme nous passions dans une petite rue, non loin de notre auberge, Le Maître fut surpris d'une de ses atteintes, et celle-là fut si violente que j'en fus saisi d'effroi. Je fis des cris, appelai du secours, nommai son auberge et suppliai qu'on l'y fît porter; puis, tandis qu'on s'assemblait et s'empressait autour d'un homme tombé sans sentiment et écumant au milieu de la rue, il fut délaissé du seul ami sur lequel il eût dû compter. Je pris l'instant où personne ne songeait à moi; je tournai le coin de la rue et je disparus. Grâce au ciel, j'ai fini ce troisième aveu pénible. S'il m'en restait beaucoup de pareils à faire, j'abandonnerais le travail que j'ai commencé.

De tout ce que j'ai dit jusqu'à présent, il en est resté quelques traces dans les lieux où j'ai vécu; mais ce que j'ai à dire dans le livre suivant est presque entièrement ignoré. Ce sont les plus grandes extravagances de ma vie, et il est heureux qu'elles n'aient pas plus mal fini. Mais ma tête, montée au ton d'un instrument étranger, était hors de son diapason : elle y revint d'elle-même, et alors je cessai mes folies, ou du moins j'en fis de plus accordantes à mon naturel. Cette époque de ma jeunesse est celle dont j'ai l'idée la plus confuse. Rien presque ne s'y est passé d'assez intéressant à mon cœur pour m'en retracer vivement le souvenir, et il est difficile que dans tant d'allées et venues, dans tant de déplacements successifs, je ne fasse pas quelques transpositions de temps ou de lieu. J'écris absolument de mémoire, sans monuments, sans matériaux qui puissent me la rappeler. Il y a des événements de ma vie qui me sont aussi présents que s'ils venaient d'arriver; mais il y a des lacunes et des

vides que je ne peux remplir qu'à l'aide de récits aussi
confus que le souvenir qui m'en est resté. J'ai donc pu
faire des erreurs quelquefois, et j'en pourrai faire encore
sur des bagatelles, jusqu'au temps où j'ai de moi des
renseignements plus sûrs; mais en ce qui importe vraiment au sujet, je suis assuré d'être exact et fidèle, comme
je tâcherai toujours de l'être en tout : voilà sur quoi l'on
peut compter.

Sitôt que j'eus quitté M. Le Maître, ma résolution fut
prise et je repartis pour Annecy. La cause et le mystère
de notre départ m'avaient donné un grand intérêt pour
la sûreté de notre retraite; et cet intérêt, m'occupant
tout entier, avait fait diversion durant quelques jours
à celui qui me rappelait en arrière; mais dès que la sécurité me laissa plus tranquille, le sentiment dominant reprit
sa place. Rien ne me flattait, rien ne me tentait, je n'avais
de désir pour rien que pour retourner auprès de Maman.
La tendresse et la vérité de mon attachement pour elle
avaient déraciné de mon cœur tous les projets imaginaires, toutes les folies de l'ambition. Je ne voyais plus
d'autre bonheur que celui de vivre auprès d'elle, et je ne
faisais pas un pas sans sentir que je m'éloignais de ce
bonheur. J'y revins donc aussitôt que cela me fut possible. Mon retour fut si prompt et mon esprit si distrait, que, quoique je me rappelle avec tant de plaisir
tous mes autres voyages, je n'ai pas le moindre souvenir
de celui-là; je ne m'en rappelle rien du tout, sinon
mon départ de Lyon et mon arrivée à Annecy. Qu'on
juge surtout si cette dernière époque a dû sortir de ma
mémoire! En arrivant, je ne trouvai plus Mme de
Warens; elle était partie pour Paris.

Je n'ai jamais bien su le secret de ce voyage. Elle me
l'aurait dit, j'en suis très sûr, si je l'en avais pressée;
mais jamais homme ne fut moins curieux que moi du
secret de ses amis : mon cœur, uniquement occupé du
présent, en remplit toute sa capacité, tout son espace
et, hors les plaisirs passés qui font désormais mes uniques
jouissances, il n'y reste pas un coin de vide pour ce qui
n'est plus. Tout ce que j'ai cru d'entrevoir dans le peu
qu'elle m'en a dit est que, dans la révolution causée à
Turin par l'abdication du roi de Sardaigne, elle craignit
d'être oubliée, et voulut, à la faveur des intrigues de
M. d'Aubonne, chercher le même avantage à la cour de
France, où elle m'a souvent dit qu'elle l'eût préféré,
parce que la multitude des grandes affaires fait qu'on

n'y est pas si désagréablement surveillé. Si cela est, il est bien étonnant qu'à son retour on ne lui ait pas fait plus mauvais visage, et qu'elle ait toujours joui de sa pension sans aucune interruption. Bien des gens ont cru qu'elle avait été chargée de quelque commission secrète, soit de la part de l'évêque, qui avait alors des affaires à la cour de France, où il fut lui-même obligé d'aller, soit de la part de quelqu'un plus puissant encore, qui sut lui ménager un heureux retour. Ce qu'il y a de sûr, si cela est, est que l'ambassadrice n'était pas mal choisie, et que, jeune et belle encore, elle avait tous les talents nécessaires pour se bien tirer d'une négociation.

LIVRE IV

J'arrive, et je ne la trouve plus. Qu'on juge de ma surprise et de ma douleur ! C'est alors que le regret d'avoir lâchement abandonné M. Le Maître commença de se faire sentir ; il fut plus vif encore quand j'appris le malheur qui lui était arrivé. Sa caisse de musique qui contenait toute sa fortune, cette précieuse caisse, sauvée avec tant de fatigue, avait été saisie en arrivant à Lyon, par les soins du comte Dortan, à qui le Chapitre avait fait écrire pour le prévenir de cet enlèvement furtif. Le Maître avait en vain réclamé son bien, son gagne-pain, le travail de toute sa vie. La propriété de cette caisse était tout au moins sujette à litige ; il n'y en eut point. L'affaire fut décidée à l'instant même par la loi du plus fort, et le pauvre Le Maître perdit ainsi le fruit de ses talents, l'ouvrage de sa jeunesse, et la ressource de ses vieux jours.

Il ne manqua rien au coup que je reçus pour le rendre accablant. Mais j'étais dans un âge où les grands chagrins ont peu de prise, et je me forgeai bientôt des consolations. Je comptais avoir dans peu des nouvelles de Mme de Warens, quoique je ne susse pas son adresse et qu'elle ignorât que j'étais de retour ; et quant à ma désertion, tout bien compté, je ne la trouvais pas si coupable. J'avais été utile à M. Le Maître dans sa retraite, c'était le seul service qui dépendît de moi. Si j'avais resté avec lui en France, je ne l'aurais pas guéri de son mal, je n'aurais pas sauvé sa caisse, je n'aurais fait que doubler sa dépense, sans lui pouvoir être bon à rien. Voilà comment alors je voyais la chose : je la vois autrement aujourd'hui. Ce n'est pas quand une vilaine action vient d'être faite qu'elle nous tourmente, c'est quand longtemps après on se la rappelle ; car le souvenir ne s'en éteint point.

Le seul parti que j'avais à prendre pour avoir des nouvelles de Maman était d'en attendre; car où l'aller chercher à Paris, et avec quoi faire le voyage? Il n'y avait point de lieu plus sûr qu'Annecy pour savoir tôt ou tard où elle était. J'y restai donc. Mais je me conduisis assez mal. Je n'allai pas voir l'évêque qui m'avait protégé et qui me pouvait protéger encore. Je n'avais plus ma patronne auprès de lui et je craignais les réprimandes sur notre évasion. J'allai moins encore au séminaire. M. Gros n'y était plus. Je ne vis personne de ma connaissance; j'aurais pourtant bien voulu aller voir Mme l'Intendante, mais je n'osai jamais. Je fis plus mal que tout cela. Je retrouvai M. Venture, auquel, malgré mon enthousiasme, je n'avais pas même pensé depuis mon départ. Je le retrouvai brillant et fêté dans tout Annecy; les dames se l'arrachaient. Ce succès acheva de me tourner la tête. Je ne vis plus rien que M. Venture, et il me fit presque oublier Mme de Warens. Pour profiter de ses leçons plus à mon aise, je lui proposai de partager avec moi son gîte; il y consentit. Il était logé chez un cordonnier, plaisant et bouffon personnage, qui, dans son patois, n'appelait pas sa femme autrement que *salopière ;* nom qu'elle méritait assez. Il avait avec elle des prises que Venture avait soin de faire durer en paraissant vouloir faire le contraire. Il disait d'un ton froid et dans son accent provençal des mots qui faisaient le plus grand effet; c'étaient des scènes à pâmer de rire. Les matinées se passaient ainsi sans qu'on y songeât : à deux ou trois heures, nous mangions un morceau; Venture s'en allait dans ses sociétés, où il soupait, et moi j'allais me promener seul, méditant sur son grand mérite, admirant, convoitant ses rares talents, et maudissant ma maussade étoile qui ne m'appelait point à cette heureuse vie. Eh! que je m'y connaissais mal! la mienne eût été cent fois plus charmante si j'avais été moins bête, et si j'en avais su mieux jouir.

Mme de Warens n'avait emmené qu'Anet avec elle; elle avait laissé Merceret, sa femme de chambre, dont j'ai parlé. Je la trouvai occupant encore l'appartement de sa maîtresse. Mademoiselle Merceret était une fille un peu plus âgée que moi, non pas jolie, mais assez agréable; une bonne Fribourgeoise sans malice, et à qui je n'ai connu d'autre défaut que d'être quelquefois un peu mutine avec sa maîtresse. Je l'allais voir assez souvent; c'était une ancienne connaissance, et sa vue m'en rappelait une plus chère qui me la faisait aimer. Elle avait plusieurs amies,

entre autres une Mlle Giraud, genevoise, qui pour mes
péchés s'avisa de prendre du goût pour moi. Elle pressait
toujours Merceret de m'amener chez elle; je m'y laissais
mener, parce que j'aimais assez Merceret, et qu'il y avait
là d'autres jeunes personnes que je voyais volontiers.
Pour Mlle Giraud, qui me faisait toutes sortes d'agaceries,
on ne peut rien ajouter à l'aversion que j'avais pour elle.
Quand elle approchait de mon visage son museau sec
et noir, barbouillé de tabac d'Espagne, j'avais peine à
m'abstenir d'y cracher. Mais je prenais patience; à cela
près, je me plaisais fort au milieu de toutes ces filles, et,
soit pour faire leur cour à Mlle Giraud, soit pour moi-
même, toutes me fêtaient à l'envi. Je ne voyais à tout cela
que de l'amitié. J'ai pensé depuis qu'il n'eût tenu qu'à
moi d'y voir davantage : mais je ne m'en avisais pas, je
n'y pensais pas.

D'ailleurs des couturières, des filles de chambre, de
petites marchandes ne me tentaient guère. Il me fallait
des Demoiselles. Chacun a ses fantaisies; ç'a toujours été
la mienne, et je ne pense pas comme Horace sur ce point-
là. Ce n'est pourtant pas du tout la vanité de l'état et du
rang qui m'attire; c'est un teint mieux conservé, de plus
belles mains, une parure plus gracieuse, un air de délicatesse et de propreté sur toute la personne, plus de goût
dans la manière de se mettre et de s'exprimer, une robe
plus fine et mieux faite, une chaussure plus mignonne,
des rubans, de la dentelle, des cheveux mieux ajustés.
Je préférerais toujours la moins jolie ayant plus de tout
cela. Je trouve moi-même cette préférence très ridicule,
mais mon cœur la donne malgré moi.

Hé bien! cet avantage se présentait encore, et il ne tint
encore qu'à moi d'en profiter. Que j'aime à tomber de
temps en temps sur les moments agréables de ma jeunesse! Ils m'étaient si doux; ils ont été si courts, si rares,
et je les ai goûtés à si bon marché! Ah! leur seul souvenir
rend encore à mon cœur une volupté pure dont j'ai
besoin pour ranimer mon courage et soutenir les ennuis
du reste de mes ans.

L'aurore un matin me parut si belle que m'étant habillé
précipitamment, je me hâtai de gagner la campagne pour
voir lever le soleil. Je goûtai ce plaisir dans tout son
charme; c'était la semaine après la Saint-Jean. La terre,
dans sa plus grande parure, était couverte d'herbe et de
fleurs; les rossignols, presque à la fin de leur ramage,
semblaient se plaire à le renforcer; tous les oiseaux, fai-

sant en concert leurs adieux au printemps, chantaient la naissance d'un beau jour d'été, d'un de ces beaux jours qu'on ne voit plus à mon âge, et qu'on n'a jamais vus dans le triste sol où j'habite aujourd'hui.

Je m'étais insensiblement éloigné de la ville, la chaleur augmentait, et je me promenais sous des ombrages dans un vallon le long d'un ruisseau. J'entends derrière moi des pas de chevaux et des voix de filles qui semblaient embarrassées, mais qui n'en riaient pas de moins bon cœur. Je me retourne, on m'appelle par mon nom, je m'approche, je trouve deux jeunes personnes de ma connaissance, Mlle de Graffenried et Mlle Galley, qui, n'étant pas d'excellentes cavalières, ne savaient comment forcer leurs chevaux à passer le ruisseau. Mlle de Graffenried était une jeune Bernoise fort aimable, qui, par quelque folie de son âge, ayant été jetée hors de son pays, avait imité Mme de Warens, chez qui je l'avais vue quelquefois ; mais, n'ayant pas eu une pension comme elle, elle avait été trop heureuse de s'attacher à Mlle Galley, qui, l'ayant prise en amitié, avait engagé sa mère à la lui donner pour compagne jusqu'à ce qu'on la pût placer de quelque façon. Mlle Galley, d'un an plus jeune qu'elle, était encore plus jolie ; elle avait je ne sais quoi de plus délicat, de plus fin ; elle était en même temps très mignonne et très formée, ce qui est pour une fille le plus beau moment. Toutes deux s'aimaient tendrement et leur bon caractère à l'une et à l'autre ne pouvait qu'entretenir longtemps cette union, si quelque amant ne venait pas la déranger. Elles me dirent qu'elles allaient à Thônes, vieux château appartenant à Mme Galley ; elles implorèrent mon secours pour faire passer leurs chevaux, n'en pouvant venir à bout elles seules. Je voulus fouetter les chevaux ; mais elles craignaient pour moi les ruades et pour elles les haut-le-corps. J'eus recours à un autre expédient. Je pris par la bride le cheval de Mlle Galley, puis, le tirant après moi, je traversai le ruisseau ayant de l'eau jusqu'à mi-jambes, et l'autre cheval suivit sans difficulté. Cela fait, je voulus saluer ces demoiselles, et m'en aller comme un benêt : elles se dirent quelques mots tout bas, et Mlle de Graffenried s'adressant à moi : Non pas, non pas, me dit-elle, on ne nous échappe pas comme cela. Vous vous êtes mouillé pour notre service ; et nous devons en conscience avoir soin de vous sécher : il faut, s'il vous plaît, venir avec nous ; nous vous arrêtons prisonnier. Le cœur me battait, je regardais Mlle Galley.

Oui, oui, ajouta-t-elle, en riant de ma mine effarée, prisonnier de guerre; montez en croupe derrière elle; nous voulons rendre compte de vous. — Mais Mademoiselle, je n'ai point l'honneur d'être connu de Madame votre mère; que dira-t-elle en me voyant arriver? — Sa mère, reprit Mlle de Graffenried, n'est pas à Thônes, nous sommes seules; nous revenons ce soir, et vous reviendrez avec nous.

L'effet de l'électricité n'est pas plus prompt que celui que ces mots firent sur moi. En m'élançant sur le cheval de Mlle de Graffenried je tremblais de joie, et quand il fallut l'embrasser pour me tenir, le cœur me battait si fort qu'elle s'en aperçut; elle me dit que le sien lui battait aussi par la frayeur de tomber; c'était presque, dans ma posture, une invitation de vérifier la chose; je n'osai jamais, et durant tout le trajet mes deux bras lui servirent de ceinture, très serrée à la vérité, mais sans se déplacer un moment. Telle femme qui lira ceci me souffletterait volontiers, et n'aurait pas tort.

La gaieté du voyage et le babil de ces filles aiguisèrent tellement le mien, que jusqu'au soir, et tant que nous fûmes ensemble, nous ne déparlâmes pas un moment. Elles m'avaient mis si bien à mon aise, que ma langue parlait autant que mes yeux, quoiqu'elle ne dît pas les mêmes choses. Quelques instants seulement, quand je me trouvais tête à tête avec l'une ou l'autre, l'entretien s'embarrassait un peu; mais l'absente revenait bien vite, et ne nous laissait pas le temps d'éclaircir cet embarras.

Arrivés à Thônes, et moi bien séché, nous déjeunâmes. Ensuite il fallut procéder à l'importante affaire de préparer le dîner. Les deux demoiselles, tout en cuisinant, baisaient de temps en temps les enfants de la grangère et le pauvre marmiton regardait faire en rongeant son frein. On avait envoyé des provisions de la ville, et il y avait de quoi faire un très bon dîner, surtout en friandises; mais malheureusement on avait oublié du vin. Cet oubli n'était pas étonnant pour des filles qui n'en buvaient guère : mais j'en fus fâché, car j'avais un peu compté sur ce secours pour m'enhardir. Elles en furent fâchées aussi, par la même raison peut-être, mais je n'en crois rien. Leur gaieté vive et charmante était l'innocence même; et d'ailleurs qu'eussent-elles fait de moi entre elles deux? Elles envoyèrent chercher du vin partout aux environs; on n'en trouva point, tant les paysans de ce canton sont sobres et pauvres. Comme elles m'en marquaient leur chagrin, je leur dis de n'en pas être si fort en peine, qu'elles n'avaient pas besoin de vin pour m'enivrer. Ce fut la seule galanterie que j'osai leur dire de la journée; mais je crois que les friponnes voyaient de reste que cette galanterie était une vérité.

Nous dînâmes dans la cuisine de la grangère, les deux amies assises sur des bancs aux deux côtés de la longue table, et leur hôte entre elles deux sur une escabelle à trois pieds. Quel dîner! quel souvenir plein de charmes! Comment, pouvant à si peu de frais goûter des plaisirs si purs et si vrais, vouloir en rechercher d'autres ? Jamais souper des petites maisons de Paris n'approcha de ce repas, je ne dis pas seulement pour la gaieté, pour la douce joie, mais je dis pour la sensualité.

Après le dîner nous fîmes une économie. Au lieu de prendre le café qui nous restait du déjeuner, nous le gardâmes pour le goûter avec de la crème et des gâteaux qu'elles avaient apportés; et pour tenir notre appétit en haleine, nous allâmes dans le verger achever notre dessert avec des cerises. Je montai sur l'arbre, et je leur en jetais des bouquets dont elles me rendaient les noyaux à travers les branches. Une fois, Mlle Galley, avançant son tablier et reculant la tête, se présentait si bien, et je visai si juste, que je lui fis tomber un bouquet dans le sein; et de rire. Je me disais en moi-même : Que mes lèvres ne sont-elles des cerises! comme je les leur jetterais ainsi de bon cœur.

La journée se passa de cette sorte à folâtrer avec la plus grande liberté, et toujours avec la plus grande décence. Pas un seul mot équivoque, pas une seule plaisanterie hasardée; et cette décence, nous ne nous l'imposions point du tout, elle venait toute seule, nous prenions le ton que nous donnaient nos cœurs. Enfin ma modestie, d'autres diront ma sottise, fut telle, que la plus grande privauté qui m'échappa fut de baiser une seule fois la main de Mlle Galley. Il est vrai que la circonstance donnait du prix à cette légère faveur. Nous étions seuls, je respirais avec embarras, elle avait les yeux baissés. Ma bouche, au lieu de trouver des paroles, s'avisa de se coller sur sa main, qu'elle retira doucement après qu'elle fut baisée, en me regardant d'un air qui n'était point irrité. Je ne sais ce que j'aurais pu lui dire : son amie entra, et me parut laide en ce moment.

Enfin elles se souvinrent qu'il ne fallait pas attendre la nuit pour rentrer en ville. Il ne nous restait que le temps qu'il fallait pour arriver de jour, et nous nous hâtâmes de partir en nous distribuant comme nous étions venus. Si j'avais osé, j'aurais transposé cet ordre; car le regard de Mlle Galley m'avait vivement ému le cœur; mais je n'osai rien dire, et ce n'était pas à elle de le proposer. En marchant nous disions que la journée avait tort de finir, mais, loin de nous plaindre qu'elle eût été courte, nous trouvâmes que nous avions eu le secret de la faire longue, par tous les amusements dont nous avions su la remplir.

Je les quittai à peu près au même endroit où elles m'avaient pris. Avec quel regret nous nous séparâmes! Avec quel plaisir nous projetâmes de nous revoir! Douze heures passées ensemble nous valaient des siècles de familiarité. Le doux souvenir de cette journée ne coûtait rien à ces aimables filles; la tendre union qui régnait entre nous trois valait des plaisirs plus vifs, et n'eût pu subsister avec eux : nous nous aimions sans mystères et sans honte, et nous voulions nous aimer toujours ainsi. L'innocence des mœurs a sa volupté, qui vaut bien l'autre, parce qu'elle n'a point d'intervalle et qu'elle agit continuellement. Pour moi, je sais que la mémoire d'un si beau jour me touche plus, me charme plus, me revient plus au cœur que celle d'aucuns plaisirs que j'aie goûtés en ma vie. Je ne savais pas trop bien ce que je voulais à ces deux charmantes personnes, mais elles m'intéressaient beaucoup toutes deux. Je ne dis pas que, si j'eusse été le maître de mes arrangements, mon cœur se serait partagé; j'y sentais un peu de préférence. J'aurais fait mon bonheur d'avoir pour maîtresse Mlle de Graffenried; mais à choix, je crois que je l'aurais mieux aimée pour confidente. Quoi qu'il en soit, il me semblait en les quittant que je ne pourrais plus vivre sans l'une et sans l'autre. Qui m'eût dit que je ne les reverrais de ma vie, et que là finiraient nos éphémères amours ?

Ceux qui liront ceci ne manqueront pas de rire de mes aventures galantes, en remarquant qu'après beaucoup de préliminaires, les plus avancées finissent par baiser la main. O mes lecteurs! ne vous y trompez pas. J'ai peut-être eu plus de plaisir dans mes amours, en finissant par cette main baisée, que vous n'en aurez jamais dans les vôtres, en commençant tout au moins par là.

Venture, qui s'était couché fort tard la veille, rentra peu de temps après moi. Pour cette fois, je ne le vis pas avec le même plaisir qu'à l'ordinaire, et je me gardai de lui dire comment j'avais passé ma journée. Ces demoiselles m'avaient parlé de lui avec peu d'estime, et m'avaient paru mécontentes de me savoir en si mauvaises mains : cela lui fit tort dans mon esprit ; d'ailleurs tout ce qui me distraisait d'elles ne pouvait que m'être désagréable. Cependant, il me rappela bientôt à lui et à moi en me parlant de ma situation. Elle était trop critique pour pouvoir durer. Quoique je dépensasse très peu de chose, mon petit pécule achevait de s'épuiser ; j'étais sans ressource. Point de nouvelle de Maman ; je ne savais que devenir, et je sentais un cruel serrement de cœur de voir l'ami de Mlle Galley réduit à l'aumône.

Venture me dit qu'il avait parlé de moi à M. le Juge-maje ; qu'il voulait m'y mener dîner le lendemain ; que c'était un homme en état de me rendre service par ses amis, d'ailleurs une bonne connaissance à faire, un homme d'esprit et de lettres, d'un commerce fort agréable, qui avait des talents et qui les aimait : puis, mêlant à son ordinaire aux choses les plus sérieuses la plus mince frivolité, il me fit voir un joli couplet, venu de Paris, sur un air d'un opéra de Mouret qu'on jouait alors. Ce couplet avait plu si fort à M. Simon (c'était le nom du Juge-maje), qu'il voulait en faire un autre en réponse sur le même air : il avait dit à Venture d'en faire aussi un ; et la folie prit à celui-ci de m'en faire faire un troisième, afin, disait-il, qu'on vît les couplets arriver le lendemain comme les brancards du *Roman comique*.

La nuit, ne pouvant dormir, je fis comme je pus mon couplet. Pour les premiers vers que j'eusse faits, ils étaient passables, meilleurs même, ou du moins faits avec plus de goût qu'ils n'auraient été la veille, le sujet roulant sur une situation fort tendre, à laquelle mon cœur était déjà tout disposé. Je montrai le matin mon couplet à Venture, qui, le trouvant joli, le mit dans sa poche sans me dire s'il avait fait le sien. Nous allâmes dîner chez M. Simon, qui nous reçut bien. La conversation fut agréable : elle ne pouvait manquer de l'être entre deux hommes d'esprit, à qui la lecture avait profité. Pour moi, je faisais mon rôle, j'écoutais, et je me taisais. Ils ne parlèrent de couplets ni l'un ni l'autre ; je n'en parlai point non plus, et jamais, que je sache, il n'a été question du mien.

M. Simon parut content de mon maintien : c'est à peu près tout ce qu'il vit de moi dans cette entrevue. Il m'avait déjà vu plusieurs fois chez Mme de Warens sans faire une grande attention à moi. Ainsi c'est de ce dîner que je puis dater sa connaissance, qui ne me servit de rien pour l'objet qui me l'avait fait faire, mais dont je tirai dans la suite d'autres avantages qui me font rappeler sa mémoire avec plaisir.

J'aurais tort de ne pas parler de sa figure, que, sur sa qualité de magistrat, et sur le bel esprit dont il se piquait, on n'imaginerait pas si je n'en disais rien. M. le Juge-maje Simon n'avait assurément pas deux pieds de haut. Ses jambes, droites, menues et même assez longues, l'auraient agrandi si elles eussent été verticales; mais elles posaient de biais comme celles d'un compas très ouvert. Son corps était non seulement court, mais mince et en tout sens d'une petitesse inconcevable. Il devait paraître une sauterelle quand il était nu. Sa tête, de grandeur naturelle, avec un visage bien formé, l'air noble, d'assez beaux yeux, semblait une tête postiche qu'on aurait plantée sur un moignon. Il eût pu s'exempter de faire de la dépense en parure, car sa grande perruque seule l'habillait parfaitement de pied en cap.

Il avait deux voix toutes différentes, qui s'entremêlaient sans cesse dans sa conversation avec un contraste d'abord très plaisant, mais bientôt très désagréable. L'une était grave et sonore; c'était, si j'ose ainsi parler, la voix de sa tête. L'autre, claire, aiguë et perçante, était la voix de son corps. Quand il s'écoutait beaucoup, qu'il parlait très posément, qu'il ménageait son haleine, il pouvait parler toujours de sa grosse voix; mais pour peu qu'il s'animât et qu'un accent plus vif vînt se présenter, cet accent devenait comme le sifflement d'une clef, et il avait toute la peine du monde à reprendre sa basse.

Avec la figure que je viens de peindre, et qui n'est point chargée, M. Simon était galant, grand conteur de fleurettes, et poussait jusqu'à la coquetterie le soin de son ajustement. Comme il cherchait à prendre ses avantages, il donnait volontiers ses audiences du matin dans son lit; car quand on voyait sur l'oreiller une belle tête, personne n'allait s'imaginer que c'était là tout. Cela donnait lieu quelquefois à des scènes dont je suis sûr que tout Annecy se souvient encore. Un matin qu'il attendait dans ce lit, ou plutôt sur ce lit, les plaideurs, en belle coiffe de nuit bien fine et bien blanche, ornée de deux grosses bouffettes de ruban couleur de rose, un paysan arrive, heurte à la porte. La servante était sortie. M. le Juge-maje, entendant redoubler, crie : *entrez ;* et cela, comme

dit un peu trop fort, partit de sa voie aiguë. L'homme
entre; il cherche d'où vient cette voix de femme, et
voyant dans ce lit une cornette, une fontange, il veut
ressortir, en faisant à Madame de grandes excuses.
M. Simon se fâche, et n'en crie que plus clair. Le paysan,
confirmé dans son idée, et se croyant insulté, lui chante
pouille, lui dit qu'apparemment elle n'est qu'une cou-
reuse, et que M. le Juge-maje ne donne guère bon exemple
chez lui. Le Juge-maje, furieux, et n'ayant pour toute
arme que son pot de chambre, allait le jeter à la tête de
ce pauvre homme, quand sa gouvernante arriva.

Ce petit nain, si disgracié dans son corps par la nature,
en avait été dédommagé du côté de l'esprit : il l'avait
naturellement agréable, et il avait pris soin de l'orner.
Quoiqu'il fût, à ce qu'on disait, assez bon jurisconsulte,
il n'aimait pas son métier. Il s'était jeté dans la belle littérature, et il y avait réussi. Il en avait pris surtout cette
brillante superficie, cette fleur qui jette de l'agrément dans
le commerce, même avec les femmes. Il savait par cœur
tous les petits traits des *ana* et autres semblables : il avait
l'art de les faire valoir, en contant avec intérêt, avec
mystère, et comme une anecdote de la veille, ce qui s'était
passé il y avait soixante ans. Il savait la musique et chantait agréablement de sa voix d'homme : enfin il avait beaucoup de jolis talents pour un magistrat. A force de cajoler
les dames d'Annecy, il s'était mis à la mode parmi elles;
elles l'avaient à leur suite comme un petit sapajou. Il prétendait même à des bonnes fortunes, et cela les amusait
beaucoup. Une Mme d'Epagny disait que pour lui la dernière faveur était de baiser une femme au genou.

Comme il connaissait les bons livres, et qu'il en parlait
volontiers, sa conversation était non seulement amusante,
mais instructive. Dans la suite, lorsque j'eus pris du goût
pour l'étude, je cultivai sa connaissance, et je m'en trouvai
très bien. J'allais quelquefois le voir de Chambéry, où
j'étais alors. Il louait, animait mon émulation, et me
donnait pour mes lectures de bons avis, dont j'ai souvent
fait mon profit. Malheureusement dans ce corps si fluet
logeait une âme très sensible. Quelques années après, il
eut je ne sais quelle mauvaise affaire qui le chagrina, et
il en mourut. Ce fut dommage; c'était assurément un bon
petit homme, dont on commençait par rire, et qu'on finissait par aimer. Quoique sa vie ait été peu liée à la mienne,
comme j'ai reçu de lui des leçons utiles, j'ai cru pouvoir,
par reconnaissance, lui consacrer un petit souvenir.

Sitôt que je fus libre, je courus dans la rue de Mlle Galley, me flattant de voir entrer ou sortir quelqu'un, ou du moins ouvrir quelque fenêtre. Rien; pas un chat ne parut, et tout le temps que je fus là, la maison demeura aussi close que si elle n'eût point été habitée. La rue était petite et déserte, un homme s'y remarquait : de temps en temps quelqu'un passait, entrait ou sortait au voisinage. J'étais fort embarrassé de ma figure; il me semblait qu'on devinait pourquoi j'étais là, et cette idée me mettait au supplice, car j'ai toujours préféré à mes plaisirs l'honneur et le repos de celles qui m'étaient chères.

Enfin, las de faire l'amant espagnol, et n'ayant point de guitare, je pris le parti d'aller écrire à Mlle de Graffenried. J'aurais préféré d'écrire à son amie; mais je n'osais, et il convenait de commencer par celle à qui je devais la connaissance de l'autre et avec qui j'étais plus familier. Ma lettre faite, j'allai la porter à Mlle Giraud, comme j'en étais convenu avec ces demoiselles en nous séparant. Ce furent elles qui me donnèrent cet expédient. Mlle Giraud était contrepointière, et travaillant quelquefois chez Mme Galley, elle avait l'entrée de sa maison. La messagère ne me parut pourtant pas trop bien choisie; mais j'avais peur, si je faisais des difficultés sur celle-là, qu'on ne m'en proposât point d'autre. De plus, je n'osais dire qu'elle voulait travailler pour son compte. Je me sentais humilié qu'elle osât se croire pour moi du même sexe que ces demoiselles. Enfin j'aimais mieux cet entrepôt là que point, et je m'y tins à tout risque.

Au premier mot la Giraud me devina : cela n'était pas difficile. Quand une lettre à porter à de jeunes filles n'aurait pas parlé d'elle-même, mon air sot et embarrassé m'aurait seul décelé. On peut croire que cette commission ne lui donna pas grand plaisir à faire; elle s'en chargea toutefois et l'exécuta fidèlement. Le lendemain matin je courus chez elle, et j'y trouvai ma réponse. Comme je me pressai de sortir pour l'aller lire et baiser à mon aise! Cela n'a pas besoin d'être dit; mais ce qui en a besoin davantage, c'est le parti que prit Mlle Giraud, et où j'ai trouvé plus de délicatesse et de modération que je n'en aurais attendu d'elle. Ayant assez de bons sens pour voir qu'avec ses trente-sept ans, ses yeux de lièvre, son nez barbouillé, sa voix aigre, et sa peau noire, elle n'avait pas beau jeu contre deux jeunes personnes pleines de grâces et dans tout l'éclat de la beauté, elle ne voulut ni les trahir ni les servir, et aima mieux me perdre que de me ménager pour elles.

Il y avait déjà quelque temps que la Merceret, n'ayant aucune nouvelle de sa maîtresse, songeait à s'en retourner à Fribourg; elle l'y détermina tout à fait. Elle fit plus, elle lui fit entendre qu'il serait bien que quelqu'un la conduisît chez son père, et me proposa. La petite Merceret, à qui je ne déplaisais pas non plus, trouva cette idée fort bonne à exécuter. Elles m'en parlèrent dès le même jour comme d'une affaire arrangée; et comme je ne trouvais rien qui me déplût dans cette manière de disposer de moi, j'y consentis, regardant ce voyage comme une affaire de huit jours tout au plus. La Giraud, qui ne pensa pas de même, arrangea tout. Il fallut bien avouer l'état de mes finances. On y pourvut : la Merceret se chargea de me défrayer; et, pour regagner d'un côté ce qu'elle dépensait de l'autre, à ma prière on décida qu'elle enverrait devant son petit bagage, et que nous irions à pied à petites journées. Ainsi fut fait.

Je suis fâché de faire tant de filles amoureuses de moi. Mais comme il n'y a pas de quoi être bien vain du parti que j'ai tiré de toutes ces amours-là, je crois pouvoir dire la vérité sans scrupule. La Merceret, plus jeune et moins déniaisée que la Giraud, ne m'a jamais fait des agaceries aussi vives; mais elle imitait mes tons, mes accents, redisait mes mots, avait pour moi les attentions que j'aurais dû avoir pour elle, et prenait toujours grand soin, comme elle était fort peureuse, que nous couchassions dans la même chambre : identité qui se borne rarement là dans un voyage, entre un garçon de vingt ans et une fille de vingt-cinq.

Elle s'y borna pourtant cette fois. Ma simplicité fut telle, que quoique la Merceret ne fût pas désagréable, il ne me vint pas même à l'esprit durant tout le voyage, je ne dis pas la moindre tentation galante, mais même la moindre idée qui s'y rapportât; et, quand cette idée me serait venue, j'étais trop sot pour en savoir profiter. Je n'imaginais pas comment une fille et un garçon parvenaient à coucher ensemble; je croyais qu'il fallait des siècles pour préparer ce terrible arrangement. Si la pauvre Merceret, en me défrayant, comptait sur quelque équivalent, elle en fut la dupe, et nous arrivâmes à Fribourg exactement comme nous étions partis d'Annecy.

En passant à Genève je n'allai voir personne, mais je fus prêt à me trouver mal sur les ponts. Jamais je n'ai vu

les murs de cette heureuse ville, jamais je n'y suis entré,
sans sentir une certaine défaillance de cœur qui venait d'un
excès d'attendrissement. En même temps que la noble
image de la liberté m'élevait l'âme, celle de l'égalité, de
l'union, de la douceur des mœurs, me touchaient jusqu'aux larmes, et m'inspiraient un vif regret d'avoir
perdu tous ces biens. Dans quelle erreur j'étais, mais
qu'elle était naturelle! Je croyais voir tout cela dans ma
patrie, parce que je le portais dans mon cœur.

Il fallait passer à Nyon. Passer sans voir mon bon père!
Si j'avais eu ce courage, j'en serais mort de regret. Je
laissai la Merceret à l'auberge, et je l'allai voir à tout
risque. Eh! que j'avais tort de le craindre! Son âme à
mon abord s'ouvrit aux sentiments paternels dont elle
était pleine. Que de pleurs nous versâmes en nous
embrassant! Il crut d'abord que je revenais à lui. Je lui
fis mon histoire, et je lui dis ma résolution. Il la combattit
faiblement. Il me fit voir les dangers auxquels je m'exposais, me dit que les plus courtes folies étaient les meilleures.
Du reste, il n'eut pas même la tentation de me retenir de
force; et en cela je trouve qu'il eut raison; mais il est
certain qu'il ne fit pas pour me ramener tout ce qu'il
aurait pu faire, soit qu'après le pas que j'avais fait, il
jugeât lui-même que je n'en devais pas revenir, soit qu'il
fût embarrassé peut-être à savoir ce qu'à mon âge il
pourrait faire de moi. J'ai su depuis qu'il eut de ma compagne de voyage une opinion bien injuste et bien éloignée de la vérité, mais du reste assez naturelle. Ma belle-
mère, bonne femme, un peu mielleuse, fit semblant de
vouloir me retenir à souper. Je ne restai point, mais je
leur dis que je comptais m'arrêter avec eux plus longtemps au retour, et je leur laissai en dépôt mon petit
paquet, que j'avais fait venir par le bateau, et dont j'étais
embarrassé. Le lendemain, je partis de bon matin, bien
content d'avoir vu mon père et d'avoir osé faire mon devoir.

Nous arrivâmes heureusement à Fribourg. Sur la fin
du voyage les empressements de Mlle Merceret dimi-
nuèrent un peu. Après notre arrivée, elle ne me marqua
plus que de la froideur, et son père, qui ne nageait pas
dans l'opulence, ne me fit pas non plus un bien grand
accueil; j'allai loger au cabaret. Je les fus voir le lendemain, ils m'offrirent à dîner, je l'acceptai. Nous nous
séparâmes sans pleurs: je retournai le soir à ma gargote,
et je repartis le surlendemain de mon arrivée, sans trop
savoir où j'avais dessein d'aller.

Voilà encore une circonstance de ma vie où la providence m'offrait précisément ce qu'il me fallait pour couler des jours heureux. La Merceret était une très bonne fille, point brillante, point belle, mais point laide non plus; peu vive, fort raisonnable, à quelques petites humeurs près, qui se passaient à pleurer, et qui n'avaient jamais de suite orageuse. Elle avait un vrai goût pour moi; j'aurais pu l'épouser sans peine, et suivre le métier de son père. Mon goût pour la musique me l'aurait fait aimer. Je me serais établi à Fribourg, petite ville peu jolie, mais peuplée de très bonnes gens. J'aurais perdu sans doute de grands plaisirs, mais j'aurais vécu en paix jusqu'à ma dernière heure; et je dois savoir mieux que personne qu'il n'y avait pas à balancer sur ce marché.

Je revins non pas à Nyon, mais à Lausanne. Je voulais me rassasier de la vue de ce beau lac qu'on voit là dans sa plus grande étendue. La plupart de mes secrets motifs déterminants n'ont pas été plus solides. Des vues éloignées ont rarement assez de force pour me faire agir. L'incertitude de l'avenir m'a toujours fait regarder les projets de longue exécution comme des leurres de dupe. Je me livre à l'espoir comme un autre, pourvu qu'il ne me coûte rien à nourrir; mais, s'il faut prendre longtemps de la peine, je n'en suis plus. Le moindre petit plaisir qui s'offre à ma portée me tente plus que les joies du Paradis. J'excepte pourtant le plaisir que la peine doit suivre; celui-là ne me tente pas, parce que je n'aime que des jouissances pures, et que jamais on n'en a de telles quand on sait qu'on s'apprête un repentir.

J'avais grand besoin d'arriver où que ce fût, et le plus proche était le mieux; car, m'étant égaré dans ma route, je me trouvai le soir à Moudon, où je dépensai le peu qui me restait hors dix creutzer, qui partirent le lendemain à la dînée : et, arrivé le soir à un petit village auprès de Lausanne, j'y entrai dans un cabaret sans un sol pour payer ma couchée, et sans savoir que devenir. J'avais grand' faim; je fis bonne contenance, et je demandai à souper, comme si j'eusse eu de quoi bien payer. J'allai me coucher sans songer à rien, je dormis tranquillement; et, après avoir déjeuné le matin, et compté avec l'hôte, je voulus, pour sept batz, à quoi montait ma dépense, lui laisser ma veste en gage. Ce brave homme la refusa; il me dit que, grâce au ciel, il n'avait jamais dépouillé personne, qu'il ne voulait pas commencer pour sept batz, que je gardasse ma veste, et que je payerais quand je pourrais. Je fus touché de sa bonté, mais moins que je ne devais l'être, et que je ne l'ai été depuis en y repensant. Je ne tardai guère à lui renvoyer son argent avec des remerciements par un homme sûr : mais, quinze ans après, repassant par Lausanne à mon retour d'Italie, j'eus un vrai regret d'avoir oublié le nom du cabaret et de l'hôte. Je l'aurais été voir; je me serais fait un vrai plaisir de lui rappeler sa bonne œuvre, et de lui prouver qu'elle n'avait pas été mal placée. Des services plus importants sans doute, mais rendus avec plus d'ostentation, ne m'ont pas paru si dignes de reconnaissance que l'humanité simple et sans éclat de cet honnête homme.

En approchant de Lausanne, je rêvais à la détresse où je me trouvais, aux moyens de m'en tirer sans aller montrer ma misère à ma belle-mère, et je me comparais dans ce pèlerinage pédestre à mon ami Venture arrivant à Annecy. Je m'échauffai si bien de cette idée, que, sans songer que je n'avais ni sa gentillesse, ni ses talents, je me mis en tête de faire à Lausanne le petit Venture, d'enseigner la musique, que je ne savais pas, et de me dire de Paris, où je n'avais jamais été. En conséquence de ce beau projet, comme il n'y avait point là de maîtrise où je pusse vicarier, et que d'ailleurs je n'avais garde d'aller me fourrer parmi les gens de l'art, je commençai par m'informer d'une petite auberge où l'on pût être assez bien et à bon marché. On m'enseigna un nommé Perrotet, qui tenait des pensionnaires. Ce Perrotet se trouva être le meilleur homme du monde, et me reçut fort bien. Je lui contai mes petits mensonges comme je les avais arrangés. Il me promit de parler de moi, et de tâcher de me procurer des écoliers; il me dit qu'il ne me demanderait de l'argent que quand j'en aurais gagné. Sa pension était de cinq écus blancs; ce qui était peu pour la chose, mais beaucoup pour moi. Il me conseilla de ne me mettre d'abord qu'à la demi-pension, qui consistait pour le dîner en une bonne soupe et rien de plus, mais bien à souper le soir. J'y consentis. Ce pauvre Perrotet me fit toutes ces avances du meilleur cœur du monde, et n'épargnait rien pour m'être utile. Pourquoi faut-il qu'ayant trouvé tant de bonnes gens dans ma jeunesse, j'en trouve si peu dans un âge avancé ? Leur race est-elle épuisée ? Non; mais l'ordre où j'ai besoin de les chercher aujourd'hui n'est plus le même où je les trouvais alors. Parmi le peuple, où les grandes passions ne parlent que par intervalles, les sentiments de la nature se font plus souvent entendre. Dans les états plus élevés ils sont étouffés absolument, et sous le masque du sentiment il n'y a jamais que l'intérêt ou la vanité qui parle.

J'écrivis de Lausanne à mon père, qui m'envoya mon paquet et me marqua d'excellentes choses, dont j'aurais dû mieux profiter. J'ai déjà noté des moments de délire inconcevables où je n'étais plus moi-même. En voici encore un des plus marqués. Pour comprendre à quel point la tête me tournait alors, à quel point je m'étais pour ainsi dire venturisé, il ne faut que voir combien tout à la fois j'accumulai d'extravagances. Me voilà maître à chanter sans savoir déchiffrer un air ; car quand les six mois que j'avais passés avec Le Maître m'auraient profité, jamais ils n'auraient pu suffire ; mais outre cela j'apprenais d'un maître : c'en était assez pour apprendre mal. Parisien de Genève, et catholique en pays protestant, je crus devoir changer mon nom ainsi que ma religion et ma patrie. Je m'approchais toujours de mon grand modèle autant qu'il m'était possible. Il s'était appelé Venture de Villeneuve, moi je fis l'anagramme du nom de Rousseau dans celui de Vaussore, et je m'appelai Vaussore de Villeneuve. Venture savait la composition, quoiqu'il n'en eût rien dit ; moi, sans la savoir je m'en vantai à tout le monde, et, sans pouvoir noter le moindre vaudeville, je me donnai pour compositeur. Ce n'est pas tout : ayant été présenté à M. de Treytorens, professeur en droit, qui aimait la musique et faisait des concerts chez lui, je voulus lui donner un échantillon de mon talent, et je me mis à composer une pièce pour son concert, aussi effrontément que si j'avais su comment m'y prendre. J'eus la constance de travailler pendant quinze jours à ce bel ouvrage, de le mettre au net, d'en tirer les parties et de les distribuer avec autant d'assurance que si c'eût été un chef-d'œuvre d'harmonie. Enfin, ce qu'on aura peine à croire, et qui est très vrai, pour couronner dignement cette sublime production, je mis à la fin un joli menuet, qui courait les rues, et que tout le monde se rappelle peut-être encore, sur ces paroles jadis si connues :

> Quel caprice!
> Quelle injustice!
> Quoi! ta Clarice
> Trahirait tes feux? etc.

Venture m'avait appris cet air avec la basse sur d'autres paroles infâmes, à l'aide desquelles je l'avais retenu. Je mis donc à la fin de ma composition ce menuet et sa basse, en supprimant les paroles, et je le donnai pour être de moi, tout aussi résolument que si j'avais parlé à des habitants de la lune.

On s'assemble pour exécuter ma pièce. J'explique à chacun le genre du mouvement, le goût de l'exécution, les renvois des parties; j'étais fort affairé. On s'accorde pendant cinq ou six minutes, qui furent pour moi cinq ou six siècles. Enfin, tout étant prêt, je frappe avec un beau rouleau de papier sur mon pupitre magistral les cinq ou six coups du *prenez garde à vous*. On fait silence, je me mets gravement à battre la mesure; on commence... Non, depuis qu'il existe des opéras français, de la vie on n'ouït un semblable charivari. Quoi qu'on eût pu penser de mon prétendu talent, l'effet fut pire que tout ce qu'on semblait attendre. Les musiciens étouffaient de rire; les auditeurs ouvraient de grands yeux, et auraient bien voulu fermer les oreilles; mais il n'y avait pas moyen. Mes bourreaux de symphonistes, qui voulaient s'égayer, raclaient à percer le tympan d'un quinze-vingt. J'eus la constance d'aller toujours mon train, suant, il est vrai, à grosses gouttes, mais retenu par la honte, n'osant m'enfuir et tout planter là. Pour ma consolation, j'entendais autour de moi les assistants se dire à leur oreille, ou plutôt à la mienne, l'un : Il n'y a rien là de supportable; un autre : Quelle musique enragée ? un autre : Quel diable de sabbat ? Pauvre Jean-Jacques, dans ce cruel moment tu n'espérais guère qu'un jour devant le Roi de France et toute sa cour tes sons exciteraient des murmures de surprise et d'applaudissement, et que, dans toutes les loges autour de toi, les plus aimables femmes se diraient à demivoix : Quels sons charmants! quelle musique enchanteresse! tous ces chants-là vont au cœur!

Mais ce qui mit tout le monde de bonne humeur fut le menuet. A peine en eut-on joué quelques mesures, que j'entendis partir de toutes parts les éclats de rire. Chacun me félicitait sur mon joli goût de chant; on m'assurait que ce menuet ferait parler de moi, et que je méritais d'être chanté partout. Je n'ai pas besoin de dépeindre mon angoisse ni d'avouer que je la méritais bien.

Le lendemain, l'un de mes symphonistes, appelé Lutold, vint me voir, et fut assez bon homme pour ne pas me féliciter sur mon succès. Le profond sentiment de ma sottise, la honte, le regret, le désespoir de l'état où j'étais réduit, l'impossibilité de tenir mon cœur fermé dans ses

grandes peines, me firent ouvrir à lui; je lâchai la bonde à
mes larmes; et, au lieu de me contenter de lui avouer mon
ignorance, je lui dis tout, en lui demandant le secret, qu'il
me promit, et qu'il me garda comme on peut le croire.
Dès le même soir tout Lausanne sut qui j'étais; et, ce qui
est remarquable, personne ne m'en fit semblant, pas
même le bon Perrotet, qui pour tout cela ne se rebuta pas
de me loger et de me nourrir.

Je vivais, mais bien tristement. Les suites d'un pareil
début ne firent pas pour moi de Lausanne un séjour fort
agréable. Les écoliers ne se présentaient pas en foule; pas
une seule écolière, et personne de la ville. J'eus en tout
deux ou trois gros Teutsches, aussi stupides que j'étais
ignorant, qui m'ennuyaient à mourir, et qui, dans mes
mains, ne devinrent pas de grands croque-notes. Je fus
appelé dans une seule maison, où un petit serpent de
fille, se donna le plaisir de me montrer beaucoup de
musique, dont je ne pus pas lire une note, et qu'elle eut
la malice de chanter ensuite devant Monsieur le maître,
pour lui montrer comment cela s'exécutait. J'étais si peu
en état de lire un air de première vue, que, dans le brillant
concert dont j'ai parlé, il ne me fut pas possible de suivre
un moment l'exécution pour savoir si l'on jouait bien
ce que j'avais sous les yeux et que j'avais composé moi-
même.

Au milieu de tant d'humiliations j'avais des consolations très douces dans les nouvelles que je recevais de
temps en temps des deux charmantes amies. J'ai toujours
trouvé dans le sexe une grande vertu consolatrice, et rien
n'adoucit plus mes afflictions dans mes disgrâces que de
sentir qu'une personne aimable y prend intérêt. Cette
correspondance cessa pourtant bientôt après, et ne fut
jamais renouée; mais ce fut ma faute. En changeant de
lieu je négligeai de leur donner mon adresse, et, forcé
par la nécessité de songer continuellement à moi-même,
je les oubliai bientôt entièrement.

Il y a longtemps que je n'ai parlé de ma pauvre
Maman : mais si l'on croit que je l'oubliais aussi, l'on se
trompe fort. Je ne cessais de penser à elle, et de désirer de
la retrouver, non seulement pour le besoin de ma subsistance, mais bien plus pour le besoin de mon cœur. Mon
attachement pour elle, quelque vif, quelque tendre qu'il
fût, ne m'empêchait pas d'en aimer d'autres; mais ce
n'était pas de la même façon. Toutes devaient également
ma tendresse à leurs charmes mais elle tenait uniquement

à ceux des autres, et ne leur eût pas survécu ; au lieu que Maman pouvait devenir vieille et laide sans que je l'aimasse moins tendrement. Mon cœur avait pleinement transmis à sa personne l'hommage qu'il fit d'abord à sa beauté ; et, quelque changement qu'elle éprouvât, pourvu que ce fût toujours elle, mes sentiments ne pouvaient changer. Je sais bien que je lui devais de la reconnaissance ; mais en vérité je n'y songeais pas. Quoi qu'elle eût fait ou n'eût pas fait pour moi, c'eût été toujours la même chose. Je ne l'aimais ni par devoir, ni par intérêt, ni par convenance : je l'aimais parce que j'étais né pour l'aimer. Quand je devenais amoureux de quelque autre, cela faisait distraction, je l'avoue, et je pensais moins souvent à elle ; mais j'y pensais avec le même plaisir, et jamais, amoureux ou non, je ne me suis occupé d'elle sans sentir qu'il ne pouvait y avoir pour moi de vrai bonheur dans la vie tant que j'en serais séparé.

N'ayant point de ses nouvelles depuis si longtemps, je ne crus jamais que je l'eusse tout à fait perdue, ni qu'elle eût pu m'oublier. Je me disais : Elle saura tôt ou tard que je suis errant, et me donnera quelque signe de vie ; je la retrouverai, j'en suis certain. En attendant, c'était une douceur pour moi d'habiter son pays, de passer dans les rues où elle avait passé, devant les maisons où elle avait demeuré, et le tout par conjecture, car une de mes ineptes bizarreries était de n'oser m'informer d'elle ni prononcer son nom sans la plus abolue nécessité. Il me semblait qu'en la nommant je disais tout ce qu'elle m'inspirait, que ma bouche révélait le secret de mon cœur, que je la compromettais en quelque sorte. Je crois même qu'il se mêlait à cela quelque frayeur qu'on ne me dît du mal d'elle. On avait parlé beaucoup de sa démarche, et un peu de sa conduite. De peur qu'on n'en dît pas ce que je voulais entendre, j'aimais mieux qu'on n'en parlât point du tout.

Comme mes écoliers ne m'occupaient pas beaucoup, et que sa ville natale n'était qu'à quatre lieues de Lausanne, j'y fis une promenade de deux ou trois jours, durant lesquels la plus douce émotion ne me quitta point. L'aspect du lac de Genève et de ses admirables côtes eut toujours à mes yeux un attrait particulier que je ne saurais expliquer, et qui ne tient pas seulement à la beauté du spectacle, mais à je ne sais quoi de plus intéressant qui m'affecte et m'attendrit. Toutes les fois que j'approche du pays de Vaud, j'éprouve une impression composée du

souvenir de Mme de Warens qui y est née, de mon père qui
y vivait, de Mlle de Vulson qui y eut les prémices de mon
cœur, de plusieurs voyages de plaisir que j'y fis dans mon
enfance, et, ce me semble, de quelque autre cause encore
plus secrète et plus forte que tout cela. Quand l'ardent
désir de cette vie heureuse et douce qui me fuit et pour
laquelle j'étais né vient enflammer mon imagination, c'est
toujours au pays de Vaud, près du lac, dans des campagnes charmantes, qu'elle se fixe. Il me faut absolument
un verger au bord de ce lac et non pas d'un autre ; il me
faut un ami sûr, une femme aimable, une vache et un
petit bateau. Je ne jouirai d'un bonheur parfait sur la
terre que quand j'aurai tout cela. Je ris de la simplicité
avec laquelle je suis allé plusieurs fois dans ce pays-là
uniquement pour y chercher ce bonheur imaginaire.
J'étais toujours surpris d'y trouver les habitants, surtout
les femmes, d'un tout autre caractère que celui que j'y
cherchais. Combien cela me semblait disparate ! Le pays
et le peuple dont il est couvert ne m'ont jamais paru faits
l'un pour l'autre.

Dans ce voyage de Vevey, je me livrais, en suivant ce
beau rivage, à la plus douce mélancolie. Mon cœur
s'élançait avec ardeur à mille félicités innocentes : je
m'attendrissais, je soupirais, et pleurais comme un enfant.
Combien de fois, m'arrêtant pour pleurer à mon aise,
assis sur une grosse pierre, je me suis amusé à voir tomber
mes larmes dans l'eau !

J'allai à Vevey loger à *La Clef*, et pendant deux jours
que j'y restai sans voir personne, je pris pour cette ville
un amour qui m'a suivi dans tous mes voyages, et qui m'y
a fait établir enfin les héros de mon roman. Je dirais
volontiers à ceux qui ont du goût et qui sont sensibles :
Allez à Vevey, visitez le pays, examinez les sites, prome-
nez-vous sur le lac, et dites si la nature n'a pas fait ce beau
pays pour une Julie, pour une Claire, et pour un Saint-
Preux ; mais ne les y cherchez pas. Je reviens à mon histoire.

Comme j'étais catholique et que je me donnais pour
tel, je suivais sans mystère et sans scrupule le culte que
j'avais embrassé. Les dimanches, quand il faisait beau,
j'allais à la messe à Assens, à deux lieues de Lausanne. Je
faisais ordinairement cette course avec d'autres catholiques, surtout avec un brodeur parisien dont j'ai oublié
le nom. Ce n'était pas un Parisien comme moi, c'était un
vrai Parisien de Paris, un archi-Parisien du bon Dieu,

bon homme comme un Champenois. Il aimait si fort
son pays, qu'il ne voulut jamais douter que j'en fusse,
de peur de perdre cette occasion d'en parler. M. de
Crousaz, lieutenant-baillival, avait un jardinier de Paris
aussi, mais moins complaisant, et qui trouvait la gloire de
son pays compromise à ce qu'on osât se donner pour en
être lorsqu'on n'avait pas cet honneur. Il me questionnait
de l'air d'un homme sûr de me prendre en faute, et puis
souriait malignement. Il me demanda une fois ce qu'il y
avait de remarquable au Marché-Neuf. Je battis la campagne comme on peut croire. Après avoir passé vingt ans
à Paris, je dois à présent connaître cette ville; cependant,
si l'on me faisait aujourd'hui pareille question, je ne serais
pas moins embarrassé d'y répondre; et de cet embarras
on pourrait aussi bien conclure que je n'ai jamais été à
Paris : tant, lors même qu'on rencontre la vérité, l'on
est sujet à se fonder sur des principes trompeurs!

Je ne saurais dire exactement combien de temps je
demeurai à Lausanne. Je n'apportai pas de cette ville
des souvenirs bien rappelants. Je sais seulement que,
n'y trouvant pas à vivre, j'allai de là à Neuchâtel, et
que j'y passai l'hiver. Je réussis mieux dans cette dernière
ville; j'y eus des écolières, et j'y gagnai de quoi m'acquit-
ter avec mon bon ami Perrotet, qui m'avait fidèlement
envoyé mon petit bagage, quoique je lui redusse assez
d'argent.

J'apprenais insensiblement la musique en l'enseignant.
Ma vie était assez douce; un homme raisonnable eût pu
s'en contenter : mais mon cœur inquiet me demandait
autre chose. Les dimanches et les jours où j'étais libre,
j'allais courir les campagnes et les bois des environs, toujours errant, rêvant, soupirant; et quand j'étais une fois
sorti de la ville, je n'y rentrais plus que le soir. Un jour,
étant à Boudry, j'entrai pour dîner dans un cabaret : j'y
vis un homme à grande barbe avec un habit violet à la
grecque, un bonnet fourré, l'équipage et l'air assez nobles,
et qui souvent avait peine à se faire entendre, ne parlant
qu'un jargon presque indéchiffrable, mais plus ressemblant à l'italien qu'à nulle autre langue. J'entendais
presque tout ce qu'il disait, et j'étais le seul; il ne pouvait
s'énoncer que par signes avec l'hôte et les gens du pays.
Je lui dis quelques mots en italien qu'il entendit parfaitement : il se leva, et vint m'embrasser avec transport. La
liaison fut bientôt faite, et dès ce moment je lui servis de
truchement. Son dîner était bon, le mien était moins que

médiocre. Il m'invita de prendre part au sien ; je fis peu de façons. En buvant et baragouinant nous achevâmes de nous familiariser, et dès la fin du repas nous devînmes inséparables. Il me conta qu'il était prélat grec et archimandrite de Jérusalem ; qu'il était chargé de faire une quête en Europe pour le rétablissement du Saint-Sépulcre. Il me montra de belles patentes de la Czarine et de l'Empereur ; il en avait de beaucoup d'autres souverains. Il était assez content de ce qu'il avait amassé jusqu'alors ; mais il avait eu des peines incroyables en Allemagne, n'entendant pas un mot d'allemand, de latin ni de français, et réduit à son grec, au turc et à la langue franque pour toute ressource ; ce qui ne lui en procurait pas beaucoup dans le pays où il s'était enfourné. Il me proposa de l'accompagner pour lui servir de secrétaire et d'interprète. Malgré mon petit habit violet, nouvellement acheté, et qui ne cadrait pas mal avec mon nouveau poste, j'avais l'air si peu étoffé, qu'il ne me crut pas difficile à gagner, et il ne se trompa point. Notre accord fut bientôt fait ; je ne demandais rien, et il promettait beaucoup. Sans caution, sans sûreté, sans connaissance, je me livre à sa conduite, et dès le lendemain me voilà parti pour Jérusalem.

Nous commençâmes notre tournée par le canton de Fribourg, où il ne fit pas grand'chose. La dignité épiscopale ne permettait pas de faire le mendiant, et de quêter aux particuliers ; mais nous présentâmes sa commission au Sénat, qui lui donna une petite somme. De là nous fûmes à Berne. Il fallut ici plus de façon, et l'examen de ses titres ne fut pas l'affaire d'un jour. Nous logions au *Faucon*, bonne auberge alors où l'on trouvait bonne compagnie. La table était nombreuse et bien servie. Il y avait longtemps que je faisais mauvaise chère ; j'avais grand besoin de me refaire, j'en avais l'occasion, et j'en profitai. Monseigneur l'archimandrite était lui-même un homme de bonne compagnie, aimant assez à tenir table, gai, parlant bien pour ceux qui l'entendaient, ne manquant pas de certaines connaissances, et plaçant son érudition grecque avec assez d'agrément. Un jour, cassant au dessert des noisettes, il se coupa le doigt fort avant ; et comme le sang sortait avec abondance, il montra son doigt à la compagnie, et dit en riant : *Mirate, signori ; questo è sangue pelasgo.*

A Berne mes fonctions ne lui furent pas inutiles, et je ne m'en tirai pas aussi mal que j'avais craint. J'étais bien plus hardi et mieux parlant que je n'aurais été pour moi-même. Les choses ne se passèrent pas aussi simplement qu'à Fribourg. [Il fallut de longues et fréquentes confé-rences avec les premiers de l'État, et l'examen de ses titres ne fut pas l'affaire d'un jour.] Enfin, tout étant en règle, il fut admis à l'audience du Sénat. J'entrai avec lui comme son interprète, et l'on me dit de parler. Je ne m'at-tendais à rien moins, et il ne m'était pas venu dans l'esprit qu'après avoir longuement conféré avec les membres, il fallût s'adresser au corps comme si rien n'eût été dit. Qu'on juge de mon embarras! Pour un homme aussi honteux, parler non seulement en public, mais devant le Sénat de Berne, et parler impromptu sans avoir une seule minute pour me préparer, il y avait là de quoi m'anéantir. Je ne fus pas même intimidé. J'exposai succinctement et nettement la commission de l'archimandrite. Je louai la piété des Princes qui avaient contribué à la collecte qu'il était venu faire. Piquant d'émulation celle de leurs Excellences, je dis qu'il n'y avait pas moins à espérer de leur munificence accoutumée; et puis, tâchant de prouver que cette bonne œuvre en était également une pour tous les chrétiens sans distinction de secte, je finis par pro-mettre les bénédictions du Ciel à ceux qui voudraient y prendre part. Je ne dirai pas que mon discours fit effet; mais il est sûr qu'il fut goûté, et qu'au sortir de l'audience l'Archimandrite reçut un présent fort honnête, et de plus, sur l'esprit de son secrétaire, des compliments dont j'eus l'agréable emploi d'être le truchement, mais que je n'osai lui rendre à la lettre. Voilà la seule fois dans ma vie que j'aie parlé en public et devant un souverain, et la seule fois aussi peut-être que j'aie parlé hardiment et bien. Quelle différence dans les dispositions du même homme! Il y a trois ans qu'étant allé voir à Yverdon mon vieux ami M. Roguin, je reçus une députation pour me remer-cier de quelques livres que j'avais donnés à la biblio-thèque de cette ville. Les Suisses sont grands harangueurs; ces messieurs me haranguèrent. Je me crus obligé de répondre; mais je m'embarrassai tellement dans ma réponse, et ma tête se brouilla si bien, que je restai court et me fis moquer de moi. Quoique timide naturellement, j'ai été hardi quelquefois dans ma jeunesse, jamais dans mon âge avancé. Plus j'ai vu le monde, moins j'ai pu me faire à son ton.

Partis de Berne, nous allâmes à Soleure; car le dessein de l'Archimandrite était de reprendre la route d'Alle-

magne, et de s'en retourner par la Hongrie ou par la
Pologne, ce qui faisait une route immense : mais, comme
chemin faisant, sa bourse s'emplissait plus qu'elle ne se
vidait, il craignait peu les détours. Pour moi, qui me plaisais presque autant à cheval qu'à pied, je n'aurais pas
mieux demandé que de voyager ainsi toute ma vie : mais
il était écrit que je n'irais pas si loin.

La première chose que nous fîmes, arrivant à Soleure,
fut d'aller saluer M. l'Ambassadeur de France. Malheureusement pour mon évêque, cet ambassadeur était le
marquis de Bonac, qui avait été ambassadeur à la Porte,
et qui devait être au fait de tout ce qui regardait le Saint-
Sépulcre. L'Archimandrite eut une audience d'un quart
d'heure, où je ne fus pas admis, parce que M. l'Ambassadeur entendait la langue franque, et parlait l'italien
du moins aussi bien que moi. A la sortie de mon Grec
je voulus le suivre ; on me retint : ce fut mon tour. M'étant
donné pour parisien, j'étais comme tel sous la juridiction
de Son Excellence. Elle me demanda qui j'étais, m'exhorta
de lui dire la vérité ; je le lui promis en lui demandant une
audience particulière qui me fut accordée. M. l'Ambassadeur m'emmena dans son cabinet, dont il ferma sur
nous la porte, et là, me jetant à ses pieds, je lui tins parole.
Je n'aurais pas moins dit quand je n'aurais rien promis,
car un continuel besoin d'épanchement met à tout
moment mon cœur sur mes lèvres ; et, après m'être ouvert
sans réserve au musicien Lutold, je n'avais garde de faire
le mystérieux avec le marquis de Bonac. Il fut si content
de ma petite histoire et de l'effusion de cœur avec laquelle
il vit que je l'avais contée, qu'il me prit par la main, entra
chez Mme l'Ambassadrice, et me présenta à elle en lui
faisant un abrégé de mon récit. Mme de Bonac m'acueillit
avec bonté, et dit qu'il ne fallait pas me laisser aller avec
ce moine grec. Il fut résolu que je resterais à l'hôtel en
attendant qu'on vît ce qu'on pourrait faire de moi. Je
voulais aller faire mes adieux à mon pauvre Archimandrite, pour lequel j'avais conçu de l'attachement : on ne
me le permit pas. On envoya lui signifier mes arrêts, et un
quart d'heure après je vis arriver mon petit sac. M. de la
Martinière, secrétaire d'ambassade, fut en quelque façon
chargé de moi. En me conduisant dans la chambre qui
m'était destinée, il me dit : Cette chambre a été occupée
sous le comte Du Luc par un homme célèbre du même
nom que vous : il ne tient qu'à vous de le remplacer de
toutes manières, et de faire dire un jour, Rousseau pre-

mier, Rousseau second. Cette conformité, qu'alors je n'espérais guère, eût moins flatté mes désirs si j'avais pu prévoir à quel prix je l'achèterais un jour.

Ce que m'avait dit M. de la Martinière me donna de la curiosité, Je lus les ouvrages de celui dont j'occupais la chambre, et sur le compliment qu'on m'avait fait, croyant avoir du goût pour la poésie, je fis pour mon coup d'essai une cantate à la louange de Mme de Bonac. Ce goût ne se soutint pas. J'ai fait de temps en temps quelques médiocres vers; c'est un exercice assez bon pour se rompre aux inversions élégantes, et apprendre à mieux écrire en prose; mais je n'ai jamais trouvé dans la poésie française assez d'attrait pour m'y livrer tout à fait.

M. de la Martinière voulut voir de mon style, et me demanda par écrit le même détail que j'avais fait à M. l'Ambassadeur. Je lui écrivis une longue lettre, que j'apprends avoir été conservée par M. de Marianne, qui était attaché depuis longtemps au marquis de Bonac, et qui depuis a succédé à M. de la Martinière sous l'ambassade de M. de Courteilles. J'ai prié M. de Malesherbes de tâcher de me procurer une copie de cette lettre. Si je puis l'avoir par lui ou par d'autres, on la trouvera dans le recueil qui doit accompagner mes confessions.

L'expérience que je commençais d'avoir modérait peu à peu mes projets romanesques, et par exemple, non seulement je ne devins point amoureux de Mme de Bonac, mais je sentis d'abord que je ne pouvais faire un grand chemin dans la maison de son mari. M. de la Martinière en place, et M. de Marianne pour ainsi dire en survivance, ne me laissaient espérer pour toute fortune qu'un emploi de sous-secrétaire qui ne me tentait pas infiniment. Cela fit que, quand on me consulta sur ce que je voulais faire, je marquai beaucoup d'envie d'aller à Paris. M. l'Ambassadeur goûta cette idée, qui tendait au moins à le débarrasser de moi. M. de Merveilleux, secrétaire interprète de l'ambassade, dit que son ami M. Gaudard, colonel suisse au service de la France, cherchait quelqu'un pour mettre auprès de son neveu, qui entrait fort jeune au service, et pensa que je pourrais lui convenir. Sur cette idée assez légèrement prise, mon départ fut résolu; et moi, qui voyais un voyage à faire et Paris au bout, j'en fus dans la joie de mon cœur. On me donna quelques lettres, cent francs pour mon voyage, accompagnés de force bonnes leçons, et je partis.

Je mis à ce voyage une quinzaine de jours, que je peux

compter parmi les heureux de ma vie. J'étais jeune, je me
portais bien, j'avais assez d'argent, beaucoup d'espérance,
je voyageais, je voyageais à pied, et je voyageais seul.
On serait étonné de me voir compter un pareil avantage,
si déjà l'on n'avait dû se familiariser avec mon humeur.
Mes douces chimères me tenaient compagnie, et jamais
la chaleur de mon imagination n'en enfanta de plus
magnifiques. Quand on m'offrait quelque place vide dans
une voiture, ou que quelqu'un m'accostait en route, je
rechignais de voir renverser la fortune dont je bâtissais
l'édifice en marchant. Cette fois mes idées étaient mar-
tiales. J'allais m'attacher à un militaire et devenir militaire moi-même ; car on avait arrangé que je commence-
rais par être cadet. Je croyais déjà me voir en habit d'officier avec un beau plumet blanc. Mon cœur s'enflait à cette
noble idée. J'avais quelque teinture de géométrie et de
fortifications ; j'avais un oncle ingénieur ; j'étais en
quelque sorte enfant de la balle. Ma vue courte offrait un
peu d'obstacle, mais qui ne m'embarrassait pas ; et je
comptais bien à force de sang-froid et d'intrépidité suppléer à ce défaut. J'avais lu que le maréchal Schomberg
avait la vue très courte ; pourquoi le maréchal Rousseau
ne l'aurait-il pas ? Je m'échauffais tellement sur ces folies,
que je ne voyais plus que troupes, remparts, gabions,
batteries, et moi, au milieu du feu et de la fumée, donnant
tranquillement mes ordres, la lorgnette à la main. Cependant, quand je passais dans des campagnes agréables, que
je voyais des bocages et des ruisseaux, ce touchant aspect
me faisait soupirer de regret ; je sentais au milieu de ma
gloire que mon cœur n'était pas fait pour tant de fracas,
et bientôt, sans savoir comment, je me retrouvais au
milieu de mes chères bergeries, renonçant pour jamais
aux travaux de Mars.

Combien l'abord de Paris démentit l'idée que j'en
avais ! La décoration extérieure que j'avais vue à Turin,
la beauté des rues, la symétrie et l'alignement des maisons,
me faisaient chercher à Paris autre chose encore. Je
m'étais figuré une ville aussi belle que grande, de l'aspect
le plus imposant, où l'on ne voyait que de superbes rues,
des palais de marbre et d'or. En entrant par le faubourg
Saint-Marceau, je ne vis que de petites rues sales et
puantes, de vilaines maisons noires, l'air de la malpropreté,
de la pauvreté, des mendiants, des charretiers, des ravau-
deuses, des crieuses de tisanes et de vieux chapeaux. Tout
cela me frappa d'abord à tel point, que tout ce que j'ai vu

depuis à Paris de magnificence réelle n'a pu détruire cette première impression, et qu'il m'en est resté toujours un secret dégoût pour l'habitation de cette capitale. Je puis dire que tout le temps que j'y ai vécu dans la suite ne fut employé qu'à y chercher des ressources pour me mettre en état d'en vivre éloigné. Tel est le fruit d'une imagination trop active, qui exagère par-dessus l'exagération des hommes, et voit toujours plus que ce qu'on lui dit. On m'avait tant vanté Paris, que je me l'étais figuré comme l'ancienne Babylone, dont je trouverais peut-être autant à rabattre, si je l'avais vue, du portrait que je m'en suis fait. La même chose m'arriva à l'Opéra, où je me pressai d'aller le lendemain de mon arrivée; la même chose m'arriva dans la suite à Versailles; dans la suite encore en voyant la mer; et la même chose m'arrivera toujours en voyant des spectacles qu'on m'aura trop annoncés : car il est impossible aux hommes et difficile à la nature elle-même de passer en richesse mon imagination.

A la manière dont je fus reçu de tous ceux pour qui j'avais des lettres, je crus ma fortune faite. Celui à qui j'étais le plus recommandé, et qui me caressa le moins, était M. de Surbeck, retiré du service et vivant philosophiquement à Bagneux, où je fus le voir plusieurs fois, et où jamais il ne m'offrit un verre d'eau. J'eus plus d'accueil de Mme de Merveilleux, belle-sœur de l'interprète, et de son neveu, officier aux gardes : non seulement la mère et le fils me reçurent bien, mais ils m'offrirent leur table, dont je profitai souvent durant mon séjour à Paris. Mme de Merveilleux me parut avoir été belle; ses cheveux étaient d'un beau noir, et faisaient, à la vieille mode, le crochet sur ses tempes. Il lui restait ce qui ne périt point avec les attraits, un esprit très agréable. Elle me parut goûter le mien, et fit tout ce qu'elle put pour me rendre service; mais personne ne la seconda, et je fus bientôt désabusé de tout ce grand intérêt qu'on avait paru prendre à moi. Il faut pourtant rendre justice aux Français; ils ne s'épuisent point tant qu'on dit en protestations, et celles qu'ils font sont presque toujours sincères; mais ils ont une manière de paraître s'intéresser à vous qui trompe plus que des paroles. Les gros compliments des Suisses n'en peuvent imposer qu'à des sots : les manières des Français sont plus séduisantes en cela même qu'elles sont plus simples; on croirait qu'ils ne vous disent pas tout ce qu'ils veulent faire, pour vous surprendre plus agréablement. Je dirai plus; ils ne sont

point faux dans leurs démonstrations; ils sont naturellement officieux, humains, bienveillants, et même, quoi
qu'on en dise, plus vrais qu'aucune autre nation; mais
ils sont légers et volages. Ils ont en effet le sentiment qu'ils
vous témoignent, mais ce sentiment s'en va comme il est
venu. En vous parlant, ils sont pleins de vous; ne vous
voient-ils plus, ils vous oublient. Rien n'est permanent
dans leur cœur : tout est chez eux l'œuvre du moment.

Je fus donc beaucoup flatté et peu servi. Ce colonel
Gaudard au neveu duquel on m'avait donné, se trouva
être un vilain vieux avare, qui, quoique tout cousu d'or,
voyant ma détresse, me voulut avoir pour rien. Il prétendait que je fusse auprès de son neveu une espèce de
valet sans gages plutôt qu'un vrai gouverneur. Attaché
continuellement à lui, et par là dispensé du service, il
fallait que je vécusse de ma paye de cadet, c'est-à-dire
de soldat; et à peine consentait-il à me donner l'uniforme; il aurait voulu que je me contentasse de celui du
régiment. Mme de Merveilleux, indignée de ses proposi-
tions, me détourna elle-même de les accepter; son fils fut
du même sentiment. On cherchait autre chose, et l'on ne
trouvait rien. Cependant je commençais d'être pressé, et
cent francs, sur lesquels j'avais fait mon voyage, ne pouvaient me mener bien loin. Heureusement je reçus, de la
part de M. l'Ambassadeur, encore une petite remise qui
me fit grand bien, et je crois qu'il ne m'aurait pas abandonné si j'eusse eu plus de patience : mais languir,
attendre, solliciter, sont pour moi choses impossibles. Je
me rebutai, je ne parus plus, et tout fut fini. Je n'avais pas
oublié ma pauvre Maman; mais comment la trouver ? où
la chercher ? Mme de Merveilleux, qui savait mon histoire, m'avait aidé dans cette recherche, et longtemps
inutilement. Enfin elle m'apprit que Mme de Warens
était repartie il y avait plus de deux mois, mais qu'on ne
savait si elle était allée en Savoie ou à Turin, et que
quelques personnes la disaient retournée en Suisse. Il ne
m'en fallut pas davantage pour me déterminer à la suivre,
bien sûr qu'en quelque lieu qu'elle fût, je la trouverais
plus aisément en province que je n'avais pu faire à Paris.

Avant de partir j'exerçai mon nouveau talent poétique
dans une épître au colonel Gaudard, où je le drapai de
mon mieux. Je montrai ce barbouillage à Mme de Merveilleux, qui, au lieu de me censurer comme elle aurait
dû faire, rit beaucoup de mes sarcasmes, de même que
son fils, qui, je crois, n'aimait pas M. Gaudard, et il

faut avouer qu'il n'était pas aimable. J'étais tenté de lui envoyer mes vers; ils m'y encouragèrent : j'en fis un paquet à son adresse, et comme il n'y avait point alors à Paris de petite poste, je le mis dans ma poche, et je le lui envoyai d'Auxerre en passant. Je ris quelquefois encore en songeant aux grimaces qu'il dut faire en lisant ce panégyrique, où il était peint trait pour trait. Il commençait ainsi :

> Tu croyais, vieux pénard, qu'une folle manie
> D'élever ton neveu m'inspirerait l'envie.

Cette petite pièce, mal faite à la vérité, mais qui ne manquait pas de sel, et qui annonçait du talent pour la satire, est cependant le seul écrit satirique qui soit sorti de ma plume. J'ai le cœur trop peu haineux pour me prévaloir d'un pareil talent : mais je crois qu'on peut juger par quelques écrits polémiques faits de temps à autre pour ma défense, que, si j'avais été d'humeur batailleuse, mes agresseurs auraient eu rarement les rieurs de leur côté.

La chose que je regrette le plus dans les détails de ma vie dont j'ai perdu la mémoire est de n'avoir pas fait des journaux de mes voyages. Jamais je n'ai tant pensé, tant existé, tant vécu, tant été moi, si j'ose ainsi dire, que dans ceux que j'ai faits seul et à pied. La marche a quelque chose qui anime et avive mes idées : je ne puis presque penser quand je reste en place; il faut que mon corps soit en branle pour y mettre mon esprit. La vue de la campagne, la succession des aspects agréables, le grand air, le grand appétit, la bonne santé que je gagne en marchant, la liberté du cabaret, l'éloignement de tout ce qui me fait sentir ma dépendance, de tout ce qui me rappelle à ma situation, tout cela dégage mon âme, me donne une plus grande audace de penser, me jette en quelque sorte dans l'immensité des êtres pour les combiner, les choisir, me les approprier à mon gré, sans gêne et sans crainte. Je dispose en maître de la nature entière; mon cœur, errant d'objet en objet, s'unit, s'identifie à ceux qui le flattent, s'entoure d'images charmantes, s'enivre de sentiments délicieux. Si pour les fixer je m'amuse à les décrire en moi-même, quelle vigueur de pinceau, quelle fraîcheur de coloris, quelle énergie d'expression je leur donne ! On a, dit-on, trouvé de tout cela dans mes ouvrages, quoique écrits vers le déclin de mes ans. Oh! si l'on eût vu ceux de ma première jeunesse, ceux que j'ai faits durant mes voyages, ceux que j'ai composés et que je n'ai jamais écrits... Pourquoi, direz-vous, ne les pas écrire ? Et pourquoi les écrire ? vous répondrai-je : pourquoi m'ôter le charme actuel de la jouissance, pour dire à d'autres que j'avais joui ? Que m'importaient des lecteurs, un public, et toute la terre, tandis que je planais dans le ciel ? D'ailleurs, portais-je avec moi du papier, des plumes ? Si j'avais pensé à tout cela, rien ne me serait venu. Je ne prévoyais pas que j'aurais des idées ; elles viennent quand il leur plaît, non quand il me plaît. Elles ne viennent point, ou elles viennent en foule, elles m'accablent de leur nombre et de leur force. Dix volumes par jour n'auraient pas suffi. Où prendre du temps pour les écrire ? En arrivant je ne songeais qu'à bien dîner. En partant je ne songeais qu'à bien marcher. Je sentais qu'un nouveau paradis m'attendait à la porte. Je ne songeais qu'à l'aller chercher.

Jamais je n'ai si bien senti tout cela que dans le retour dont je parle. En venant à Paris, je m'étais borné aux idées relatives à ce que j'y allais faire. Je m'étais élancé dans la carrière où j'allais entrer, et je l'avais parcourue avec assez de gloire : mais cette carrière n'était pas celle où mon cœur m'appelait et les êtres réels nuisaient aux êtres imaginaires. Le colonel Gaudard et son neveu figuraient mal avec un héros tel que moi. Grâce au ciel, j'étais maintenant délivré de tous ces obstacles : je pouvais m'enfoncer à mon gré dans le pays des chimères, car il ne restait que cela devant moi. Aussi je m'y égarai si bien, que je perdis réellement plusieurs fois ma route ; et j'eusse été fort fâché d'aller plus droit, car, sentant qu'à Lyon j'allais me retrouver sur la terre, j'aurais voulu n'y jamais arriver.

Un jour entre autres, m'étant à dessein détourné pour voir de près un lieu qui me parut admirable, je m'y plus si fort et j'y fis tant de tours que je me perdis enfin tout à fait. Après plusieurs heures de course inutile, las et mourant de soif et de faim, j'entrai chez un paysan dont la maison n'avait pas belle apparence, mais c'était la seule que je visse aux environs. Je croyais que c'était comme à Genève ou en Suisse où tous les habitants à leur aise sont en état d'exercer l'hospitalité. Je priai celui-ci de me donner à dîner en payant. Il m'offrit du lait écrémé et de gros pain d'orge, en me disant que c'était tout ce qu'il avait. Je buvais ce lait avec délices, et je mangeais ce pain, paille et tout ; mais cela n'était pas fort restaurant pour un homme épuisé de fatigue. Ce paysan, qui m'examinait, jugea de la vérité de mon histoire par celle de mon appétit. Tout de suite, après m'avoir dit qu'il voyait bien * que j'étais un bon jeune honnête homme qui n'était pas là pour le vendre, il ouvrit une petite trappe à côté de sa cuisine, descendit, et revint un moment après avec un bon pain bis de pur froment, un jambon très appétissant quoique entamé, et une bouteille de vin dont l'aspect me réjouit le cœur plus que tout le reste. On joignit à cela une omelette assez épaisse, et je fis un dîner tel qu'autre qu'un piéton n'en connut jamais. Quand ce vint à payer, voilà son inquiétude et ses craintes qui le reprennent ; il ne voulait point de mon argent, il le repoussait avec un trouble extraordinaire ; et ce qu'il y avait de plaisant était que je ne pouvais imaginer de quoi il avait peur. Enfin, il prononça en frémissant ces mots terribles de Commis et de Rats-de-Cave. Il me fit entendre qu'il cachait son vin à cause des aides, qu'il cachait son pain à cause de la taille, et qu'il serait un homme perdu si l'on pouvait se douter qu'il ne mourût pas de faim. Tout ce qu'il me dit à ce sujet, et dont je n'avais pas la moindre idée, me fit une impression qui ne s'effacera jamais. Ce fut là le germe de cette haine inextinguible qui se développa depuis dans mon cœur contre les vexations qu'éprouve le malheureux peuple et contre ses oppresseurs. Cet homme, quoique aisé, n'osait manger le pain qu'il avait gagné à la sueur de son front, et ne pouvait éviter sa ruine qu'en montrant la même misère qui régnait autour de lui. Je sortis de sa maison aussi indigné qu'attendri, et déplorant le sort de ces belles contrées à qui la nature n'a prodigué ses dons que pour en faire la proie des barbares publicains.

Voilà le seul souvenir bien distinct qui me reste de ce qui m'est arrivé durant ce voyage. Je me rappelle seulement qu'en approchant de Lyon je fus tenté de prolonger ma route pour aller voir les bords du Lignon ; car, parmi les romans que j'avais lus avec mon père l'*Astrée* n'avait pas été oubliée, et c'était celui qui me revenait au cœur le plus fréquemment. Je demandai la route du Forez ; et tout en causant avec une hôtesse, elle m'apprit que c'était un bon pays de ressource pour les ouvriers, qu'il y avait beaucoup de forges, et qu'on y travaillait fort bien en fer. Cet éloge calma tout à coup ma curiosité romanesque, et je ne jugeai pas à propos d'aller chercher

---

* Apparemment, je n'avais pas encore la physionomie qu'on m'a donné[e] depuis dans mes portraits.

des Dianes et des Sylvandres chez un peuple de forge-
rons. La bonne femme qui m'encourageait de la sorte
m'avait sûrement pris pour un garçon serrurier.

Je n'allais pas tout à fait à Lyon sans vues. En arrivant,
j'allai voir aux Chasottes Mlle du Châtelet, amie de
Mme de Warens, et pour laquelle elle m'avait donné une
lettre quand je vins avec M. Le Maître : ainsi c'était une
connaissance déjà faite. Mlle du Châtelet m'apprit qu'en
effet son amie avait passé à Lyon, mais qu'elle ignorait
si elle avait poussé sa route jusqu'en Piémont, et qu'elle
était incertaine elle-même en partant si elle ne s'arrêterait
point en Savoie; que si je voulais, elle écrirait pour en
avoir des nouvelles, et que le meilleur parti que j'eusse à
prendre était de les attendre à Lyon. J'acceptai l'offre :
mais je n'osai dire à Mlle du Châtelet que j'étais pressé de
la réponse, et que ma petite bourse épuisée ne me laissait
pas en état de l'attendre longtemps. Ce qui me retint
n'était pas qu'elle m'eût mal reçu. Au contraire, elle
m'avait fait beaucoup de caresses, et me traitait sur un
pied d'égalité qui m'ôtait le courage de lui laisser voir mon
état, et de descendre du rôle de bonne compagnie à celui
d'un malheureux mendiant.

Il me semble de voir assez clairement la suite de tout
ce que j'ai marqué dans ce livre. Cependant je crois me
rappeler, dans le même intervalle, un autre voyage de
Lyon, dont je ne puis marquer la place, et où je me trouvai déjà fort à l'étroit. Une petite anecdote assez difficile
à dire ne me permettra jamais de l'oublier. J'étais un soir
assis en Bellecour, après un très mince souper, rêvant
aux moyens de me tirer d'affaire, quand un homme en
bonnet vint s'asseoir à côté de moi; cet homme avait l'air
d'un de ces ouvriers en soie qu'on appelle à Lyon des
taffetatiers. Il m'adresse la parole; je lui réponds : voilà la
conversation liée. A peine avions-nous causé un quart
d'heure, que, toujours avec le même sang-froid et sans
changer de ton, il me propose de nous amuser de compagnie. J'attendais qu'il m'expliquât quel était cet amusement; mais, sans rien ajouter, il se mit en devoir de m'en
donner l'exemple. Nous nous touchions presque, et la nuit
n'était pas assez obscure pour m'empêcher de voir à quel
exercice il se préparait. Il n'en voulait point à ma personne; du moins rien n'annonçait cette intention, et le
lieu ne l'eût pas favorisée. Il ne voulait exactement,
comme il me l'avait dit, que s'amuser et que je m'amu-
sasse, chacun pour son compte; et cela lui paraissait si

simple, qu'il n'avait même pas supposé qu'il ne me le parût pas comme à lui. Je fus si effrayé de cette impudence que, sans lui répondre, je me levai précipitamment et me mis à fuir à toutes jambes, croyant avoir ce misérable à mes trousses. J'étais si troublé, qu'au lieu de gagner mon logis par la rue Saint-Dominique, je courus du côté du quai, et ne m'arrêtai qu'au delà du pont de bois, aussi tremblant que si je venais de commettre un crime. J'étais sujet au même vice; ce souvenir m'en guérit pour longtemps.

À ce voyage-ci j'eus une autre aventure à peu près du même genre, mais qui me mit en plus grand danger. Sentant mes espèces tirer à leur fin, j'en ménageais le chétif reste. Je prenais moins souvent des repas à mon auberge, et bientôt je n'en pris plus du tout, pouvant pour cinq ou six sols, à la taverne, me rassasier tout aussi bien que je faisais là pour mes vingt-cinq. N'y mangeant plus, je ne savais comment y aller coucher, non que j'y dusse grand'chose, mais j'avais honte d'occuper une chambre sans rien faire gagner à mon hôtesse. La saison était belle. Un soir qu'il faisait fort chaud, je me déterminai à passer la nuit dans la place, et déjà je m'étais établi sur un banc, quand un abbé qui passait, me voyant ainsi couché s'approcha et me demanda si je n'avais point de gîte. Je lui avouai mon cas, il en parut touché; il s'assit à côté de moi, et nous causâmes. Il parlait agréablement; tout ce qu'il me dit me donna de lui la meilleure opinion du monde. Quand il me vit bien disposé, il me dit qu'il n'était pas logé fort au large, qu'il n'avait qu'une seule chambre, mais qu'assurément il ne me laisserait pas coucher ainsi dans la place; qu'il était tard pour me trouver un gîte, et qu'il m'offrait pour cette nuit la moitié de son lit. J'accepte l'offre, espérant déjà me faire un ami qui pourrait m'être utile. Nous allons; il bat le fusil. Sa chambre me parut propre dans sa petitesse : il m'en fit les honneurs fort poliment. Il tira d'une armoire un pot de verre où étaient des cerises à l'eau-de-vie; nous en mangeâmes chacun deux, et nous fûmes nous coucher.

Cet homme avait les mêmes goûts que mon Juif de l'hospice, mais il ne les manifestait pas si brutalement. Soit que, sachant que je pouvais être entendu, il craignît de me forcer à me défendre, soit qu'en effet il fût moins confirmé dans ses projets, il n'osa m'en proposer ouvertement l'exécution, et cherchait à m'émouvoir sans m'inquiéter. Plus instruit que la première fois, je compris bientôt son dessein, et j'en frémis; ne sachant ni dans quelle maison, ni entre les mains de qui j'étais, je craignis, en faisant du bruit, de le payer de ma vie. Je feignis d'ignorer ce qu'il me voulait; mais paraissant très importuné de ses caresses et très décidé à n'en pas endurer le progrès, je fis si bien qu'il fut obligé de se contenir. Alors je lui parlai avec toute la douceur et toute la fermeté dont j'étais capable; et, sans paraître rien soupçonner, je m'excusai de l'inquiétude que je lui avais montrée, sur mon ancienne aventure, que j'affectai de lui conter en termes si pleins de dégoût et d'horreur, que je lui fis, je crois, mal au cœur à lui-même, et qu'il renonça tout à fait à son sale dessein. Nous passâmes tranquillement le reste de la nuit. Il me dit même beaucoup de choses très bonnes, très sensées, et ce n'était assurément pas un homme sans mérite, quoique ce fût un grand vilain.

Le matin, M. l'Abbé, qui ne voulait pas avoir l'air mécontent, parla de déjeuner, et pria une des filles de son hôtesse, qui était fort jolie, d'en faire apporter. Elle lui dit qu'elle n'avait pas le temps : il s'adressa à sa sœur, qui ne daigna pas lui répondre. Nous attendions toujours : point de déjeuner. Enfin nous passâmes dans la chambre de ces demoiselles. Elles reçurent M. l'Abbé d'un air très peu caressant; j'eus encore moins à me louer de leur accueil. L'aînée, en se retournant, m'appuya son talon pointu sur le bout du pied, où un cor fort douloureux m'avait forcé de couper mon soulier; l'autre vint ôter brusquement de derrière moi une chaise sur laquelle j'étais prêt à m'asseoir; leur mère, en jetant de l'eau par la fenêtre, m'en aspergea le visage : en quelque place que je me misse, on m'en faisait ôter pour chercher quelque chose; je n'avais été de ma vie à pareille fête. Je voyais dans leurs regards insultants et moqueurs une fureur cachée, à laquelle j'avais la stupidité de ne rien comprendre. Ebahi, stupéfait, prêt à les croire toutes possédées, je commençais tout de bon à m'effrayer, quand l'Abbé, qui ne faisait semblant de voir ni d'entendre, jugeant bien qu'il n'y avait point de déjeuner à espérer, prit le parti de sortir, et je me hâtai de le suivre, fort content d'échapper à ces trois furies. En marchant il me proposa d'aller déjeuner au café. Quoique j'eusse grand' faim, je n'acceptai pas cette offre, sur laquelle il n'insista pas beaucoup non plus, et nous nous séparâmes au trois ou quatrième coin de rue; moi, charmé de perdre de vue tout ce qui appartenait à cette maudite maison; et lui

fort aise, à ce que je crois, de m'en avoir assez éloigné
pour qu'elle ne me fût pas facile à reconnaître. Comme à
Paris, ni dans aucune autre ville, jamais rien ne m'est
arrivé de semblable à ces deux aventures, il m'en est,
resté une impression peu avantageuse au peuple de Lyon,
et j'ai toujours regardé cette ville comme celle de l'Europe où règne la plus affreuse corruption.

Le souvenir des extrémités où j'y fus réduit ne contri-
bue pas non plus à m'en rappeler agréablement la
mémoire. Si j'avais été fait comme un autre, que j'eusse
eu le talent d'emprunter et de m'endetter à mon cabaret,
je me serais aisément tiré d'affaire; mais c'est à quoi mon
inaptitude égalait ma répugnance; et pour imaginer à quel
point vont l'une et l'autre, il suffit de savoir qu'après avoir
passé presque toute ma vie dans le mal-être, et souvent
prêt à manquer de pain, il ne m'est jamais arrivé une
seule fois de me faire demander de l'argent par un créan-
cier sans lui en donner à l'instant même. Je n'ai jamais su
faire des dettes criardes, et j'ai toujours mieux aimé souffrir que devoir.

C'était souffrir assurément que d'être réduit à passer la
nuit dans la rue, et c'est ce qui m'est arrivé plusieurs fois
à Lyon. J'aimais mieux employer quelques sols qui me
restaient à payer mon pain que mon gîte; parce qu'après
tout je risquais moins de mourir de sommeil que de faim.
Ce qu'il y a d'étonnant, c'est que dans ce cruel état je
n'étais ni inquiet ni triste. Je n'avais pas le moindre souci
sur l'avenir, et j'attendais les réponses que devait recevoir
Mlle du Châtelet, couchant à la belle étoile, et dormant
étendu par terre ou sur un banc aussi tranquillement que
sur un lit de roses. Je me souviens même d'avoir passé
une nuit délicieuse hors de la ville, dans un chemin qui
côtoyait le Rhône ou la Saône, car je ne me rappelle pas
lequel des deux. Des jardins élevés en terrasse bordaient
le chemin du côté opposé. Il avait fait très chaud ce jour-
là, la soirée était charmante; la rosée humectait l'herbe
flétrie; point de vent, une nuit tranquille; l'air était frais,
sans être froid; le soleil, après son coucher, avait laissé
dans le ciel des vapeurs rouges dont la réflexion rendait
l'eau couleur de rose; les arbres des terrasses étaient chargés de rossignols qui se répondaient de l'un à l'autre. Je
me promenais dans une sorte d'extase livrant mes sens et
mon cœur à la jouissance de tout cela, et soupirant seulement un peu du regret d'en jouir seul. Absorbé dans ma
douce rêverie, je prolongeai fort avant dans la nuit ma

promenade, sans m'apercevoir que j'étais las. Je m'en
aperçus enfin. Je me couchai voluptueusement sur la
tablette d'une espèce de niche ou de fausse porte enfon-
cée dans un mur de terrasse ; le ciel de mon lit était formé
par les têtes des arbres ; un rossignol était précisément au-
dessus de moi ; je m'endormis à son chant : mon sommeil
fut doux, mon réveil le fut davantage. Il était grand jour :
mes yeux en s'ouvrant virent l'eau, la verdure, un paysage admirable. Je me levai, me secouai, la faim me prit,
je m'acheminai gaiement vers la ville, résolu de mettre à
un bon déjeuner deux pièces de six blancs qui me restaient encore. J'étais de si bonne humeur, que j'allais
chantant tout le long du chemin, et je me souviens même
que je chantais une cantate de Batistin, intitulée *Les bains
de Thomery*, que je savais par cœur. Que béni soit le bon
Batistin et sa bonne cantate, qui m'a valu un meilleur
déjeuner que celui sur lequel je comptais et un dîner
bien meilleur encore, sur lequel je n'avais point compté
du tout. Dans mon meilleur train d'aller et de chanter,
j'entends quelqu'un derrière moi, je me retourne, je vois
un Antonin qui me suivait et qui paraissait m'écouter
avec plaisir. Il m'accoste, me salue, me demande si je
sais la musique. Je réponds, *un peu*, pour faire entendre
beaucoup. Il continue à me questionner ; je lui conte une
partie de mon histoire. Il me demande si je n'ai jamais
copié de la musique. Souvent, lui dis-je. Et cela était vrai ;
ma meilleure manière de l'apprendre était d'en copier. Eh
bien ! me dit-il, venez avec moi ; je pourrai vous occuper
quelques jours, durant lesquels rien ne vous manquera,
pourvu que vous consentiez à ne pas sortir de la chambre.
J'acquiesçai très volontiers et je le suivis.

Cet Antonin s'appelait M. Rolichon ; il aimait la
musique, il la savait, et chantait dans de petits concerts
qu'il faisait avec ses amis. Il n'y avait rien là que d'innocent et d'honnête ; mais ce goût dégénérait apparemment
en fureur, dont il était obligé de cacher une partie. Il me
conduisit dans une petite chambre que j'occupai, et où
je trouvai beaucoup de musique qu'il avait copiée. Il m'en
donna d'autre à copier, particulièrement la cantate que
j'avais chantée, et qu'il devait chanter lui-même dans
quelques jours. J'en demeurai là trois ou quatre à copier
tout le temps où je ne mangeais pas ; car de ma vie je ne
fus si affamé ni mieux nourri. Il apportait mes repas
lui-même de leur cuisine, et il fallait qu'elle fût bonne
si leur ordinaire valait le mien. De mes jours je n'eus

tant de plaisir à manger, et il faut avouer aussi que ces lippées me venaient fort à propos, car j'étais sec comme du bois. Je travaillais presque d'aussi bon cœur que je mangeais, et ce n'est pas peu dire. Il est vrai que je n'étais pas aussi correct que diligent. Quelques jours après, M. Rolichon, que je rencontrai dans la rue, m'apprit que mes parties avaient rendu la musique inexécutable, tant elles s'étaient trouvées pleines d'omissions, de duplications et de transpositions. Il faut avouer que j'ai choisi là dans la suite le métier du monde auquel j'étais le moins propre. Non que ma note ne fût belle et que je ne copiasse fort nettement; mais l'ennui d'un long travail me donne des distractions si grandes, que je passe plus de temps à gratter qu'à noter, et que si je n'apporte la plus grande attention à collationner mes parties, elles font toujours manquer l'exécution. Je fis donc très mal en voulant bien faire, et pour aller vite j'allais tout de travers. Cela n'empêcha pas M. Rolichon de me bien traiter jusqu'à la fin, et de me donner encore en sortant un petit écu que je ne méritais guère, et qui me remit tout à fait en pied; car peu de jours après je reçus des nouvelles de Maman qui était à Chambéry, et de l'argent pour l'aller joindre, ce que je fis avec transport. Depuis lors mes finances ont souvent été fort courtes, mais jamais assez pour être obligé de jeûner. Je marque cette époque avec un cœur sensible aux soins de la providence. C'est la dernière fois de ma vie que j'ai senti la misère et la faim.

Je restai à Lyon sept ou huit jours encore pour attendre les commissions dont Maman avait chargé Mlle du Châtelet, que je vis durant ce temps-là plus assidûment qu'auparavant, ayant le plaisir de parler avec elle de son amie, et n'étant plus distrait par ces cruels retours sur ma situation, qui me forçaient de la cacher. Mlle du Châtelet n'était ni jeune ni jolie, mais elle ne manquait pas de grâce; elle était liante et familière, et son esprit donnait du prix à cette familiarité. Elle avait ce goût de morale observatrice qui porte à étudier les hommes; et c'est d'elle, en première origine, que ce même goût m'est venu. Elle aimait les romans de Le Sage, et particulièrement *Gil Blas*; elle m'en parla, me le prêta, je le lus avec plaisir; mais je n'étais pas mûr encore pour ces sortes de lectures; il me fallait des romans à grands sentiments. Je passais ainsi mon temps à la grille de Mlle du Châtelet avec autant de plaisir que de profit, et il est certain que les entretiens intéressants et sensés d'une femme de mérite sont plus propres à former un jeune homme que toute la pédantesque philosophie des livres. Je fis connaissance aux Chasottes avec d'autres pensionnaires et de leurs amies; entre autres avec une jeune personne de quatorze ans, appelée Mlle Serre, à laquelle je ne fis pas alors une grande attention, mais dont je me passionnai huit ou neuf ans après, et avec raison, car c'était une charmante fille.

Occupé de l'attente de revoir bientôt ma bonne Maman, je fis un peu de trêve à mes chimères, et le bonheur réel qui m'attendait me dispensa d'en chercher dans mes visions. Non seulement je la retrouvais, mais je retrouvais près d'elle et par elle un état agréable; car elle marquait m'avoir trouvé une occupation qu'elle espérait qui me conviendrait, et qui ne m'éloignerait pas d'elle. Je m'épuisais en conjectures pour deviner quelle pouvait être cette occupation, et il aurait fallu deviner en effet pour rencontrer juste. J'avais suffisamment d'argent pour faire commodément la route. Mlle du Châtelet voulait que je prisse un cheval; je n'y pus consentir, et j'eus raison : j'aurais perdu le plaisir du dernier voyage pédestre que j'ai fait en ma vie; car je ne peux donner ce nom aux excursions que je faisais souvent à mon voisinage, tandis que je demeurais à Môtiers.

C'est une chose bien singulière que mon imagination ne se monte jamais plus agréablement que quand mon état est le moins agréable, et qu'au contraire elle est moins riante lorsque tout rit autour de moi. Ma mauvaise tête ne peut s'assujettir aux choses. Elle ne saurait embellir, elle veut créer. Les objets réels s'y peignent tout au plus tels qu'ils sont; elle ne sait parer que les objets imaginaires. Si je veux peindre le printemps, il faut que je sois en hiver; si je veux décrire un beau paysage, il faut que je sois dans des murs; et j'ai dit cent fois que si j'étais mis à la Bastille, j'y ferais le tableau de la liberté. Je ne voyais en partant de Lyon qu'un avenir agréable; j'étais aussi content, et j'avais tout lieu de l'être, que je l'étais peu quand je partis de Paris. Cependant je n'eus point durant ce voyage ces rêveries délicieuses qui m'avaient suivi dans l'autre. J'avais le cœur serein, mais c'était tout. Je me rapprochais avec attendrissement de l'excellente amie que j'allais revoir. Je goûtais d'avance, mais sans ivresse, le plaisir de vivre auprès d'elle : je m'y étais toujours attendu; c'était comme s'il ne m'était rien arrivé de nouveau. Je m'inquiétais de ce que j'allais faire comme si cela eût été fort inquiétant. Mes idées étaient paisibles et douces, non célestes et ravissantes. Tous les objets que je passais frappaient ma vue; je donnais de l'attention aux paysages; je remarquais les arbres, les maisons, les ruisseaux; je délibérais aux croisées des chemins, j'avais peur de me perdre, et je ne me perdais point. En un mot, je n'étais plus dans l'empyrée, j'étais tantôt où j'étais, tantôt où j'allais, jamais plus loin.

Je suis, en racontant mes voyages, comme j'étais en les faisant; je ne saurais arriver. Le cœur me battait de joie en approchant de ma chère Maman, et je n'en allais pas plus vite. J'aime à marcher à mon aise, et m'arrêter quand il me plaît. La vie ambulante est celle qu'il me faut. Faire route à pied par un beau temps, dans un beau pays, sans être pressé, et avoir pour terme de ma course un objet agréable : voilà de toutes les manières de vivre celle qui est le plus de mon goût. Au reste, on sait déjà ce que j'entends par un beau pays. Jamais pays de plaine, quelque beau qu'il fût, ne parut tel à mes yeux. Il me faut des torrents, des rochers, des sapins, des bois noirs, des montagnes, des chemins raboteux à monter et à descendre, des précipices à mes côtés qui me fassent bien peur. J'eus ce plaisir, et je le goûtai dans tout son charme en approchant de Chambéry. Non loin d'une montagne coupée qu'on appelle le Pas-de-l'Echelle, au-dessous du grand chemin taillé dans le roc à l'endroit appelé Chailles, court et bouillonne dans des gouffres affreux une petite rivière qui paraît avoir mis à les creuser des milliers de siècles. On a bordé le chemin d'un parapet pour prévenir les malheurs : cela faisait que je pouvais contempler au fond et gagner des vertiges tout à mon aise; car ce qu'il y a de plaisant dans mon goût pour les lieux escarpés, est qu'ils me font tourner la tête, et j'aime beaucoup ce tournoiement, pourvu que je sois en sûreté. Bien appuyé sur le parapet, j'avançais le nez, et je restais là des heures entières, entrevoyant de temps en temps cette écume et cette eau bleue dont j'entendais le mugissement à travers les cris des corbeaux et des oiseaux de proie qui volaient de roche en roche et de broussaille en broussaille à cent toises au-dessous de moi. Dans les endroits où la pente était assez unie et la broussaille assez claire pour laisser passer des cailloux, j'en allais chercher au loin d'aussi gros que je les pouvais porter; je les rassemblais sur le parapet en pile ; puis, les lançant l'un après l'autre, je me délectais à les voir rouler, bondir et voler en mille éclats, avant que d'atteindre le fond du précipice.

Plus près de Chambéry j'eus un spectacle semblable, en sens contraire. Le chemin passe au pied de la plus belle cascade que je vis de mes jours. La montagne est tellement escarpée, que l'eau se détache net et tombe en arcade, assez loin pour qu'on puisse passer entre la cascade et la roche quelquefois sans être mouillé. Mais si l'on ne prend bien ses mesures, on y est aisément trompé, comme je le fus : car, à cause de l'extrême hauteur, l'eau se divise et tombe en poussière, et lorsqu'on approche un peu trop de ce nuage, sans s'apercevoir d'abord qu'on se mouille, à l'instant on est tout trempé.

J'arrive enfin, je la revois. Elle n'était pas seule. M. l'Intendant général était chez elle au moment que j'entrai. Sans me parler, elle me prend par la main, et me présente à lui avec cette grâce qui lui ouvrait tous les cœurs : Le voilà, monsieur, ce pauvre jeune homme ; daignez le protéger aussi longtemps qu'il le méritera, je ne suis plus en peine de lui pour le reste de sa vie. Puis, m'adressant la parole : Mon enfant, me dit-elle, vous appartenez au Roi ; remerciez M. l'Intendant qui vous donne du pain. J'ouvrais de grands yeux sans rien dire, sans savoir trop qu'imaginer ; il s'en fallut peu que l'ambition naissante ne me tournât la tête, et que je ne fisse déjà le petit Intendant. Ma fortune se trouva moins brillante que sur ce début je ne l'avais imaginée ; mais quant à présent, c'était assez pour vivre, et pour moi c'était beaucoup. Voici de quoi il s'agissait.

Le roi Victor-Amédée, jugeant, par le sort des guerres précédentes et par la position de l'ancien patrimoine de ses pères, qu'il lui échapperait quelque jour, ne cherchait qu'à l'épuiser. Il y avait peu d'années qu'ayant résolu d'en mettre la noblesse à la taille, il avait ordonné un cadastre général de tout le pays, afin que, rendant l'imposition réelle, on pût la répartir avec plus d'équité. Ce travail, commencé sous le père, fut achevé sous le fils. Deux ou trois cents hommes, tant arpenteurs qu'on appelait géomètres, qu'écrivains qu'on appelait secrétaires, furent employés à cet ouvrage, et c'était parmi ces derniers que Maman m'avait fait inscrire. Le poste, sans être fort lucratif, donnait de quoi vivre au large dans ce pays-là. Le mal était que cet emploi n'était qu'à temps, mais il mettait en état de chercher et d'attendre, et c'était par prévoyance qu'elle tâchait de m'obtenir de l'Intendant une protection particulière pour pouvoir passer à quelque emploi plus solide quand le temps de celui-là serait fini.

J'entrai en fonction peu de jours après mon arrivée. Il n'y avait à ce travail rien de difficile, et je fus bientôt au fait. C'est ainsi qu'après quatre ou cinq ans de courses, de folies et de souffrances depuis ma sortie de Genève, je commençai pour la première fois de gagner mon pain avec honneur.

Ces longs détails de ma première jeunesse auront paru bien puérils, et j'en suis fâché : quoique né homme à certains égards, j'ai été longtemps enfant, et je le suis encore à beaucoup d'autres. Je n'ai pas promis d'offrir au public un grand personnage; j'ai promis de me peindre tel que je suis; et, pour me connaître dans mon âge avancé, il faut m'avoir bien connu dans ma jeunesse. Comme en général les objets font moins d'impression sur moi que leurs souvenirs, et que toutes mes idées sont en images, les premiers traits qui se sont gravés dans ma tête y sont demeurés, et ceux qui s'y sont empreints dans la suite se sont plutôt combinés avec eux qu'ils ne les ont effacés. Il y a une certaine succession d'affections et d'idées qui modifient celles qui les suivent, et qu'il faut connaître pour en bien juger. Je m'applique à bien développer partout les premières causes pour faire sentir l'enchaînement des effets. Je voudrais pouvoir en quelque façon rendre mon âme transparente aux yeux du lecteur, et pour cela je cherche à la lui montrer sous tous les points de vue, à l'éclairer par tous les jours, à faire en sorte qu'il ne s'y passe pas un mouvement qu'il n'aperçoive, afin qu'il puisse juger par lui-même du principe qui les produit.

Si je me chargeais du résultat et que je lui disse : Tel est mon caractère, il pourrait croire sinon que je le trompe, au moins que je me trompe. Mais en lui détaillant avec simplicité tout ce qui m'est arrivé, tout ce que j'ai fait, tout ce que j'ai pensé, tout ce que j'ai senti, je ne puis l'induire en erreur, à moins que je ne le veuille; encore même en le voulant, n'y parviendrais-je pas aisément de cette façon. C'est à lui d'assembler ces éléments et de déterminer l'être qu'ils composent : le résultat doit être son ouvrage; et s'il se trompe alors, toute l'erreur sera de son fait. Or, il ne suffit pas pour cette fin que mes récits

soient fidèles, il faut aussi qu'ils soient exacts. Ce n'est
pas à moi de juger de l'importance des faits, je les dois
tous dire, et lui laisser le soin de choisir. C'est à quoi je
me suis appliqué jusqu'ici de tout mon courage, et je
ne me relâcherai pas dans la suite. Mais les souvenirs
de l'âge moyen sont toujours moins vifs que ceux de la
première jeunesse. J'ai commencé par tirer de ceux-ci
le meilleur parti qu'il m'était possible. Si les autres me
reviennent avec la même force, des lecteurs impatients
s'ennuieront peut-être, mais moi je ne serai pas mécontent de mon travail. Je n'ai qu'une chose à craindre dans
cette entreprise : ce n'est pas de trop dire ou de dire des
mensonges, mais c'est de ne pas tout dire, et de taire des
vérités.

LIVRE V

Ce fut, ce me semble, en 1732 que j'arrivai à Chambéry, comme je viens de le dire, et que je commençai d'être employé au cadastre pour le service du Roi. J'avais vingt ans passés, près de vingt et un. J'étais assez formé pour mon âge, du côté de l'esprit, mais le jugement ne l'était guère, et j'avais grand besoin des mains dans lesquelles je tombai pour apprendre à me conduire : car quelques années d'expérience n'avaient pu me guérir encore radicalement de mes visions romanesques, et malgré tous les maux que j'avais soufferts, je connaissais aussi peu le monde et les hommes que si je n'avais pas acheté ces instructions.

Je logeai chez moi, c'est-à-dire chez Maman; mais je ne retrouvai pas ma chambre d'Annecy. Plus de jardin, plus de ruisseau, plus de paysage. La maison qu'elle occupait était sombre et triste, et ma chambre était la plus sombre et la plus triste de la maison. Un mur pour vue, un cul-de-sac pour rue, peu d'air, peu de jour, peu d'espace, des grillons, des rats, des planches pourries; tout cela ne faisait pas une plaisante habitation. Mais j'étais chez elle, auprès d'elle; sans cesse à mon bureau ou dans sa chambre, je m'apercevais peu de la laideur de la mienne; je n'avais pas le temps d'y rêver. Il paraîtra bizarre qu'elle s'était fixée à Chambéry tout exprès pour habiter cette vilaine maison : ce fut même un trait d'habileté de sa part que je ne dois pas taire. Elle allait à Turin avec répugnance, sentant bien qu'après des révolutions encore toutes récentes, et dans l'agitation où l'on était encore à la cour, ce n'était pas le moment de s'y présenter. Cependant ses affaires demandaient qu'elle s'y montrât; elle craignait d'être oubliée ou desservie. Elle savait surtout que le comte de Saint-Laurent, inten-

dant général des finances, ne la favorisait pas. Il avait à
Chambéry une maison vieille, mal bâtie, et dans une si
vilaine position, qu'elle restait toujours vide; elle la loua
et s'y établit. Cela lui réussit mieux qu'un voyage; sa
pension ne fut point supprimée, et depuis lors le comte
de Saint-Laurent fut toujours de ses amis.

J'y trouvai son ménage à peu près monté comme auparavant, et le fidèle Claude Anet toujours avec elle. C'était,
comme je crois l'avoir dit, un paysan de Montru, qui,
dans son enfance, herborisait dans le Jura, pour faire du
thé de Suisse, et qu'elle avait pris à son service à cause de
ses drogues, trouvant commode d'avoir un herboriste
dans son laquais. Il se passionna si bien pour l'étude des
plantes, et elle favorisa si bien son goût, qu'il devint un
vrai botaniste, et que, s'il ne fût mort jeune, il se serait
fait un nom dans cette science, comme il en méritait un
parmi les honnêtes gens. Comme il était sérieux, même
grave, et que j'étais plus jeune que lui, il devint pour moi
une espèce de gouverneur, qui me sauva beaucoup de
folies : car il m'en imposait, et je n'osais m'oublier devant
lui. Il en imposait même à sa maîtresse, qui connaissait
son grand sens, sa droiture, son inviolable attachement
pour elle, et qui le lui rendait bien. Claude Anet était
sans contredit un homme rare, et le seul même de son
espèce que j'aie jamais vu. Lent, posé, réfléchi, circonspect dans sa conduite, froid dans ses manières, laconique
et sentencieux dans ses propos, il était dans ses passions
d'une impétuosité qu'il ne laissait jamais paraître, mais
qui le dévorait en dedans, et qui ne lui a fait faire en sa
vie qu'une sottise, mais terrible, c'est de s'être empoi-
sonné. Cette scène tragique se passa peu après mon arrivée, et il la fallait pour m'apprendre l'intimité de ce
garçon avec sa maîtresse, car si elle ne me l'eût dit elle-
même, jamais je ne m'en serais douté. Assurément, si
l'attachement, le zèle et la fidélité peuvent mériter une
pareille récompense, elle lui était bien due, et ce qui
prouve qu'il en était digne, il n'en abusa jamais. Ils
avaient rarement des querelles, et elles finissaient toujours bien. Il en vint pourtant une qui finit mal : sa
maîtresse lui dit dans la colère un mot outrageant qu'il
ne put digérer. Il ne consulta que son désespoir, et trouvant sous sa main une fiole de laudanum, il l'avala, puis
fut se coucher tranquillement, comptant ne se réveiller
jamais. Heureusement Mme de Warens, inquiète, agitée
elle-même, errant dans sa maison, trouva la fiole vide et

devina le reste. En volant à son secours, elle poussa des cris qui m'attirèrent; elle m'avoua tout, implora mon assistance, et parvint avec beaucoup de peine à lui faire vomir l'opium. Témoin de cette scène, j'admirai ma bêtise de n'avoir jamais eu le moindre soupçon des liaisons qu'elle m'apprenait. Mais Claude Anet était si discret, que de plus clairvoyants auraient pu s'y méprendre. Le raccommodement fut tel que j'en fus vivement touché moi-même, et depuis ce temps, ajoutant pour lui le respect à l'estime, je devins en quelque façon son élève, et ne m'en trouvai pas plus mal.

Je n'appris pourtant pas sans peine que quelqu'un pouvait vivre avec elle dans une plus grande intimité que moi. Je n'avais pas songé même à désirer pour moi cette place, mais il m'était dur de la voir remplir par un autre; cela était fort naturel. Cependant, au lieu de prendre en aversion celui qui me l'avait soufflée, je sentis réellement s'étendre à lui l'attachement que j'avais pour elle. Je désirais sur toute chose qu'elle fût heureuse : et, puisqu'elle avait besoin de lui pour l'être, j'étais content qu'il fût heureux aussi. De son côté, il entrait parfaitement dans les vues de sa maîtresse, et prit en sincère amitié l'ami qu'elle s'était choisi. Sans affecter avec moi l'autorité que son poste le mettait en droit de prendre, il prit naturellement celle que son jugement lui donnait sur le mien. Je n'osais rien faire qu'il parût désapprouver, et il ne désapprouvait que ce qui était mal. Nous vivions ainsi dans une union qui nous rendait tous heureux, et que la mort seule a pu détruire. Une des preuves de l'excellence du caractère de cette aimable femme est que tous ceux qui l'aimaient s'aimaient entre eux. La jalousie, la rivalité même cédait au sentiment dominant qu'elle inspirait, et je n'ai vu jamais aucun de ceux qui l'entouraient se vouloir du mal l'un à l'autre. Que ceux qui me lisent suspendent un moment leur lecture à cet éloge, et s'ils trouvent en y pensant quelque autre femme dont ils puissent en dire autant, qu'ils s'attachent à elle pour le repos de leur vie, fût-elle au reste la dernière des catins.

Ici commence, depuis mon arrivée à Chambéry jusqu'à mon départ pour Paris en 1741 un intervalle de huit ou neuf ans, durant lequel j'aurai peu d'événements à dire, parce que ma vie a été aussi simple que douce, et cette uniformité était précisément ce dont j'avais le plus grand besoin pour achever de former mon caractère, que des troubles continuels empêchaient de se fixer. C'est durant ce précieux intervalle que mon éducation, mêlée et sans suite, ayant pris de la consistance, m'a fait ce que je n'ai plus cessé d'être à travers les orages qui m'attendaient. Ce progrès fut insensible et lent, chargé de peu d'événements mémorables; mais il mérite cependant d'être suivi et développé.

Au commencement je n'étais guère occupé que de mon travail; la gêne du bureau ne me faisait pas songer à autre chose. Le peu de temps que j'avais de libre se passait auprès de la bonne maman, et n'ayant pas même celui de lire, la fantaisie ne m'en prenait pas. Mais quand ma besogne, devenue une espèce de routine, occupa moins mon esprit, il reprit ses inquiétudes; la lecture me redevint nécessaire, et comme si ce goût se fût toujours irrité par la difficulté de m'y livrer, il serait redevenu passion comme chez mon maître, si d'autres goûts venus à la traverse n'eussent fait diversion à celui-là.

Quoiqu'il ne fallût pas à nos opérations une arithmétique bien transcendante, il en fallait assez pour m'embarrasser quelquefois. Pour vaincre cette difficulté, j'achetai des livres d'arithmétique, et je l'appris bien, car je l'appris seul. L'arithmétique pratique s'étend plus loin qu'on ne pense quand on y veut mettre l'exacte précision. Il y a des opérations d'une longueur extrême, au milieu desquelles j'ai vu quelquefois de bons géomètres s'égarer. La réflexion jointe à l'usage donne des idées nettes, et alors on trouve des méthodes abrégées, dont l'invention flatte l'amour-propre, dont la justesse satisfait l'esprit, et qui font faire avec plaisir un travail ingrat par lui-même. Je m'y enfonçai si bien, qu'il n'y avait point de question soluble par les seuls chiffres qui m'embarrassât, et maintenant que tout ce que j'ai su s'efface journellement de ma mémoire, cet acquis y demeure encore en partie au bout de trente ans d'interruption. Il y a quelques jours que, dans un voyage que j'ai fait à Davenport, chez mon hôte, assistant à la leçon d'arithmétique de ses enfants, j'ai fait sans faute, avec un plaisir incroyable, une opération des plus composées. Il me semblait, en posant mes chiffres, que j'étais encore à Chambéry dans mes heureux jours. C'était revenir de loin sur mes pas.

Le lavis des mappes de nos géomètres m'avait aussi rendu le goût du dessin. J'achetai des couleurs, et je me mis à faire des fleurs et des paysages. C'est dommage que je me sois trouvé peu de talent pour cet art; l'inclination y était tout entière. Au milieu de mes crayons et de mes pinceaux j'aurais passé des mois entiers sans sortir. Cette occupation devenant pour moi trop attachante, on était obligé de m'en arracher. Il en est ainsi de tous les goûts auxquels je commence à me livrer; ils augmentent, deviennent passion, et bientôt je ne vois plus rien au monde que l'amusement dont je suis occupé. L'âge ne m'a pas guéri de ce défaut, et ne l'a pas diminué même, et maintenant que j'écris ceci, me voilà comme un vieux radoteur engoué d'une autre étude inutile où je n'entends rien, et que ceux mêmes qui s'y sont livrés dans leur jeunesse sont forcés d'abandonner à l'âge où je la veux commencer.

C'était alors qu'elle eût été à sa place. L'occasion était belle, et j'eus quelque tentation d'en profiter. Le contentement que je voyais dans les yeux d'Anet, revenant chargé de plantes nouvelles, me mit deux ou trois fois sur le point d'aller herboriser avec lui. Je suis presque assuré que si j'y avais été une seule fois, cela m'aurait gagné, et je serais peut-être aujourd'hui un grand botaniste : car je connais point d'étude au monde qui s'associe mieux avec mes goûts naturels que celle des plantes, et la vie que je mène depuis dix ans à la campagne n'est guère qu'une herborisation continuelle, à la vérité sans objet et sans progrès; mais n'ayant alors aucune idée de la botanique, je l'avais prise en une sorte de mépris et même de dégoût; je ne la regardais que comme une étude d'apothicaire. Maman, qui l'aimait, n'en faisait pas elle-même un autre usage; elle ne recherchait que les plantes usuelles, pour les appliquer à ses drogues. Ainsi la botanique, la chimie et l'anatomie, confondues dans mon esprit sous le nom de médecine, en servaient qu'à me fournir des sarcasmes plaisants toute la journée, et à m'attirer des soufflets de temps en temps. D'ailleurs, un goût différent et trop contraire à celui-là croissait par degrés, et bientôt absorba tous les autres. Je parle de la musique. Il faut assurément que je sois né pour cet art, puisque j'ai commencé de l'aimer dès mon enfance, et qu'il est le seul que j'aie aimé constamment dans tous les temps. Ce qu'il y a d'étonnant est qu'un art pour lequel j'étais né m'ait néanmoins tant coûté de peine à apprendre, et avec des succès si lents, qu'après une pratique de toute ma vie, jamais je n'ai pu parvenir à chanter sûrement tout à livre ouvert. Ce qui me rendait surtout alors cette étude agréable était que je la pouvais faire avec Maman. Ayant des goûts d'ailleurs fort différents, la musique était pour nous un point de réunion dont j'aimais à faire usage. Elle ne s'y refusait pas ; j'étais alors à peu près aussi avancé qu'elle ; en deux ou trois fois nous déchiffrions un air. Quelquefois, la voyant empressée autour d'un fourneau, je lui disais : Maman, voici un duo charmant qui m'a bien l'air de faire sentir l'empyreume à vos drogues. Ah ! par ma foi, me disait-elle, si tu me les fais brûler, je te les ferai manger. Tout en disputant, je l'entraînais à son clavecin : on s'y oubliait ; l'extrait de genièvre ou d'absinthe était calciné : elle m'en barbouillait le visage, et tout cela était délicieux.

On voit qu'avec peu de temps de reste j'avais beaucoup de choses à quoi l'employer. Il me vint pourtant encore un amusement de plus qui fit bien valoir tous les autres.

Nous occupions un cachot si étouffé, qu'on avait besoin quelquefois d'aller prendre l'air sur la terre. Anet engagea Maman à louer, dans un faubourg, un jardin pour y mettre des plantes. A ce jardin était jointe une guinguette assez jolie qu'on meubla suivant l'ordonnance. On y mit un lit ; nous allions souvent y dîner, et j'y couchais quelquefois. Insensiblement je m'engouai de cette petite retraite ; j'y mis quelques livres, beaucoup d'estampes ; je passais une partie de mon temps à l'orner et à y préparer à Maman quelque surprise agréable lorsqu'elle s'y venait promener. Je la quittais pour venir m'occuper d'elle, pour y penser avec plus de plaisir ; autre caprice que je n'excuse ni n'explique, mais que j'avoue parce que la chose était ainsi. Je me souviens qu'une fois Mme de Luxembourg me parlait en raillant d'un homme qui quittait sa maîtresse pour lui écrire. Je lui dis que j'aurais bien été cet homme-là, et j'aurais pu ajouter que je l'avais été quelquefois. Je n'ai pourtant jamais senti près de Maman ce besoin de m'éloigner d'elle pour l'aimer davantage : car tête à tête avec elle j'étais aussi parfaitement à mon aise que si j'eusse été seul, et cela ne m'est jamais arrivé près de personne autre, ni homme ni femme, quelque attachement que j'aie eu pour eux. Mais elle était si souvent entourée, et de gens qui me convenaient si peu, que le dépit et l'ennui me chassaient dans mon asile, où je l'avais comme je la voulais, sans crainte que les importuns vinssent nous y suivre.

Tandis qu'ainsi partagé entre le travail, le plaisir et l'instruction, je vivais dans le plus doux repos, l'Europe n'était pas si tranquille que moi. La France et l'Empereur venaient de s'entre-déclarer la guerre; le roi de Sardaigne était entré dans la querelle, et l'armée française filait en Piémont pour entrer dans le Milanais. Il en passa une colonne par Chambéry, et entre autres le régiment de Champagne, dont était colonel M. le duc de la Trimouille, auquel je fus présenté, qui me promit beaucoup de choses, et qui sûrement n'a jamais repensé à moi. Notre petit jardin était précisément au haut du faubourg par lequel entraient les troupes, de sorte que je me rassasiais du plaisir d'aller les voir passer, et je me passionnais pour le succès de cette guerre comme s'il m'eût beaucoup intéressé. Jusque-là, je ne m'étais pas encore avisé de songer aux affaires publiques, et je me mis à lire les gazettes, pour la première fois, mais avec une telle partialité pour la France, que le cœur me battait de joie à ses moindres avantages et que ses revers m'affligeaient comme s'ils fussent tombés sur moi. Si cette folie n'eût été que passagère, je ne daignerais pas en parler; mais elle s'est tellement enracinée dans mon cœur sans aucune raison, que lorsque j'ai fait dans la suite, à Paris, l'anti-despote et le fier républicain, je sentais en dépit de moi-même une prédilection secrète pour cette même nation que je trouvais servile et pour ce gouvernement que j'affectais de fronder. Ce qu'il y avait de plaisant était qu'ayant honte d'un penchant si contraire à mes maximes, je n'osais l'avouer à personne, et je raillais les Français de leurs défaites, tandis que le cœur m'en saignait plus qu'à eux. Je suis sûrement le seul qui, vivant chez une nation qui le traitait bien, et qu'il adorait, se soit fait chez elle un faux air de la dédaigner. Enfin, ce penchant s'est trouvé si désintéressé de ma part, si fort, si constant, si invincible, que même depuis ma sortie du royaume, depuis que le gouvernement, les magistrats, les auteurs, s'y sont à l'envi déchaînés contre moi, depuis qu'il est devenu de bon air de m'accabler d'injustices et d'outrages, je n'ai pu me guérir de ma folie. Je les aime en dépit de moi, quoiqu'ils me maltraitent. En voyant déjà commencer la décadence de l'Angleterre que j'ai prédite au milieu de ses triomphes, je me laisse bercer au fol espoir que la nation française, à son tour victorieuse, viendra peut-être un jour me délivrer de la triste captivité où je vis.

J'ai cherché longtemps la cause de cette partialité, et je n'ai pu la trouver que dans l'occasion qui la vit naître. Un goût croissant pour la littérature m'attachait aux livres français, aux auteurs de ces livres, et au pays de ces

auteurs. Au moment même que défilait sous mes yeux
l'armée française, je lisais les grands capitaines de Bran-
tôme. J'avais la tête pleine des Clisson, des Bayard, des
Lautrec, des Coligny, des Montmorency, des La Trimouille, et je m'affectionnais à leurs descendants comme
aux héritiers de leur mérite et de leur courage. A chaque
régiment qui passait, je croyais revoir ces fameuses
bandes noires qui jadis avaient tant fait d'exploits en Piémont. Enfin j'appliquais à ce que je voyais les idées que
je puisais dans les livres ; mes lectures continuées et toujours tirées de la même nation nourrissaient mon affection pour elle, et m'en firent enfin une passion aveugle
que rien n'a pu surmonter. J'ai eu dans la suite occasion
de remarquer dans mes voyages que cette impression ne
m'était pas particulière, et qu'agissant plus ou moins dans
tous les pays sur la partie de la nation qui aimait la lecture et qui cultivait les lettres, elle balançait la haine générale qu'inspire l'air avantageux des Français. Le romans
plus que les hommes leur attachent les femmes de tous
les pays, leurs chefs-d'œuvre dramatiques affectionnent
la jeunesse à leurs théâtres. La célébrité de celui de Paris
y attire des foules d'étrangers qui en reviennent enthou-
siastes : enfin l'excellent goût de leur littérature leur sou-
met tous les esprits qui en ont, et dans la guerre si malheureuse dont ils sortent, j'ai vu leurs auteurs et leurs
philosophes soutenir la gloire du nom français ternie par
leurs guerriers.

J'étais donc Français ardent, et cela me rendit nouvel-
liste. J'allais avec la foule des gobe-mouches attendre
sur la place l'arrivée des courriers, et, plus bête que l'âne
de la fable, je m'inquiétais beaucoup pour savoir de quel
maître j'aurais l'honneur de porter le bât ; car on prétendait alors que nous appartiendrions à la France, et l'on
faisait de la Savoie un échange pour le Milanais. Il faut
pourtant convenir que j'avais quelques sujets de crainte ;
car si cette guerre eût mal tourné pour les alliés, la pension
de Maman courait un grand risque. Mais j'étais plein de
confiance dans mes bons amis, et pour le coup, malgré
la surprise de M. de Broglie, cette confiance ne fut pas
trompée, grâce au roi de Sardaigne, à qui je n'avais pas
pensé.

Tandis qu'on se battait en Italie, on chantait en France.
Les opéras de Rameau commençaient à faire du bruit,
et relevèrent ses ouvrages théoriques que leur obscurité
laissait à la portée de peu de gens. Par hasard, j'entendis

parler de son *Traité de l'harmonie*, et je n'eus point de repos que je n'eusse acquis ce livre. Par un autre hasard, je tombai malade. La maladie était inflammatoire ; elle fut vive et courte, mais ma convalescence fut longue, et je ne fus d'un mois en état de sortir. Durant ce temps, j'ébauchai, je dévorai mon *Traité de l'harmonie* ; mais il était si long, si diffus, si mal arrangé, que je sentis qu'il me fallait un temps considérable pour l'étudier et le débrouiller. Je suspendais mon application et je récréais mes yeux avec de la musique. Les cantates de Bernier, sur lesquelles je m'exerçais, ne me sortaient pas de l'esprit. J'en appris par cœur quatre ou cinq, entre autres celle des *Amours dormants*, que je n'ai pas revue depuis ce temps-là, et que je sais encore presque tout entière, de même que l'*Amour piqué par une abeille*, très jolie cantate de Clérambault, que j'appris à peu près dans le même temps.

Pour m'achever, il arriva du Val-d'Aoste un jeune organiste appelé l'abbé Palais, bon musicien, bon homme, et qui accompagnait très bien du clavecin. Je fais connaissance avec lui ; nous voilà inséparables. Il était élève d'un moine italien, grand organiste. Il me parlait de ses principes ; je les comparais avec ceux de mon Rameau ; je remplissais ma tête d'accompagnements, d'accords, d'harmonie. Il fallait se former l'oreille à tout cela : je proposai à Maman un petit concert tous les mois ; elle y consentit. Me voilà si plein de ce concert, que ni jour ni nuit, je ne m'occupais d'autre chose ; et réellement cela m'occupait, et beaucoup, pour rassembler la musique, les concertants, les instruments, tirer les parties, etc. Maman chantait ; le P. Caton, dont j'ai parlé, et dont j'ai à parler encore, chantait aussi ; un maître à danser appelé Roche et son fils jouaient du violon ; Canavas, musicien piémontais qui travaillait au cadastre, et qui depuis s'est marié à Paris, jouait du violoncelle ; l'abbé Palais accompagnait du clavecin : j'avais l'honneur de conduire la musique, sans oublier le bâton du bûcheron. On peut juger combien tout cela était beau ! pas tout à fait comme chez M. de Treytorens ; mais il ne s'en fallait guère.

Le petit concert de Mme de Warens, nouvelle convertie, et vivant, disait-on, des charités du Roi, faisait murmurer la séquelle dévote ; mais c'était un amusement agréable pour plusieurs honnêtes gens. On ne devinerait pas qui je mets à leur tête en cette occasion ? Un moine, mais un moine homme de mérite, et même aimable, dont les infortunes m'ont dans la suite bien vivement affecté, et dont la mémoire, liée à celle de mes beaux jours, m'est encore chère. Il s'agit du P. Caton, cordelier, qui, conjointement avec le comte Dortan, avait fait saisir à Lyon la musique du pauvre *petit chat ;* ce qui n'est pas le plus beau trait de sa vie. Il était bachelier de Sorbonne : il avait vécu longtemps à Paris dans le plus grand monde et très faufilé surtout chez le marquis d'Entremont, alors ambassadeur de Sardaigne. C'était un grand homme, bien fait, le visage plein, les yeux à fleur de tête, des cheveux noirs qui faisaient sans affectation le crochet à côté du front; l'air à la fois noble, ouvert, modeste, se présentant simplement et bien; n'ayant ni le maintien cafard ou effronté des moines, ni l'abord cavalier d'un homme à la mode, quoiqu'il le fût, mais l'assurance d'un honnête homme qui, sans rougir de sa robe, s'honore lui-même et se sent toujours à sa place parmi les honnêtes gens. Quoique le P. Caton n'eût pas beaucoup d'étude pour un docteur, il en avait beaucoup pour un homme du monde; et n'étant point pressé de montrer son acquis, il le plaçait si à propos qu'il en paraissait davantage. Ayant beaucoup vécu dans la société, il s'était plus attaché aux talents agréables qu'à un solide savoir. Il avait de l'esprit, faisait des vers, parlait bien, chantait mieux, avait la voix belle, touchait l'orgue et le clavecin. Il n'en fallait pas tant pour être recherché; aussi l'était-il; mais cela lui fit si peu négliger les soins de son état, qu'il parvint, malgré des concurrents très jaloux, à être élu définiteur de sa province, ou, comme on dit, un des grands colliers de l'ordre.

Ce P. Caton fit connaissance avec Maman chez le marquis d'Entremont. Il entendit parler de nos concerts, il en voulut être; il en fut, et les rendit brillants. Nous fûmes bientôt liés par notre goût commun pour la musique, qui chez l'un et chez l'autre était une passion très vive; avec cette différence qu'il était vraiment musicien, et que je n'étais qu'un barbouillon. Nous allions avec Canavas et l'abbé Palais faire de la musique dans sa chambre, et quelquefois à son orgue les jours de fête. Nous dînions souvent à son petit couvert; car ce qu'il avait encore d'étonnant pour un moine est qu'il était généreux, magnifique, et sensuel sans grossièreté. Les jours de nos concerts il soupait chez Maman. Ces soupers étaient très gais, très agréables; on y disait le mot et la chose; on y chantait des duos; j'étais à mon aise, j'avais de l'esprit, des saillies : le P. Caton était charmant, Maman était adorable, l'abbé Palais, avec sa voix de bœuf, était le plastron. Moments si doux de la folâtre jeunesse, qu'il y a de temps que vous êtes partis!

Comme je n'aurai plus à parler de ce pauvre P. Caton, que j'achève ici en deux mots sa triste histoire. Les autres moines, jaloux ou plutôt furieux de lui voir un mérite, une élégance de mœurs qui n'avait rien de la crapule monastique, le prirent en haine, parce qu'il n'était pas aussi haïssable qu'eux. Les chefs se liguèrent contre lui, et ameutèrent les moinillons envieux de sa place, et qui n'osaient auparavant le regarder. On lui fit mille affronts, on le destitua, on lui ôta sa chambre, qu'il avait meublée avec goût, quoique avec simplicité, on le relégua je ne sais où; enfin ces misérables l'accablèrent de tant d'outrages, que son âme honnête et fière avec justice n'y put résister, et après avoir fait les délices des sociétés les plus aimables, il mourut de douleur sur un vil grabat, dans quelque fond de cellule ou de cachot, regretté, pleuré de tous les honnêtes gens dont il fut connu, et qui ne lui ont trouvé d'autre défaut que d'être moine.

Avec ce petit train de vie, je fis si bien en très peu de temps, qu'absorbé tout entier par la musique, je me trouvai hors d'état de penser à autre chose. Je n'allais plus à mon bureau qu'à contrecœur; la gêne et l'assiduité au travail m'en firent un supplice insupportable, et j'en vins enfin à vouloir quitter mon emploi pour me livrer totalement à la musique. On peut croire que cette folie ne passa pas sans opposition. Quitter un poste honnête et d'un revenu fixe pour courir après des écoliers incertains, était un parti trop peu sensé pour plaire à Maman. Même en supposant mes progrès futurs aussi grands que je me les figurais, c'était borner bien modestement mon ambition que de me réduire pour la vie à l'état de musicien. Elle qui ne formait que des projets magnifiques, et qui ne me prenait plus tout à fait au mot de M. d'Aubonne, me voyait avec peine occupé sérieusement d'un talent qu'elle trouvait si frivole, et me répétait souvent ce proverbe de province, un peu moins juste à Paris, que *qui bien chante et bien danse fait un métier qui peu avance.* Elle me voyait d'un autre côté entraîné par un goût irrésistible; ma passion de musique devenait une fureur, et il était à craindre que mon travail, se sentant de mes distractions, ne m'attirât un congé qu'il valait beaucoup mieux prendre de moi-même. Je lui représentais encore que cet emploi n'avait pas longtemps à durer, qu'il me fallait un talent pour vivre, et qu'il était plus sûr d'achever d'acquérir par la pratique celui auquel mon goût me portait, et qu'elle m'avait choisi, que de me mettre à la merci des protections, ou de faire de nouveaux essais qui pouvaient mal réussir, et me laisser, après avoir passé l'âge d'apprendre, sans ressource pour gagner mon pain. Enfin j'extorquai son consentement plus à force d'importunités et de caresses que de raisons dont elle se contentât. Aussitôt je courus remercier fièrement M. Coccelli, directeur général du cadastre, comme si j'avais fait l'acte le plus héroïque, et je quittai volontairement mon emploi, sans sujet, sans raison, sans prétexte, avec autant et plus de joie que je n'en avais eu à le prendre il n'y avait pas deux ans.

Cette démarche, toute folle qu'elle était, m'attira dans le pays une sorte de considération qui me fut utile. Les uns me supposèrent des ressources que je n'avais pas; d'autres, me voyant livré tout à fait à la musique, jugèrent de mon talent par mon sacrifice, et crurent qu'avec tant de passion pour cet art je devais le posséder supérieurement. Dans le royaume des aveugles les borgnes sont rois; je passai là pour un bon maître, parce qu'il n'y en avait que de mauvais. Ne manquant pas, au reste, d'un certain goût de chant, favorisé d'ailleurs par mon âge et par ma figure, j'eus bientôt plus d'écolières qu'ils ne m'en fallait pour remplacer ma paye de secrétaire.

Il est certain que pour l'agrément de la vie on ne pouvait passer plus rapidement d'une extrémité à l'autre. Au cadastre, occupé huit heures par jour du plus maussade travail, avec des gens encore plus maussades, enfermé dans un triste bureau empuanti de l'haleine et de la sueur de tous ces manants, la plupart fort mal peignés et fort malpropres, je me sentais quelquefois accablé jusqu'au vertige par l'attention, l'odeur, la gêne et l'ennui. Au lieu de cela, me voilà tout à coup jeté parmi le beau monde, admis, recherché dans les meilleures maisons; partout un accueil gracieux, caressant, un air de fête : d'aimables demoiselles bien parées m'attendent, me reçoivent avec empressement; je ne vois que des objets charmants, je ne sens que la rose et la fleur d'orange; on chante, on cause, on rit, on s'amuse; je ne sors de là que pour aller ailleurs en faire autant. On conviendra qu'à égalité dans les avantages il n'y avait pas à balancer dans le choix. Aussi me trouvai-je si bien du mien, qu'il ne m'est arrivé jamais de m'en repentir, et je ne m'en repens pas même en ce moment, où je pèse au poids de la raison

les actions de ma vie, et où je suis délivré des motifs peu
sensés qui m'ont entraîné.

Voilà presque l'unique fois qu'en n'écoutant que mes
penchants je n'ai pas vu tromper mon attente. L'accueil
aisé, l'esprit liant, l'humeur facile des habitants du pays,
me rendirent le commerce du monde aimable, et le goût
que j'y pris alors m'a bien prouvé que si je n'aime pas à
vivre parmi les hommes, c'est moins ma faute que la leur.

C'est dommage que les Savoyards ne soient pas riches,
ou peut-être serait-ce dommage qu'ils le fussent; car tels
qu'ils sont, c'est le meilleur et le plus sociable peuple
que je connaisse. S'il est une petite ville au monde où
l'on goûte la douceur de la vie dans un commerce agréable
et sûr, c'est Chambéry. La noblesse de la province, qui
s'y rassemble, n'a que ce qu'il faut de bien pour vivre;
elle n'en a pas assez pour parvenir; et ne pouvant se livrer
à l'ambition, elle suit par nécessité le conseil de Cinéas.
Elle dévoue sa jeunesse à l'état militaire, puis revient vieil-
lir paisiblement chez soi. L'honneur et la raison président à ce partage. Les femmes sont belles, et pourraient
se passer de l'être; elles ont tout ce qui peut faire valoir
la beauté, et même y suppléer. Il est singulier qu'appelé
par mon état à voir beaucoup de jeunes filles, je ne me
rappelle pas d'en avoir vu à Chambéry une seule qui ne
fût pas charmante. On dira que j'étais disposé à les trouver telles, et l'on peut avoir raison; mais je n'avais pas
besoin d'y mettre du mien pour cela. Je ne puis, en
vérité, me rappeler sans plaisir le souvenir de mes jeunes
écolières. Que ne puis-je, en nommant ici les plus aimables
les rappeler de même, et moi avec elles, à l'âge heureux où
nous étions lors des moments aussi doux qu'innocents
que j'ai passés auprès d'elles! Le première fut Mademoiselle de Mellarède, ma voisine, sœur de l'élève de
M. Gaime. C'était une brune très vive, mais d'une vivacité caressante, pleine de grâces, et sans étourderie. Elle
était un peu maigre, comme sont la plupart des filles à
son âge; mais ses yeux brillants, sa taille fine et son air
attirant n'avaient pas besoin d'embonpoint pour plaire.
J'y allais le matin, et elle était encore ordinairement en
déshabillé, sans autre coiffure que ses cheveux négligemment relevés, ornés de quelques fleurs qu'on mettait à
mon arrivée, et qu'on ôtait à mon départ pour se coiffer.
Je ne crains rien tant dans le monde qu'une jolie personne
en déshabillé; je la redouterais cent fois moins parée.
Mademoiselle de Menthon, chez qui j'allais l'après-

midi, l'était toujours, et me faisait une impression tout aussi douce, mais différente. Ses cheveux étaient d'un blond cendré : elle était très mignonne, très timide et très blanche ; une voix nette, juste et flûtée, mais qui n'osait se développer. Elle avait au sein la cicatrice d'une brûlure d'eau bouillante, qu'un fichu de chenille bleue ne cachait pas extrêmement. Cette marque attirait quelquefois de ce côté mon attention, qui bientôt n'était plus pour la cicatrice. Mademoiselle de Challes, une autre de mes voisines, était une fille faite ; grande, belle carrure, de l'embonpoint ; elle avait été très bien. Ce n'était plus une beauté, mais c'était une personne à citer pour la bonne grâce, pour l'humeur égale, pour le bon naturel. Sa sœur, Madame de Charly, la plus belle femme de Chambéry, n'apprenait plus la musique, mais elle la faisait apprendre à sa fille, toute jeune encore, mais dont la beauté naissante eût promis d'égaler celle de sa mère, si malheureusement elle n'eût été un peu rousse. J'avais à la Visitation une petite demoiselle française, dont j'ai oublié le nom, mais qui mérite une place dans la liste de mes préférences. Elle avait pris le ton lent et traînant des religieuses, et sur ce ton traînant elle disait des choses très saillantes qui ne semblaient pas aller avec son maintien. Au reste, elle était paresseuse, n'aimait pas à prendre la peine de montrer son esprit, et c'était une faveur qu'elle n'accordait pas à tout le monde. Ce ne fut qu'après un mois ou deux de leçons et de négligence qu'elle s'avisa de cet expédient pour me rendre plus assidu ; car je n'ai jamais pu prendre sur moi de l'être. Je me plaisais à mes leçons quand j'y étais, mais je n'aimais pas être obligé de m'y rendre ni que l'heure me commandât. En toute chose la gêne et l'assujettissement me sont insupportables ; ils me feraient prendre en haine le plaisir même. On dit que chez les mahométans un homme passe au point du jour dans les rues pour ordonner aux maris de rendre le devoir à leurs femmes. Je serais un mauvais Turc à ces heures-là.

J'avais quelques écolières aussi dans la bourgeoisie, et une entre autres qui fut la cause indirecte d'un changement de relation dont j'ai à parler, puisque enfin je dois tout dire. Elle était fille d'un épicier, et se nommait Mademoiselle Lard, vrai modèle d'une statue grecque, et que je citerais pour la plus belle fille que j'aie jamais vue, s'il y avait quelque véritable beauté sans vie et sans âme. Son indolence, sa froideur, son insensibilité, allaient à un point incroyable. Il était également impossible de lui plaire et de la fâcher, et je suis persuadé que, si on eût fait sur elle quelque entreprise, elle aurait laissé faire, non par goût, mais par stupidité. Sa mère, qui n'en voulait pas courir le risque, ne la quittait pas d'un pas. En lui faisant apprendre à chanter, en lui donnant un jeune maître, elle faisait tout de son mieux pour l'émoustiller; mais cela ne réussit point. Tandis que le maître agaçait la fille, la mère agaçait le maître, et cela ne réussissait pas beaucoup mieux. Madame Lard ajoutait à sa vivacité naturelle toute celle que sa fille aurait dû avoir. C'était un petit minois éveillé, chiffonné, marqué de petite vérole. Elle avait de petits yeux très ardents, et un peu rouges, parce qu'elle y avait presque toujours mal. Tous les matins, quand j'arrivais, je trouvais prêt mon café à la crème, et la mère ne manquait jamais de m'accueillir par un baiser bien appliqué sur la bouche, et que par curiosité j'aurais voulu rendre à la fille, pour voir comment elle l'aurait pris. Au reste, tout cela se faisait si simplement et si fort sans conséquence, que, quand M. Lard était là, les agaceries et les baisers n'en allaient pas moins leur train. C'était une bonne pâte d'homme, le vrai père de sa fille, et que sa femme ne trompait pas, parce qu'il n'en était pas besoin.

Je me prêtais à toutes ces caresses avec ma balourdise ordinaire, les prenant tout bonnement pour des marques de pure amitié. J'en étais pourtant importuné quelquefois; car la vive Mme Lard ne laissait pas d'être exigeante, et si dans la journée j'avais passé devant la boutique sans m'arrêter, il y aurait eu du bruit. Il fallait, quand j'étais pressé, que je prisse un détour pour passer dans une autre rue, sachant bien qu'il n'était pas aussi aisé de sortir de chez elle que d'y entrer.

Mme Lard s'occupait trop de moi pour que je ne m'occupasse point d'elle. Ses attentions me touchaient beaucoup; j'en parlais à Maman comme d'une chose sans mystère, et quand il y en aurait eu, je ne lui en aurais pas moins parlé; car lui faire un secret de quoi que ce fût ne m'eût pas été possible : mon cœur était ouvert devant elle comme devant Dieu. Elle ne prit pas tout à fait la chose avec la même simplicité que moi. Elle vit des avances où je n'avais vu que des amitiés; elle jugea que Mme Lard, se faisant un point d'honneur de me laisser moins sot qu'elle ne m'avait trouvé, parviendrait de manière ou d'autre à se faire entendre, et outre qu'il n'était pas

juste qu'une autre femme se chargeât de l'instruction de
son élève, elle avait des motifs plus dignes d'elle pour
me garantir des pièges auxquels mon âge et mon état
m'exposaient. Dans le même temps, on m'en tendit un
d'une espèce plus dangereuse, auquel j'échappai, mais
qui lui fit sentir que les dangers qui me menaçaient sans
cesse rendaient nécessaires tous les préservatifs qu'elle y
pouvait apporter.

Madame la comtesse de Menthon, mère d'une de mes
écolières, était une femme de beaucoup d'esprit, et passait pour n'avoir pas moins de méchanceté. Elle avait été
cause, à ce qu'on disait, de bien des brouilleries, et d'une
entre autres qui avait eu des suites fatales à la maison
d'Entremont. Maman avait été assez liée avec elle pour
connaître son caractère; ayant très innocemment inspiré
du goût à quelqu'un sur qui Mme de Menthon avait des
prétentions, elle resta chargée d'elle du crime de
cette préférence, quoiqu'elle n'eût été ni recherchée ni
acceptée; et Mme de Menthon chercha depuis lors à
jouer à sa rivale plusieurs tours, dont aucun ne réussit.
J'en rapporterai un des plus comiques, par manière
d'échantillon. Elles étaient ensemble à la campagne avec
plusieurs gentilshommes du voisinage, et entre autres
l'aspirant en question. Mme de Menthon dit un jour à un
de ces messieurs que Mme de Warens n'était qu'une
précieuse; qu'elle n'avait point de goût, qu'elle se mettait
mal, qu'elle couvrait sa gorge comme une bourgeoise.
Quant à ce dernier article, lui dit l'homme, qui était un
plaisant, elle a ses raisons, et je sais qu'elle a un gros
vilain rat empreint sur le sein, mais si ressemblant qu'on
dirait qu'il court. La haine ainsi que l'amour rend crédule.
Mme de Menthon résolut de tirer parti de cette découverte, et un jour que Maman était au jeu avec l'ingrat
favori de la dame, celle-ci prit son temps pour passer
derrière sa rivale, puis renversant à demi sa chaise, elle
découvrit adroitement son mouchoir. Mais au lieu du
gros rat, le Monsieur ne vit qu'un objet fort différent,
qu'il n'était pas plus aisé d'oublier que de voir, et cela ne
fit pas le compte de la dame.

Je n'étais pas un personnage à occuper Mme de Menthon, qui ne voulait que des gens brillants autour d'elle.
Cependant elle fit quelque attention à moi, non pour ma
figure, dont assurément elle ne se souciait point du tout,
mais pour l'esprit qu'on me supposait, et qui m'eût pu
rendre utile à ses goûts. Elle en avait un assez vif pour la

satire. Elle aimait à faire des chansons et des vers sur les gens qui lui déplaisaient. Si elle m'eût trouvé assez de talent pour lui aider à tourner ses vers, et assez de complaisance pour les écrire, entre elle et moi nous aurions bientôt mis Chambéry sens dessus dessous. On serait remonté à la source de ces libelles : Mme de Menthon se serait tirée d'affaire en me sacrifiant, et j'aurais été enfermé le reste de mes jours peut-être, pour m'apprendre à faire le Phébus avec les dames.

Heureusement rien de tout cela n'arriva. Mme de Menthon me retint à dîner deux ou trois fois pour me faire causer, et trouva que je n'étais qu'un sot. Je le sentais moi-même, et j'en gémissais, enviant les talents de mon ami Venture, tandis que j'aurais dû remercier ma bêtise des périls dont elle me sauvait. Je demeurai pour Mme de Menthon le maître à chanter de sa fille, et rien de plus : mais je vécus tranquille et toujours bien voulu dans Chambéry. Cela valait mieux que d'être un bel esprit pour elle et un serpent pour le reste du pays.

Quoi qu'il en soit, Maman vit que, pour m'arracher au péril de ma jeunesse, il était temps de me traiter en homme, et c'est ce qu'elle fit, mais de la façon la plus singulière dont jamais femme se soit avisée en pareille occasion. Je lui trouvai l'air plus grave, et le propos plus moral qu'à son ordinaire. À la gaieté folâtre dont elle entremêlait ordinairement ses instructions succéda tout à coup un ton toujours soutenu, qui n'était ni familier, ni sévère, mais qui semblait préparer une explication. Après avoir cherché vainement en moi-même la raison de ce changement, je la lui demandai; c'était ce qu'elle attendait. Elle me proposa une promenade au petit jardin pour le lendemain : nous y fûmes dès le matin. Elle avait pris ses mesures pour qu'on nous laissât seuls toute la journée; elle l'employa à me préparer aux bontés qu'elle voulait avoir pour moi, non, comme une autre femme, par du manège et des agaceries; mais par des entretiens pleins de sentiment et de raison, plus faits pour m'instruire que pour me séduire, et qui parlaient plus à mon cœur qu'à mes sens. Cependant, quelque excellents et utiles que fussent les discours qu'elle me tint, et quoiqu'ils ne fussent rien moins que froids et tristes, je n'y fis pas toute l'attention qu'ils méritaient, et je ne les gravai pas dans ma mémoire comme j'aurais fait dans tout autre temps. Son début, cet air de préparatif m'avait donné de l'inquiétude : tandis qu'elle parlait, rêveur et distrait malgré moi, j'étais moins occupé de ce qu'elle disait que de chercher à quoi elle en voulait venir, et sitôt que je l'eus compris, ce qui ne me fut pas facile, la nouveauté de cette idée, qui depuis que je vivais auprès d'elle ne m'était pas venue une seule fois dans l'esprit, m'occupant alors tout entier, ne me laissa plus le maître de penser à ce qu'elle me disait. Je ne pensais qu'à elle et je ne l'écoutais pas.

Vouloir rendre les jeunes gens attentifs à ce qu'on leur veut dire, en leur montrant au bout un objet très intéressant pour eux, est un contre-sens très ordinaire aux instituteurs, et que je n'ai pas évité moi-même dans mon *Émile*. Le jeune homme, frappé de l'objet qu'on lui présente, s'en occupe uniquement, et saute à pieds joints par-dessus vos discours préliminaires pour aller d'abord où vous le menez trop lentement à son gré. Quand on veut le rendre attentif, il ne faut pas se laisser pénétrer d'avance, et c'est en quoi Maman fut maladroite. Par une singularité qui tenait à son esprit systématique, elle prit la précaution très vaine de faire ses conditions ; mais sitôt que j'en vis le prix, je ne les écoutai pas même, et je me dépêchai de consentir à tout. Je doute même qu'en pareil cas il y ait sur la terre entière un homme assez franc ou assez courageux pour oser marchander, et une seule femme qui pût pardonner de l'avoir fait. Par une suite de la même bizarrerie, elle mit à cet accord les formalités les plus graves, et me donna pour y penser huit jours, dont je l'assurai faussement que je n'avais pas besoin : car pour comble de singularité, je fus très aise de les avoir, tant la nouveauté de ces idées m'avait frappé, et tant je sentais un bouleversement dans les miennes qui me demandait du temps pour les arranger !

On croira que ces huit jours me durèrent huit siècles. Tout au contraire ; j'aurais voulu qu'ils les eussent duré en effet. Je ne sais comment décrire l'état où je me trouvais, plein d'un certain effroi mêlé d'impatience, redoutant ce que je désirais, jusqu'à chercher quelquefois tout de bon dans ma tête quelque honnête moyen d'éviter d'être heureux. Qu'on se représente mon tempérament ardent et lascif, mon sang enflammé, mon cœur enivré d'amour, ma vigueur, ma santé, mon âge ; qu'on pense que dans cet état altéré de la soif des femmes, je n'avais encore approché d'aucune ; que l'imagination, le besoin, la vanité, la curiosité, se réunissaient pour me dévorer de l'ardent désir d'être homme et de le paraître. Qu'on ajoute surtout, car c'est ce qu'il ne faut pas qu'on oublie, que mon vif et tendre attachement pour elle, loin de s'attiédir, n'avait fait qu'augmenter de jour en jour; que je n'étais bien qu'auprès d'elle; que je ne m'en éloignais que pour y penser; que j'avais le cœur plein, non seulement de ses bontés, de son caractère aimable, mais de son sexe, de sa figure, de sa personne, d'elle, en un mot, par tous les rapports sous lesquels elle pouvait m'être chère; et qu'on n'imagine pas que pour dix ou douze ans que j'avais de moins qu'elle, elle fût vieillie ou me parût l'être. Depuis cinq ou six ans que j'avais éprouvé des transports si doux à sa première vue, elle était réellement très peu changée, et ne me le paraissait point du tout. Elle a toujours été charmante pour moi, et l'était encore pour tout le monde. Sa taille seule avait pris un peu plus de rondeur. Du reste, c'était le même œil, le même teint, le même sein, les mêmes traits, les mêmes beaux cheveux blonds, la même gaieté, tout jusqu'à la même voix, cette voix argentée de la jeunesse, qui fit toujours sur moi tant d'impression, qu'encore aujourd'hui je ne puis entendre sans émotion le son d'une jolie voix de fille.

Naturellement, ce que j'avais à craindre dans l'attente de la possession d'une personne si chérie était de l'anticiper, et de ne pouvoir assez gouverner mes désirs et mon imagination pour rester maître de moi-même. On verra que, dans un âge avancé, la seule idée de quelques légères faveurs qui m'attendaient près de la personne aimée, allumait mon sang à tel point, qu'il m'était impossible de faire impunément le court trajet qui me séparait d'elle. Comment, par quel prodige, dans la fleur de ma jeunesse, eus-je si peu d'empressement pour la première jouissance? Comment pus-je en voir approcher l'heure avec plus de peine que de plaisir? Comment, au lieu des délices qui devaient m'enivrer, sentais-je presque de la répugnance et des craintes? Il n'y a point à douter que, si j'avais pu me dérober à mon bonheur avec bienséance, je ne l'eusse fait de tout mon cœur. J'ai promis des bizarreries dans l'histoire de mon attachement pour elle; en voilà sûrement une à laquelle on ne s'attendait pas.

Le lecteur, déjà révolté, juge qu'étant possédée par un autre homme, elle se dégradait à mes yeux en se partageant, et qu'un sentiment de mésestime attiédissait ceux qu'elle m'avait inspirés : il se trompe. Ce partage, il est vrai, me faisait une cruelle peine, tant par une délicatesse fort naturelle, que parce qu'en effet je le trouvais peu digne d'elle et de moi; mais quant à mes sentiments pour elle, il ne les altérait point, et je peux jurer que jamais je ne l'aimai plus tendrement que quand je désirais si peu de la posséder. Je connaissais trop son cœur chaste et son tempérament de glace pour croire un moment que le plaisir des sens eût aucune part à cet abandon d'elle-même : j'étais parfaitement sûr que le seul soin de m'arracher à des dangers autrement presque inévitables, et de me conserver tout entier à moi et à mes devoirs, lui en faisait enfreindre un qu'elle ne regardait pas du même œil que les autres femmes, comme il sera dit ci-après. Je la plaignais et je me plaignais. J'aurais voulu lui dire : Non, Maman, il n'est pas nécessaire; je vous réponds de moi sans cela. Mais je n'osais; premièrement parce que ce n'était pas une chose à dire, et puis parce qu'au fond je sentais que cela n'était pas vrai, et qu'en effet il n'y avait qu'une femme qui pût garantir des autres femmes et me mettre à l'épreuve des tentations. Sans désirer de la posséder, j'étais bien aise qu'elle m'ôtât le désir d'en posséder d'autres; tant je regardais tout ce qui pouvait me distraire d'elle comme un malheur.

La longue habitude de vivre ensemble et d'y vivre innocemment, loin d'affaiblir mes sentiments pour elle, les avait renforcés, mais leur avait en même temps donné une autre tournure qui les rendait plus affectueux, plus tendres peut-être, mais moins sensuels. A force de l'appeler Maman, à force d'user avec elle de la familiarité d'un fils, je m'étais accoutumé à me regarder comme tel. Je crois que voilà la véritable cause du peu d'empressement que j'eus de la posséder, quoiqu'elle me fût si chère. Je me souviens très bien que mes premiers sentiments, sans être plus vifs, étaient plus voluptueux. A Annecy, j'étais dans l'ivresse; à Chambéry, je n'y étais plus. Je l'aimais aussi passionnément qu'il fût possible; mais je l'aimais plus pour elle et moins pour moi, ou du moins je cherchais plus mon bonheur que mon plaisir auprès d'elle : elle était pour moi plus qu'une sœur, plus qu'une mère, plus qu'une amie, plus même qu'une maîtresse, et c'était pour cela qu'elle n'était pas une maîtresse. Enfin, je l'aimais trop pour la convoiter : voilà ce qu'il y a de plus clair dans mes idées.

Ce jour, plutôt redouté qu'attendu, vint enfin. Je promis tout, et je ne mentis pas. Mon cœur confirmait mes engagements sans en désirer le prix. Je l'obtins pourtant. Je me vis pour la première fois dans les bras d'une femme, et d'une femme que j'adorais. Fus-je heureux ? Non, je goûtai le plaisir. Je ne sais quelle invincible tristesse en empoisonnait le charme. J'étais comme si j'avais commis un inceste. Deux ou trois fois, en la pressant avec transport dans mes bras, j'inondai son sein de mes larmes. Pour elle, elle n'était ni triste ni vive; elle était caressante et tranquille. Comme elle était peu sensuelle et n'avait point recherché la volupté, elle n'en eut pas les délices et n'en a jamais eu les remords.

Je le répète : toutes ses fautes lui vinrent de ses erreurs, jamais de ses passions. Elle était bien née, son cœur était pur, elle aimait les choses honnêtes, ses penchants étaient droits et vertueux, son goût était délicat; elle était faite pour une élégance de mœurs qu'elle a toujours aimée, et qu'elle n'a jamais suivie, parce qu'au lieu d'écouter son cœur, qui la menait bien, elle écouta sa raison, qui la menait mal. Quand des principes faux l'ont égarée, ses vrais sentiments les ont toujours démentis : mais malheureusement elle se piquait de philosophie, et la morale qu'elle s'était faite gâta celle que son cœur lui dictait.

M. de Tavel, son premier amant, fut son maître de philosophie, et les principes qu'il lui donna furent ceux dont il avait besoin pour la séduire. La trouvant attachée à son mari, à ses devoirs, toujours froide, raisonnante, et inattaquable par les sens, il l'attaqua par des sophismes, et parvint à lui montrer ses devoirs auxquels elle était si attachée comme un bavardage de catéchisme fait uniquement pour amuser les enfants, l'union des sexes comme l'acte le plus indifférent en soi, la fidélité conjugale comme une apparence obligatoire dont toute la moralité regardait l'opinion, le repos des maris comme la seule règle du devoir des femmes, en sorte que des infidélités ignorées, nulles pour celui qu'elles offensaient, l'étaient aussi pour la conscience; enfin il lui persuada que la chose en elle-même n'était rien, qu'elle ne prenait d'existence que par le scandale, et que toute femme qui paraissait sage, par cela seul l'était en effet. C'est ainsi que le malheureux parvint à son but en corrompant la raison d'un enfant dont il n'avait pu corrompre le cœur. Il en fut puni par la plus dévorante jalousie, persuadé qu'elle le traitait lui-même comme il lui avait appris à traiter son mari. Je ne sais s'il se trompait sur ce point. Le ministre

Perret passa pour son successeur. Ce que je sais, c'est que le tempérament froid de cette jeune femme, qui l'aurait dû garantir de ce système, fut ce qui l'empêcha dans la suite d'y renoncer. Elle ne pouvait concevoir qu'on donnât tant d'importance à ce qui n'en avait point pour elle. Elle n'honora jamais du nom de vertu une abstinence qui lui coûtait si peu.

Elle n'eût donc guère abusé de ce faux principe pour elle-même ; mais elle en abusa pour autrui, et cela par une autre maxime presque aussi fausse, mais plus d'accord avec la bonté de son cœur. Elle a toujours cru que rien n'attachait tant un homme à une femme que la possession, et quoiqu'elle n'aimât ses amis que d'amitié, c'était d'une amitié si tendre, qu'elle employait tous les moyens qui dépendaient d'elle pour se les attacher plus fortement. Ce qu'il y a d'extraordinaire est qu'elle a presque toujours réussi. Elle était si réellement aimable que plus l'intimité dans laquelle on vivait avec elle était grande, plus on y trouvait de nouveaux sujets de l'aimer. Une autre chose digne de remarque est qu'après sa première faiblesse elle n'a guère favorisé que des malheureux ; les gens brillants ont tous perdu leur peine auprès d'elle : mais il fallait qu'un homme qu'elle commençait par plaindre fût bien peu aimable si elle ne finissait par l'aimer. Quand elle se fit des choix peu dignes d'elle, bien loin que ce fût par des inclinations basses, qui n'approchèrent jamais de son noble cœur, ce fut uniquement par son cœur trop généreux, trop humain, trop compatissant, trop sensible, qu'elle ne gouverna pas toujours avec assez de discernement.

Si quelques principes faux l'ont égarée, combien n'en avait-elle pas d'admirables dont elle ne se départait jamais ! Par combien de vertus ne rachetait-elle pas ses faiblesses, si l'on peut appeler de ce nom des erreurs où les sens avaient si peu de part ! Ce même homme qui la trompa sur un point l'instruisit excellemment sur mille autres ; et ses passions, qui n'étaient pas fougueuses, lui permettant de suivre toujours ses lumières, elle allait bien quand ses sophismes ne l'égaraient pas. Ses motifs étaient louables jusque dans ses fautes ; en s'abusant elle pouvait mal faire, mais elle ne pouvait vouloir rien qui fût mal. Elle abhorrait la duplicité, le mensonge ; elle était juste, équitable, humaine, désintéressée, fidèle à sa parole, à ses amis, à ses devoirs qu'elle reconnaissait pour tels, incapable de vengeance et de haine, et ne concevant pas même qu'il y eût le moindre mérite à pardonner. Enfin, pour revenir à ce qu'elle avait de moins excusable, sans estimer ses faveurs ce qu'elles valaient, elle n'en fit jamais un vil commerce; elle les prodiguait, mais elle ne les vendait pas, quoiqu'elle fût sans cesse aux expédients pour vivre; et j'ose dire que si Socrate put estimer Aspasie, il eût respecté Madame de Warens.

Je sais d'avance qu'en lui donnant un caractère sensible et un tempérament froid, je serai accusé de contradiction comme à l'ordinaire, et avec autant de raison. Il se peut que la nature ait eu tort et que cette combinaison n'ait pas dû être; je sais seulement qu'elle a été. Tous ceux qui ont connu Mme de Warens, et dont un si grand nombre existe encore, ont pu savoir qu'elle était ainsi. J'ose même ajouter qu'elle n'a connu qu'un seul vrai plaisir au monde; c'était d'en faire à ceux qu'elle aimait. Toutefois, permis à chacun d'argumenter là-dessus tout à son aise, et de prouver doctement que cela n'est pas vrai. Ma fonction est de dire la vérité, mais non pas de la faire croire.

J'appris peu à peu tout ce que je viens de dire dans les entretiens qui suivirent notre union, et qui seuls la rendirent délicieuse. Elle avait eu raison d'espérer que sa complaisance me serait utile; j'en tirai pour mon instruction de grands avantages. Elle m'avait jusqu'alors parlé de moi seul comme à un enfant. Elle commença de me traiter en homme, et me parla d'elle. Tout ce qu'elle me disait m'était si intéressant, je m'en sentais si touché, que, me repliant sur moi-même, j'appliquai à mon profit ses confidences plus que je n'avais fait ses leçons. Quand on sent vraiment que le cœur parle, le nôtre s'ouvre pour recevoir ses épanchements; et jamais toute la morale d'un pédagogue ne vaudra le bavardage affectueux et tendre d'une femme sensée pour qui l'on a de l'attachement.

L'intimité dans laquelle je vivais avec elle l'ayant mise à portée de m'apprécier plus avantageusement qu'elle n'avait fait, elle jugea que, malgré mon air gauche, je valais la peine d'être cultivé pour le monde, et que, si je m'y montrais un jour sur un certain pied, je serais en état d'y faire mon chemin. Sur cette idée, elle s'attachait non seulement à former mon jugement, mais mon extérieur, mes manières, à me rendre aimable autant qu'estimable, et s'il est vrai qu'on puisse allier les succès dans le monde avec la vertu, ce que pour moi je ne crois pas, je suis sûr au moins qu'il n'y a pour cela d'autre route que celle

qu'elle avait prise, et qu'elle voulait m'enseigner. Car
Mme de Warens connaissait les hommes et savait supérieurement l'art de traiter avec eux sans mensonge et
sans imprudence, sans les tromper et sans les fâcher. Mais
cet art était dans son caractère bien plus que dans ses
leçons ; elle savait mieux le mettre en pratique que l'enseigner, et j'étais l'homme du monde le moins propre à
l'apprendre. Aussi tout ce qu'elle fit à cet égard fut-il, peu
s'en faut, peine perdue, de même que le soin qu'elle prit
de me donner des maîtres pour la danse et pour les armes.
Quoique leste et bien pris dans ma taille, je ne pus
apprendre à danser un menuet. J'avais tellement pris, à
cause de mes cors, l'habitude de marcher du talon, que
Roche ne put me la faire perdre, et jamais avec l'air assez
ingambe, je n'ai pu sauter un médiocre fossé. Ce fut
encore pis à la salle d'armes. Après trois mois de leçons
je tirais encore à la muraille, hors d'état de faire assaut,
et jamais je n'eus le poignet assez souple, ou le bras assez
ferme, pour retenir mon fleuret quand il plaisait au maître
de le faire sauter. Ajoutez que j'avais un dégoût mortel
pour cet exercice et pour le maître qui tâchait de me l'enseigner. Je n'aurais jamais cru qu'on pût être si fier de
l'art de tuer un homme. Pour mettre son vaste génie à
ma portée, il ne s'exprimait que par des comparaisons
tirées de la musique qu'il ne savait point. Il trouvait des
analogies frappantes entre les bottes de tierce et de quarte
et les intervalles musicaux du même nom. Quand il
voulait faire une feinte, il me disait de prendre garde
à ce dièse, parce qu'anciennement les dièses s'appe-
laient *des feintes ;* quand il m'avait fait sauter de la
main mon fleuret, il disait en ricanant que c'était *une
pause.* Enfin je ne vis de ma vie un pédant plus insupportable que ce pauvre homme avec son plumet et son
plastron.

Je fis donc peu de progrès dans mes exercices, que je
quittai bientôt par pur dégoût ; mais j'en fis davantage
dans un art plus utile, celui d'être content de mon sort,
et de n'en pas désirer un plus brillant pour lequel je
commençais à sentir que je n'étais pas né. Livré tout
entier au désir de rendre à Maman la vie heureuse, je
me plaisais toujours auprès d'elle, et quand il fallait m'en
éloigner pour courir en ville, malgré ma passion pour la
musique, je commençais à sentir la gêne de mes leçons.

J'ignore si Claude Anet s'aperçut de l'intimité de notre
commerce. J'ai lieu de croire qu'il ne lui fut pas caché.

C'était un garçon très clairvoyant, mais très discret, qui ne parlait jamais contre sa pensée, mais qui ne la disait pas toujours. Sans me faire le moindre semblant qu'il fût instruit, par sa conduite il paraissait l'être, et cette conduite ne venait sûrement pas de bassesse d'âme, mais de ce qu'étant entré dans les principes de sa maîtresse, il ne pouvait désapprouver qu'elle agît conséquemment. Quoique aussi jeune qu'elle, il était si mûr et si grave, qu'il nous regardait presque comme deux enfants dignes d'indulgence, et nous le regardions l'un et l'autre comme un homme respectable dont nous avions l'estime à ménager. Ce ne fut qu'après qu'elle lui fut infidèle que je connus bien tout l'attachement qu'elle avait pour lui. Comme elle savait que je ne pensais, ne sentais, ne respirais que par elle, elle me montrait combien elle l'aimait, afin que je l'aimasse de même, et elle appuyait encore moins sur son amitié pour lui que sur son estime, parce que c'était le sentiment que je pouvais partager le plus pleinement. Combien de fois elle attendrit nos cœurs et nous fit embrasser avec des larmes, en nous disant que nous étions nécessaires tous deux au bonheur de sa vie! Et que les femmes qui liront ceci ne sourient pas malignement. Avec le tempérament qu'elle avait, ce besoin n'était pas équivoque : c'était uniquement celui de son cœur.

Ainsi s'établit entre nous trois une société sans autre exemple peut-être sur la terre. Tous nos vœux, nos soins, nos cœurs, étaient en commun. Rien n'en passait au delà de ce petit cercle. L'habitude de vivre ensemble et d'y vivre exclusivement devint si grande, que si dans nos repas un des trois manquait ou qu'il vînt un quatrième, tout était dérangé, et, malgré nos liaisons particulières, les tête-à-tête nous étaient moins doux que la réunion. Ce qui prévenait entre nous la gêne était une extrême confiance réciproque, et ce qui prévenait l'ennui était que nous étions tous fort occupés. Maman, toujours projetante et toujours agissante, ne nous laissait guère oisifs ni l'un ni l'autre, et nous avions encore chacun pour notre compte de quoi bien remplir notre temps. Selon moi, le désœuvrement n'est pas moins le fléau de la société que celui de la solitude. Rien ne rétrécit plus l'esprit, rien n'engendre plus de riens, de rapports, de paquets, de tracasseries, de mensonges, que d'être éternellement renfermés vis-à-vis les uns des autres dans une chambre, réduits pour tout ouvrage à la nécessité de babiller conti-

nuellement. Quand tout le monde est occupé, l'on ne
parle que quand on a quelque chose à dire; mais quand
on ne fait rien, il faut absolument parler toujours, et
voilà de toutes les gênes la plus incommode et la plus
dangereuse. J'ose même aller plus loin, et je soutiens que
pour rendre un cercle vraiment agréable, il faut non seulement que chacun y fasse quelque chose, mais quelque
chose qui demande un peu d'attention. Faire des nœuds,
c'est ne rien faire, et il faut tout autant de soin pour
amuser une femme qui fait des nœuds que celle qui tient
les bras croisés. Mais quand elle brode, c'est autre chose;
elle s'occupe assez pour remplir les intervalles du silence.
Ce qu'il y a de choquant, de ridicule, est de voir pendant
ce temps une douzaine de flandrins se lever, s'asseoir,
aller, venir, pirouetter sur leurs talons, retourner
deux cents fois les magots de la cheminée, et fatiguer leur
minerve à maintenir un intarissable flux de paroles : la
belle occupation! Ces gens-là, quoi qu'ils fassent, seront
toujours à charge aux autres et à eux-mêmes. Quand
j'étais à Môtiers, j'allais faire des lacets chez mes voisines;
si je retournais dans le monde, j'aurais toujours dans ma
poche un bilboquet, et j'en jouerais toute la journée pour
me dispenser de parler quand je n'aurais rien à dire. Si
chacun en faisait autant, les hommes deviendraient moins
méchants, leur commerce deviendrait plus sûr, et je
pense, plus agréable. Enfin, que les plaisants rient, s'ils
veulent, mais je soutiens que la seule morale à la portée
du présent siècle est la morale du bilboquet.

Au reste, on ne nous laissait guère le soin d'éviter l'ennui par nous-mêmes; et les importuns nous en donnaient
trop par leur influence, pour nous en laisser quand nous
restions seuls. L'impatience qu'ils m'avaient donnée
autrefois n'était pas diminuée, et toute la différence était
que j'avais moins de temps pour m'y livrer. La pauvre
Maman n'avait point perdu son ancienne fantaisie d'entreprises et de systèmes. Au contraire, plus ses besoins
domestiques devenaient pressants, plus, pour y pourvoir,
elle se livrait à ses visions. Moins elle avait de ressources
présentes, plus elle s'en forgeait dans l'avenir. Le progrès des ans ne faisait qu'augmenter en elle cette manie;
et à mesure qu'elle perdait le goût des plaisirs du monde
et de la jeunesse, elle le remplaçait par celui des secrets
et des projets. La maison ne désemplissait pas de charlatans, de fabricants, de souffleurs, d'entrepreneurs de toute
espèce, qui, distribuant par millions la fortune, finis-

saient par avoir besoin d'un écu. Aucun ne sortait de chez elle à vide, et l'un de mes étonnements est qu'elle ait pu suffire aussi longtemps à tant de profusions sans en épuiser la source, et sans lasser ses créanciers.

Le projet dont elle était le plus occupée au temps dont je parle, et qui n'était pas le plus déraisonnable qu'elle eût formé, était de faire établir à Chambéry un Jardin royal de plantes, avec un démonstrateur appointé, et l'on comprend d'avance à qui cette place était destinée. La position de cette ville au milieu des Alpes était très favorable à la botanique, et Maman, qui facilitait toujours un projet par un autre, y joignit celui d'un Collège de pharmacie, qui véritablement paraissait très utile dans un pays aussi pauvre, où les apothicaires sont presque les seuls médecins. La retraite du protomédecin Grossi à Chambéry, après la mort du roi Victor, lui parut favoriser beaucoup cette idée, et la lui suggéra peut-être. Quoi qu'il en soit, elle se mit à cajoler Grossi, qui pourtant n'était pas trop cajolable; car c'était bien le plus caustique et le plus brutal monsieur que j'aie jamais connu. On en jugera par deux ou trois traits que je vais citer pour échantillon.

Un jour il était en consultation avec d'autres médecins, un entre autres qu'on avait fait venir d'Annecy, et qui était le médecin ordinaire du malade. Ce jeune homme, encore mal appris pour un médecin, osa n'être pas de l'avis de Monsieur le proto. Celui-ci, pour toute réponse, lui demanda, quand il s'en retournait, par où il passait, et quelle voiture il prenait. L'autre, après l'avoir satisfait, lui demande à son tour s'il y a quelque chose pour son service. Rien, rien, dit Grossi, sinon que je veux m'aller mettre à une fenêtre, sur votre passage, pour avoir le plaisir de voir passer un âne à cheval. Il était aussi avare que riche et dur. Un de ses amis lui voulut un jour emprunter de l'argent avec de bonnes sûretés : Mon ami, lui dit-il, en lui serrant le bras et grinçant les dents, quand saint Pierre descendrait du Ciel pour m'emprunter dix pistoles, et qu'il me donnerait la Trinité pour caution, je ne les lui prêterais pas. Un jour, invité à dîner chez M. le comte Picon, gouverneur de Savoie, et très dévot, il arrive avant l'heure, et S. E., alors occupée à dire le rosaire, lui en propose l'amusement. Ne sachant trop que répondre, il fait une grimace affreuse, et se met à genoux. Mais à peine avait-il récité deux *Ave*, que, n'y pouvant plus tenir, il se lève brusquement, prend sa canne et s'en

va sans mot dire. Le comte Picon court après, et lui crie :
M. Grossi! M. Grossi! restez donc, vous avez là-bas à la
broche une excellente bartavelle. — M. le comte! lui
répond l'autre en se retournant, vous me donneriez un
ange rôti que je ne resterais pas. Voilà quel était M. le protomédecin Grossi, que Maman entreprit et vint à bout
d'apprivoiser. Quoique extrêmement occupé, il s'accou-
tuma à venir très souvent chez elle, prit Anet en amitié,
marqua faire cas de ses connaissances, en parlait avec
estime, et, ce qu'on n'aurait pas attendu d'un pareil
ours, affectait de le traiter avec considération, pour effacer
les impressions du passé. Car, quoique Anet ne fût plus
sur le pied d'un domestique, on savait qu'il l'avait été,
et il ne fallait pas moins que l'exemple et l'autorité de
M. le protomédecin pour donner à son égard le ton qu'on
n'aurait pas pris de tout autre. Claude Anet avec un habit
noir, une perruque bien peignée, un maintien grave et
décent, une conduite sage et circonspecte, des connaissances assez étendues en matière médicale et en botanique, et la faveur du chef de la faculté, pouvait raisonnablement espérer de remplir avec applaudissement la
place de démonstrateur royal des plantes, si l'établissement projeté avait lieu, et réellement Grossi en avait goûté
le plan, l'avait adopté, et n'attendait, pour le proposer
à la cour, que le moment où la paix permettrait de songer
aux choses utiles, et laisserait disposer de quelque argent
pour y pourvoir.

Mais ce projet, dont l'exécution m'eût probablement
jeté dans la botanique, pour laquelle il me semble que
j'étais né, manqua par un de ces coups inattendus qui
renversent les desseins les mieux concertés. J'étais destiné
à devenir, par degrés, un exemple des misères humaines.
On dirait que la Providence, qui m'appelait à ces grandes
épreuves, écartait de la main tout ce qui m'eût empêché
d'y arriver. Dans une course qu'Anet avait faite au haut
des montagnes, pour aller chercher du *Génipi*, plante
rare qui ne croît que sur les Alpes, et dont M. Grossi
avait besoin, ce pauvre garçon s'échauffa tellement, qu'il
gagna une pleurésie, dont le génipi ne put le sauver,
quoiqu'il y soit, dit-on, spécifique, et malgré tout l'art de
Grossi, qui certainement était un très habile homme,
malgré les soins infinis que nous prîmes de lui, sa bonne
maîtresse et moi, il mourut le cinquième jour entre nos
mains après la plus cruelle agonie, durant laquelle il n'eut
d'autres exhortations que les miennes; et je les lui pro-

diguai avec des élans de douleur et de zèle qui, s'il était
en état de m'entendre, devaient être de quelque consolation pour lui. Voilà comment je perdis le plus solide ami
que j'eus en toute ma vie, homme estimable et rare, en qui
la nature tint lieu d'éducation, qui nourrit dans la servitude toutes les vertus des grands hommes, et à qui,
peut-être, il ne manqua, pour se montrer tel à tout le
monde, que de vivre et d'être placé.

Le lendemain j'en parlais avec Maman dans l'affliction
la plus vive et la plus sincère, et tout d'un coup, au milieu
de l'entretien, j'eus la vile et indigne pensée que j'héritais
de ses nippes, et surtout d'un bel habit noir qui m'avait
donné dans la vue. Je le pensai, par conséquent je le dis;
car près d'elle c'était pour moi la même chose. Rien ne
lui fit mieux sentir la perte qu'elle avait faite que ce lâche
et odieux mot, le désintéressement et la noblesse d'âme
étant des qualités que le défunt avait éminemment possédées. La pauvre femme, sans rien répondre, se tourna de
l'autre côté et se mit à pleurer. Chères et précieuses
larmes! Elles furent entendues et coulèrent toutes dans
mon cœur; elles y lavèrent jusqu'aux dernières traces
d'un sentiment bas et malhonnête; il n'y en est jamais
entré depuis ce temps-là.

Cette perte causa à Maman autant de préjudice que de
douleur. Depuis ce moment ses affaires ne cessèrent d'aller en décadence. Anet était un garçon exact et rangé, qui
maintenait l'ordre dans la maison de sa maîtresse. On
craignait sa vigilance, et le gaspillage était moindre. Elle-
même craignait sa censure, et se contenait davantage dans
ses dissipations. Ce n'était pas assez pour elle de son
attachement, elle voulait conserver son estime, et elle
redoutait le juste reproche qu'il osait quelquefois lui
faire qu'elle prodiguait le bien d'autrui autant que le
sien. Je pensais comme lui, je le disais même; mais je
n'avais pas le même ascendant sur elle, et mes discours
n'en imposaient pas comme les siens. Quand il ne fut
plus, je fus bien forcé de prendre sa place, pour laquelle
j'avais aussi peu d'aptitude que de goût; je la remplis
mal. J'étais peu soigneux, j'étais fort timide; tout en
grondant à part moi, je laissais tout aller comme il allait.
D'ailleurs j'avais bien obtenu la même confiance, mais
non pas la même autorité. Je voyais le désordre, j'en
gémissais, je m'en plaignais, et je n'étais pas écouté. J'étais
trop jeune et trop vif pour avoir le droit d'être raisonnable, et quand je voulais me mêler de faire le censeur,

Maman me donnait de petits soufflets de caresses, m'appelait son petit Mentor, et me forçait à reprendre le rôle qui me convenait.

Le sentiment profond de la détresse où ses dépenses peu mesurées devaient nécessairement la jeter tôt ou tard me fit une impression d'autant plus forte, qu'étant devenu l'inspecteur de sa maison, je jugeais par moi-même de l'inégalité de la balance entre le *doit* et l'*avoir*. Je date de cette époque le penchant à l'avarice que je me suis toujours senti depuis ce temps-là. Je n'ai jamais été follement prodigue que par bourrasques ; mais jusqu'alors je ne m'étais jamais beaucoup inquiété si j'avais peu ou beaucoup d'argent. Je commençai à faire cette attention et à prendre du souci de ma bourse. Je devenais vilain par un motif très noble ; car, en vérité, je ne songeais qu'à ménager à Maman quelque ressource dans la catastrophe que je prévoyais. Je craignais que ses créanciers ne fissent saisir sa pension, qu'elle ne fût tout à fait supprimée, et je m'imaginais, selon mes vues étroites, que mon petit magot lui serait alors d'un grand secours. Mais pour le faire, et surtout pour le conserver, il fallait me cacher d'elle ; car il n'eût pas convenu, tandis qu'elle était aux expédients, qu'elle eût su que j'avais de l'argent mignon. J'allais donc cherchant par-ci par-là, de petites caches où je fourrais quelques louis en dépôt, comptant augmenter ce dépôt sans cesse jusqu'au moment de le mettre à ses pieds. Mais j'étais si maladroit dans le choix de mes cachettes, qu'elle les éventait toujours ; puis, pour m'apprendre qu'elle les avait trouvées, elle ôtait l'or que j'y avais mis, et en mettait davantage en autres espèces. Je venais tout honteux rapporter à la bourse commune mon petit trésor, et jamais elle ne manquait de l'employer en nippes ou meubles à mon profit, comme épée d'argent, montre, ou autre chose pareille.

Bien convaincu qu'accumuler ne me réussirait jamais, et serait pour elle une mince ressource, je sentis enfin que je n'en avais point d'autre contre le malheur que je craignais que de me mettre en état de pourvoir par moi-même a sa subsistance, quand, cessant de pourvoir à la mienne, elle verrait le pain prêt à lui manquer. Malheureusement, jetant mes projets du côté de mes goûts, je m'obstinais à chercher follement ma fortune dans la musique, et sentant naître des idées et des chants dans ma tête, je crus qu'aussitôt que je serais en état d'en tirer parti j'allais devenir un homme célèbre, un Orphée moderne dont les sons devaient attirer tout l'argent du Pérou. Ce dont il s'agissait pour moi, commençant à lire passablement la musique, était d'apprendre la composition. La difficulté était de trouver quelqu'un pour me l'enseigner ; car avec mon Rameau seul, je n'espérais pas y parvenir par moi-même, et depuis le départ de M. Le Maître, il n'y avait personne en Savoie qui entendît rien à l'harmonie.

Ici l'on va voir encore une de ces inconséquences dont ma vie est remplie, et qui m'ont fait si souvent aller contre mon but, lors même que j'y pensais tendre directement. Venture m'avait beaucoup parlé de l'abbé Blanchard, son maître de composition, homme de mérite et d'un grand talent, qui pour lors était maître de musique de la cathédrale de Besançon, et qui l'est maintenant de la chapelle de Versailles. Je me mis en tête d'aller à Besançon prendre leçon de l'abbé Blanchard, et cette idée me parut si raisonnable, que je parvins à la faire trouver telle à Maman. La voilà travaillant à mon petit équipage, et cela avec la profusion qu'elle mettait à toute chose. Ainsi, toujours avec le projet de prévenir une banqueroute et de réparer dans l'avenir l'ouvrage de sa dissipation, je commençai dans le moment même par lui causer une dépense de huit cents francs : j'accélérais sa ruine pour me mettre en état d'y remédier. Quelque folle que fût cette conduite, l'illusion était entière de ma part, et même de la sienne. Nous étions persuadés l'un et l'autre, moi que je travaillais utilement pour elle, elle que je travaillais utilement pour moi.

J'avais compté trouver Venture encore à Annecy, et lui demander une lettre pour l'abbé Blanchard. Il n'y était plus. Il fallut, pour tout renseignement, me contenter d'une messe à quatre parties de sa composition et de sa main, qu'il m'avait laissée. Avec cette recommandation je vais à Besançon, passant par Genève, où je fus voir mes parents, et par Nyon, où je fus voir mon père, qui me reçut comme à son ordinaire et se chargea de me faire parvenir ma malle, qui ne venait qu'après moi, parce que j'étais à cheval. J'arrive à Besançon. L'abbé Blanchard me reçoit bien, me promet ses instructions, et m'offre ses services. Nous étions prêts à commencer quand j'apprends par une lettre de mon père que ma malle a été saisie et confisquée aux *Rousses*, bureau de France sur les frontières de Suisse. Effrayé de cette nouvelle, j'emploie les connaissances que je m'étais faites à Besançon pour savoir le motif de cette confiscation ; car, bien sûr de n'avoir

point de contrebande, je ne pouvais concevoir sur quel
prétexte on l'avait pu fonder. Je l'apprends enfin : il faut
le dire, car c'est un fait curieux.

Je voyais à Chambéry un vieux Lyonnais, fort bon
homme, appelé M. Duvivier, qui avait travaillé au *visa*
sous la Régence, et qui, faute d'emploi, était venu travailler au cadastre. Il avait vécu dans le monde; il avait
des talents, quelque savoir, de la douceur, de la politesse;
il savait la musique, et comme j'étais de chambrée avec
lui, nous nous étions liés de préférence au milieu des
ours mal léchés qui nous entouraient. Il avait à Paris des
correspondances qui lui fournissaient ces petits riens, ces
nouveautés éphémères, qui courent on ne sait pourquoi,
qui meurent on ne sait comment, sans que jamais personne
y repense quand on a cessé d'en parler. Comme je le
menais quelquefois dîner chez Maman, il me faisait sa
cour en quelque sorte, et, pour se rendre agréable, il
tâchait de me faire aimer ces fadaises pour lesquelles j'eus
toujours un tel dégoût, qu'il ne m'est arrivé de la vie d'en
lire une à moi seul. Pour lui complaire, je prenais ces précieux torche-culs, je les mettais dans ma poche, et je n'y
songeais plus que pour le seul usage auquel ils étaient
bons. Malheureusement un de ces maudits papiers resta
dans la poche de veste d'un habit neuf que j'avais porté
deux ou trois fois pour être en règle avec les commis. Ce
papier était une parodie janséniste, assez plate, de la belle
scène du *Mithridate* de Racine. Je n'en avais pas lu
dix vers, et l'avais laissé par oubli dans ma poche. Voilà
ce qui fit confisquer mon équipage. Les commis firent
à la tête de l'inventaire de cette malle un magnifique
procès-verbal, où, supposant que cet écrit venait de
Genève pour être imprimé et distribué en France, ils
s'étendaient en saines invectives contre les ennemis de
Dieu et de l'Eglise, et en éloges de leur pieuse vigilance, qui avait arrêté l'exécution de ce projet infernal.
Ils trouvèrent sans doute que mes chemises sentaient
aussi l'hérésie; car, en vertu de ce terrible papier, tout fut
confisqué, sans que jamais, comme que j'aie pu m'y
prendre, j'aie eu ni raison ni nouvelle de ma pauvre
pacotille. Les gens des fermes à qui l'on s'adressa
demandaient tant d'instructions, de renseignements,
de certificats, de mémoires, que, me perdant mille fois
dans ce labyrinthe, je fus contraint de tout abandonner.
J'ai un vrai regret de n'avoir pas conservé le procès-
verbal du bureau des Rousses. C'était une pièce à

figurer avec distinction parmi celles dont le recueil doit accompagner cet écrit.

Cette perte me fit revenir à Chambéry, tout de suite, sans avoir rien fait avec l'abbé Blanchard, et, tout bien pesé, voyant le malheur me suivre dans toutes mes entreprises, je résolus de m'attacher uniquement à Maman, de courir sa fortune, et de ne plus m'inquiéter inutilement d'un avenir auquel je ne pouvais rien. Elle me reçut comme si j'avais rapporté des trésors, remonta peu à peu ma petite garde-robe, et mon malheur, assez grand pour l'un et pour l'autre, fut presque aussitôt oublié qu'arrivé.

Quoique ce malheur m'eût refroidi sur mes projets de musique, je ne laissais pas d'étudier toujours mon Rameau ; et à force d'efforts je parvins enfin à l'entendre et à faire quelques petits essais de composition dont le succès m'encouragea. Le comte de Bellegarde, fils du marquis d'Entremont, était revenu de Dresde, après la mort du roi Auguste. Il avait vécu longtemps à Paris : il aimait extrêmement la musique, et avait pris en passion celle de Rameau. Son frère, le comte de Nangis, jouait du violon, Madame la comtesse de la Tour, leur sœur, chantait un peu. Tout cela mit à Chambéry la musique à la mode, et l'on établit une manière de concert public, dont on voulut d'abord me donner la direction ; mais on s'aperçut bientôt qu'elle passait mes forces, et l'on s'arrangea autrement. Je ne laissais pas d'y donner quelques petits morceaux de ma façon, et entre autres une cantate qui plut beaucoup. Ce n'était pas une pièce bien faite, mais elle était pleine de chants nouveaux et de choses d'effet que l'on n'attendait pas de moi. Ces messieurs ne purent croire que, lisant si mal la musique, je fusse en état d'en composer de passable, et ils ne doutèrent pas que je ne me fusse fait honneur du travail d'autrui. Pour vérifier la chose, un matin M. de Nangis vint me trouver avec une cantate de Clérambault, qu'il avait transposée, disait-il, pour la commodité de la voix, et à laquelle il fallait faire une autre basse, la transposition rendant celle de Clérambault impraticable sur l'instrument. Je répondis que c'était un travail considérable, et qui ne pouvait être fait sur-le-champ. Il crut que je cherchais une défaite, et me pressa de lui faire au moins la basse d'un récitatif. Je la fis donc, mal sans doute, parce qu'en toute chose il me faut, pour bien faire, mes aises et la liberté ; mais je la fis du moins dans les règles, et comme il était présent, il ne put douter que je ne susse les éléments de la composition. Ainsi je ne perdis pas mes écolières, mais je me refroidis un peu sur la musique, voyant qu'on faisait un concert et que l'on s'y passait de moi.

Ce fut à peu près dans ce temps-là que, la paix étant faite, l'armée française repassa les monts. Plusieurs officiers vinrent voir Maman, entre autres M. le comte de Lautrec, colonel du régiment d'Orléans, depuis plénipotentiaire à Genève, et enfin maréchal de France, auquel elle me présenta. Sur ce qu'elle lui dit, il parut s'intéresser beaucoup à moi, et me promit beaucoup de choses, dont il ne s'est souvenu que la dernière année de sa vie, lorsque je n'avais plus besoin de lui. Le jeune marquis de Sennecterre, dont le père était alors ambassadeur à Turin, passa dans le même temps à Chambéry. Il dîna chez Madame de Menthon; j'y dînais aussi ce jour-là. Après le dîner il fut question de musique; il la savait très bien. L'opéra de *Jephté* était alors dans sa nouveauté; il en parla, on le fit apporter. Il me fit frémir, en me proposant d'exécuter à nous deux cet opéra, et tout en ouvrant le livre, il tomba sur ce morceau célèbre, à deux chœurs :

> La terre, l'enfer, le Ciel même,
> Tout tremble devant le Seigneur.

Il me dit : Combien voulez-vous faire de parties ? je ferai pour ma part ces six-là. Je n'étais pas encore accoutumé à cette pétulance française; et quoique j'eusse quelquefois ânonné des partitions, je ne comprenais pas comment le même homme pouvait faire en même temps six parties, ni même deux. Rien ne m'a plus coûté dans l'exercice de la musique que de sauter aussi légèrement d'une partie à l'autre, et d'avoir l'œil à la fois sur toute une partition. A la manière dont je me tirai de cette entreprise, M. de Sennecterre dut être tenté de croire que je ne savais pas la musique. Ce fut peut-être pour vérifier ce doute qu'il me proposa de noter une chanson qu'il voulait donner à Mlle de Menthon. Je ne pouvais m'en défendre. Il chanta la chanson; je l'écrivis, même sans le faire beaucoup répéter. Il la lut ensuite, et trouva, comme il était vrai, qu'elle était très correctement notée. Il avait vu mon embarras, il prit plaisir à faire valoir ce petit succès. C'était pourtant une chose très simple. Au fond, je savais fort bien la musique; je ne manquais que de cette vivacité du premier coup d'œil que je n'eus jamais sur rien, et qui ne s'acquiert en musique que par une pratique consommée. Quoi qu'il en soit, je fus sensible à l'honnête soin qu'il prit d'effacer dans l'esprit des autres, et dans le mien, la petite honte que j'avais eue ; et douze ou quinze ans après, me rencontrant avec lui dans diverses maisons de Paris, je fus tenté plusieurs fois de lui rappeler cette anecdote, et de lui montrer que j'en gardais le souvenir. Mais il avait perdu les yeux depuis ce temps-là : je craignis de renouveler ses regrets en lui rappelant l'usage qu'il en avait su faire, et je me tus.

Je touche au moment qui commence à lier mon existence passée avec la présente. Quelques amitiés de ce temps-là, prolongées jusqu'à celui-ci, me sont devenues bien précieuses. Elles m'ont souvent fait regretter cette heureuse obscurité où ceux qui se disaient mes amis l'étaient et m'aimaient pour moi, par pure bienveillance, non par la vanité d'avoir des liaisons avec un homme connu, ou par le désir secret de trouver ainsi plus d'occasions de lui nuire. C'est d'ici que je date ma première connaissance avec mon vieux ami Gauffecourt, qui m'est toujours resté, malgré les efforts qu'on a faits pour me l'ôter. Toujours resté ! non. Hélas ! je viens de le perdre. Mais il n'a cessé de m'aimer qu'en cessant de vivre, et notre amitié n'a fini qu'avec lui. M. de Gauffecourt était un des hommes les plus aimables qui aient existé. Il était impossible de le voir sans l'aimer, et de vivre avec lui sans s'y attacher tout à fait. Je n'ai vu de ma vie une physionomie plus ouverte, plus caressante, qui eût plus de sérénité, qui marquât plus de sentiment et d'esprit, qui inspirât plus de confiance. Quelque réservé qu'on pût être, on ne pouvait, dès la première vue, se défendre d'être aussi familier avec lui que si on l'eût connu depuis vingt ans, et moi qui avais tant de peine d'être à mon aise avec les nouveaux visages, j'y fus avec lui du premier moment. Son ton, son accent, son propos, accompagnaient parfaitement sa physionomie. Le son de sa voix était net, plein, bien timbré, une belle voix de basse, étoffée et mordante, qui remplissait l'oreille et sonnait au cœur. Il est impossible d'avoir une gaieté plus égale et plus douce, des grâces plus vraies et plus simples, des talents plus naturels et cultivés avec plus de goût. Joignez à cela un cœur aimant, mais aimant un peu trop tout le monde, un caractère officieux avec peu de choix, servant ses amis avec zèle, ou plutôt se faisant l'ami des gens qu'il pouvait servir, et sachant faire très adroitement ses propres affaires en faisant très chaudement celles d'au-

trui. Gauffecourt était fils d'un simple horloger, et avait
été horloger lui-même. Mais sa figure et son mérite l'appe-
laient dans une autre sphère, où il ne tarda pas d'entrer.
Il fit connaissance avec M. de La Closure, résident de
France à Genève, qui le prit en amitié. Il lui procura à
Paris d'autres connaissances qui lui furent utiles, et par
lesquelles il parvint à avoir la fourniture des sels du
Valais, qui lui valait vingt mille livres de rente. Sa fortune, assez belle, se borna là du côté des hommes ; mais du
côté des femmes la presse y était : il eut à choisir, et fit
ce qu'il voulut. Ce qu'il y eut de plus rare et de plus
honorable pour lui fut qu'ayant des liaisons dans tous
les états, il fut partout chéri, recherché de tout le monde,
sans jamais être envié ni haï de personne, et je crois qu'il
est mort sans avoir eu de sa vie un seul ennemi. Heureux
homme ! Il venait tous les ans aux bains d'Aix, où se
rassemble la bonne compagnie des pays voisins. Lié avec
toute la noblesse de Savoie, il venait d'Aix à Chambéry
voir le comte de Bellegarde, et son père le marquis
d'Entremont, chez qui Maman fit et me fit faire connaissance avec lui. Cette connaissance, qui semblait devoir
n'aboutir à rien, et fut nombre d'années interrompue,
se renouvela dans l'occasion que je dirai et devint un véritable attachement. C'est assez pour m'autoriser à parler
d'un ami avec qui j'ai été si étroitement lié ; mais, quand
je ne prendrais aucun intérêt personnel à sa mémoire,
c'était un homme si aimable et si heureusement né, que,
pour l'honneur de l'espèce humaine, je la croirais toujours bonne à conserver. Cet homme si charmant avait
pourtant ses défauts, ainsi que les autres, comme on
pourra voir ci-après ; mais s'il ne les eût pas eus, peut-
être eût-il été moins aimable. Pour le rendre intéressant
autant qu'il pouvait l'être, il fallait qu'on eût quelque
chose à lui pardonner.

Une autre liaison du même temps n'est pas éteinte, et
me leurre encore de cet espoir du bonheur temporel, qui
meurt si difficilement dans le cœur de l'homme. M. de
Conzié, gentilhomme savoyard, alors jeune et aimable, eut
la fantaisie d'apprendre la musique, ou plutôt de faire
connaissance avec celui qui l'enseignait. Avec de l'esprit
et du goût pour les belles connaissances, M. de Conzié
avait une douceur de caractère qui le rendait très liant, et
je l'étais beaucoup moi-même pour les gens en qui je la
trouvais. La liaison fut bientôt faite. Le germe de littérature et de philosophie qui commençait à fermenter dans

ma tête, et qui n'attendait qu'un peu de culture et d'émulation pour se développer tout à fait, les trouvait en lui. M. de Conzié avait peu de disposition pour la musique; ce fut un bien pour moi; les heures des leçons se passaient à tout autre chose qu'à solfier. Nous déjeunions, nous causions, nous lisions quelques nouveautés, et pas un mot de musique. La correspondance de Voltaire avec le Prince royal de Prusse faisait du bruit alors : nous nous entretenions souvent de ces deux hommes célèbres, dont l'un, depuis peu sur le trône, s'annonçait déjà tel qu'il devait dans peu se montrer, et dont l'autre, aussi décrié qu'il est admiré maintenant, nous faisait plaindre sincèrement le malheur qui semblait le poursuivre, et qu'on voit si souvent être l'apanage des grands talents. Le Prince de Prusse avait été peu heureux dans sa jeunesse, et Voltaire semblait fait pour ne l'être jamais. L'intérêt que nous prenions à l'un et à l'autre s'étendait à tout ce qui s'y rapportait. Rien de tout ce qu'écrivait Voltaire ne nous échappait. Le goût que je pris à ces lectures m'inspira le désir d'apprendre à écrire avec élégance, et de tâcher d'imiter le beau coloris de cet auteur, dont j'étais enchanté. Quelque temps après parurent ses *Lettres philosophiques*. Quoiqu'elles ne soient assurément pas son meilleur ouvrage, ce fut celui qui m'attira le plus vers l'étude et ce goût naissant ne s'éteignit plus depuis ce temps-là.

Mais le moment n'était pas venu de m'y livrer tout de bon. Il me restait encore une humeur un peu volage, un désir d'aller et venir, qui s'était plutôt borné qu'éteint, et que nourrissait le train de la maison de Madame de Warens trop bruyant pour mon humeur solitaire. Ce tas d'inconnus qui lui affluaient journellement de toutes parts, et la persuasion où j'étais que ces gens-là ne cherchaient qu'à la duper chacun à sa manière, me faisaient un vrai tourment de mon habitation. Depuis qu'ayant succédé à Claude Anet dans la confidence de sa maîtresse je suivais de plus près l'état de ses affaires, j'y voyais un progrès en mal dont j'étais effrayé. J'avais cent fois remontré, prié, pressé, conjuré, et toujours inutilement. Je m'étais jeté à ses pieds, je lui avais représenté fortement la catastrophe qui la menaçait, je l'avais vivement exhortée à réformer sa dépense, à commencer par moi, à souffrir plutôt un peu tandis qu'elle était encore jeune que, multipliant toujours ses dettes et ses créanciers, de s'exposer sur ses vieux jours à leurs vexations et à la misère. Sensible à la sincérité de mon zèle, elle s'attendrissait avec moi, et me promettait les plus belles choses du monde. Un croquant arrivait-il, à l'instant tout était oublié. Après mille épreuves de l'inutilité de mes remontrances, que me restait-il à faire que de détourner les yeux du mal que je ne pouvais prévenir ? Je m'éloignais de la maison dont je ne pouvais garder la porte; je faisais de petits voyages à Nyon, à Genève, à Lyon, qui, m'étourdissant sur ma peine secrète, en augmentaient en même temps le sujet par ma dépense. Je puis jurer que j'en aurais souffert tous les retranchements avec joie si Maman eût vraiment profité de cette épargne; mais certain que ce que je me refusais passait à des fripons, j'abusais de sa facilité pour partager avec eux, et, comme le chien qui revient de la boucherie, j'emportais mon lopin du morceau que je n'avais pu sauver.

Les prétextes ne me manquaient pas pour tous ces voyages, et Maman seule m'en eût fourni de reste, tant elle avait partout de liaisons, de négociations, d'affaires, de commissions à donner à quelqu'un de sûr. Elle ne demandait qu'à m'envoyer, je ne demandais qu'à aller; cela ne pouvait manquer de faire une vie assez ambulante. Ces voyages me mirent à portée de faire quelques bonnes connaissances, qui m'ont été dans la suite agréables ou utiles; entre autres, à Lyon, celle de M. Perrichon, que je me reproche de n'avoir pas assez cultivée, vu les bontés qu'il a eues pour moi; celle du bon Parisot, dont je parlerai dans son temps; à Grenoble, celles de Madame Deybens et de Madame la présidente de Bardonanche, femme de beaucoup d'esprit, et qui m'eût pris en amitié si j'avais été à portée de la voir plus souvent; à Genève, celle de M. de La Closure, résident de France, qui me parlait souvent de ma mère, dont malgré la mort et le temps son cœur n'avait pu se déprendre; celle des deux Barillot, dont le père qui m'appelait son petit-fils, était d'une société très aimable, et l'un des plus dignes hommes que j'aie jamais connus. Durant les troubles de la République, ces deux citoyens se jetèrent dans les deux partis contraires : le fils dans celui de la bourgeoisie, le père dans celui des magistrats, et lorsqu'on prit les armes en 1737, je vis, étant à Genève, le père et le fils sortir armés de la même maison, l'un pour monter à l'hôtel de ville, l'autre pour se rendre à son quartier, sûrs de se trouver deux heures après, l'un vis-à-vis de l'autre, exposés à s'entr'égorger. Ce spectacle affreux me fit une impression si vive, que je jurai de ne tremper jamais dans aucune guerre civile, et de ne soutenir jamais au dedans la liberté par les armes, ni de ma personne, ni de mon aveu, si jamais je rentrais dans mes droits de citoyen. Je me rends le témoignage d'avoir tenu ce serment dans une occasion délicate, et l'on trouvera, du moins je le pense, que cette modération fut de quelque prix.

Mais je n'en étais pas encore à cette première fermentation de patriotisme que Genève en armes excita dans mon cœur. On jugera combien j'en étais loin par un fait très grave à ma charge, que j'ai oublié de mettre à sa place, et qui ne doit pas être omis.

Mon oncle Bernard était, depuis quelques années, passé dans la Caroline pour y faire bâtir la ville de Charlestown dont il avait donné le plan. Il y mourut peu après; mon pauvre cousin était aussi mort au service du roi de Prusse, et ma tante perdait ainsi son fils, et son mari presque en même temps. Ces pertes réchauffèrent un peu son amitié pour le plus proche parent qui lui restât et qui était moi. Quand j'allais à Genève, je logeais chez elle, et je m'amusais à fureter et feuilleter les livres et papiers que mon oncle avait laissés. J'y trouvai beaucoup de pièces curieuses, et des lettres dont assurément on ne se douterait pas. Ma tante, qui faisait peu de cas de ces paperasses, m'eût laissé tout emporter si j'avais voulu. Je me contentai de deux ou trois livres commentés de la main de mon grand-père Bernard, le ministre, et entre autres les *Œuvres posthumes* de Rohault in-quarto, dont les marges étaient pleines d'excellentes scholies qui me firent aimer les mathématiques. Ce livre est resté parmi ceux de Madame de Warens; j'ai toujours été fâché de ne l'avoir pas gardé. A ces livres je joignis cinq ou six mémoires manuscrits, et un seul imprimé qui était du fameux Micheli Ducret, homme d'un grand talent, savant éclairé, mais trop remuant, traité bien cruellement par les magistrats de Genève et mort dernièrement dans la forteresse d'Arberg, où il était enfermé depuis longues années pour avoir, disait-on, trempé dans la conspiration de Berne.

Ce mémoire était une critique assez judicieuse de ce grand et ridicule plan de fortification qu'on a exécuté en partie à Genève, à la grande risée des gens du métier, qui ne savent pas le but secret qu'avait le Conseil dans l'exécution de cette magnifique entreprise. M. Micheli, ayant été exclu de la Chambre des fortifications pour avoir

blâmé ce plan, avait cru, comme membre des Deux Cents,
et même comme citoyen, pouvoir en dire son avis plus
au long, et c'était ce qu'il avait fait par ce mémoire, qu'il
eut l'imprudence de faire imprimer, mais non pas publier ;
car il n'en fit tirer que le nombre d'exemplaires qu'il
envoyait aux Deux Cents, et qui furent tous interceptés
à la poste par ordre du Petit Conseil. Je trouvai ce
mémoire parmi les papiers de mon oncle, avec la réponse
qu'il avait été chargé d'y faire, et j'emportai l'un et
l'autre. J'avais fait ce voyage peu après ma sortie du
cadastre, et j'étais demeuré en quelque liaison avec l'avocat Coccelli, qui en était le chef. Quelque temps après,
le directeur de la Douane s'avisa de me prier de lui tenir
un enfant, et me donna Madame Coccelli pour commère.
Les honneurs me tournaient la tête ; et, fier d'appartenir
de si près à Monsieur l'Avocat, je tâchais de faire l'important pour me montrer digne de cette gloire.

Dans cette idée je crus ne pouvoir rien faire de mieux
que de lui faire voir mon mémoire imprimé de
M. Micheli, qui réellement était une pièce rare, pour lui
prouver que j'appartenais à des notables de Genève qui
savaient les secrets de l'Etat. Cependant, par une demi-
réserve dont j'aurais peine à rendre raison, je ne lui
montrai point la réponse de mon oncle à ce mémoire,
peut-être parce qu'elle était manuscrite, et qu'il ne fallait
à Monsieur l'Avocat que du moulé. Il sentit pourtant si
bien le prix de l'écrit que j'eus la bêtise de lui confier, que
je ne pus jamais le ravoir ni le revoir, et que, bien
convaincu de l'inutilité de mes efforts, je me fis un
mérite de la chose et transformai ce vol en présent. Je ne
doute pas un moment qu'il n'ait bien fait valoir à la cour
de Turin cette pièce, plus curieuse cependant qu'utile, et
qu'il n'ait eu grand soin de se faire rembourser de manière
ou d'autre de l'argent qu'il lui en avait dû coûter pour
l'acquérir. Heureusement, de tous les futurs contingents,
un des moins probables est qu'un jour le roi de Sardaigne assiégera Genève. Mais comme il n'y a pas d'impossibilité à la chose, j'aurai toujours à reprocher à ma
sotte vanité d'avoir montré les plus grands défauts de
cette place à son plus ancien ennemi.

Je passai deux ou trois ans de cette façon entre la
musique, les magistères, les projets, les voyages, flottant
incessamment d'une chose à l'autre, cherchant à me fixer
sans savoir à quoi, mais entraîné pourtant par degrés vers
l'étude, voyant des gens de lettres, entendant parler de

littérature, me mêlant quelquefois d'en parler moi-même, et prenant plutôt le jargon des livres que la connaissance de leur contenu. Dans mes voyages de Genève j'allais de temps en temps voir en passant mon ancien bon ami M. Simon, qui fomentait beaucoup mon émulation naissante par des nouvelles toutes fraîches de la république des lettres, tirées de Baillet ou de Colomiès. Je voyais aussi beaucoup à Chambéry un jacobin, professeur de physique, bonhomme de moine, dont j'ai oublié le nom, et qui faisait souvent de petites expériences qui m'amusaient extrêmement. Je voulus à son exemple faire de l'encre de sympathie. Pour cet effet, après avoir rempli une bouteille plus qu'à demi de chaux vive, d'orpiment et d'eau, je la bouchai bien. L'effervescence commença presque à l'instant très violemment. Je courus à la bouteille pour la déboucher, mais je n'y fus pas à temps ; elle me sauta au visage comme une bombe. J'avalai de l'orpiment, de la chaux ; j'en faillis mourir. Je restai aveugle plus de six semaines, et j'appris ainsi à ne pas me mêler de physique expérimentale sans en savoir les éléments.

Cette aventure m'arriva mal à propos pour ma santé, qui depuis quelque temps s'altérait sensiblement. Je ne sais d'où venait qu'étant bien conformé par le coffre et ne faisant d'excès d'aucune espèce, je déclinais à vue d'œil. J'ai une assez bonne carrure, la poitrine large, mes poumons doivent y jouer à l'aise ; cependant j'avais la courte haleine, je me sentais oppressé, je soupirais involontairement, j'avais des palpitations, je crachais du sang ; la fièvre lente survint, et je n'en ai jamais été bien quitte. Comment peut-on tomber dans cet état à la fleur de l'âge, sans avoir aucun viscère vicié, sans avoir rien fait pour détruire sa santé ?

L'épée use le fourreau, dit-on quelquefois. Voilà mon histoire. Mes passions m'ont fait vivre, et mes passions m'ont tué. Quelles passions ? dira-t-on. Des riens : les choses du monde les plus puériles, mais qui m'affectaient comme s'il se fût agi de la possession d'Hélène ou du trône de l'univers. D'abord les femmes. Quand j'en eus une, mes sens furent tranquilles, mais mon cœur ne le fut jamais. Les besoins de l'amour me dévoraient au sein de la jouissance. J'avais une tendre mère, une amie chérie ; mais il me fallait une maîtresse. Je me la figurais à sa place ; je me la créais de mille façons pour me donner le change à moi-même. Si j'avais cru tenir Maman dans mes bras quand je l'y tenais, mes étreintes n'auraient pas été moins vives, mais tous mes désirs se seraient éteints, j'aurais sangloté de tendresse, mais je n'aurais pas joui. Jouir! Ce sort est-il fait pour l'homme? Ah! si jamais une seule fois dans ma vie j'avais goûté dans leur plénitude toutes les délices de l'amour, je n'imagine pas que ma frêle existence y eût pu suffire; je serais mort sur le fait.

J'étais donc brûlant d'amour sans objet, et c'est peut-être ainsi qu'il épuise le plus. J'étais inquiet, tourmenté du mauvais état des affaires de ma pauvre Maman, et de son imprudente conduite, qui ne pouvait manquer d'opérer sa ruine totale en peu de temps. Ma cruelle imagination, qui va toujours au-devant des malheurs, me montrait celui-là sans cesse dans tout son excès et dans toutes ses suites. Je me voyais d'avance forcément séparé par la misère de celle à qui j'avais consacré ma vie, et sans qui je n'en pouvais jouir. Voilà comment j'avais toujours l'âme agitée. Les désirs et les craintes me dévoraient alternativement.

La musique était pour moi une autre passion, moins fougueuse, mais non moins consumante par l'ardeur avec laquelle je m'y livrais, par l'étude opiniâtre des obscurs livres de Rameau, par mon invincible obstination à vouloir en charger ma mémoire, qui s'y refusait toujours, par mes courses continuelles, par les compilations immenses que j'entassais, passant très souvent à copier les nuits entières. Et pourquoi m'arrêter aux choses permanentes, tandis que toutes les folies qui passaient dans mon inconstante tête, les goûts fugitifs d'un seul jour, un voyage, un concert, un souper, une promenade à faire, un roman à lire, une comédie à voir, tout ce qui était le moins du monde prémédité dans mes plaisirs ou dans mes affaires, devenait pour moi tout autant de passions violentes qui, dans leur impétuosité ridicule, me donnaient le plus vrai tourment? La lecture des malheurs imaginaires de Cléveland, faite avec fureur et souvent interrompue, m'a fait faire, je crois, plus de mauvais sang que les miens.

Il y avait un Genevois nommé M. Bagueret, lequel avait été employé sous Pierre le Grand à la cour de Russie; un des plus vilains hommes et des plus grands fous que j'aie jamais vus, toujours plein de projets aussi fous que lui, qui faisait tomber les millions comme la pluie, et à qui les zéros ne coûtaient rien. Cet homme, étant venu à Chambéry pour quelque procès au Sénat, s'empara de Maman comme de raison, et, pour ses trésors de zéros qu'il lui prodiguait généreusement, lui tirait ses pauvres écus pièce à pièce. Je ne l'aimais point, il le voyait; avec moi cela n'est pas difficile : il n'y avait sorte de bassesse qu'il n'employât pour me cajoler. Il s'avisa de me proposer d'apprendre les échecs, qu'il jouait un peu. J'essayai presque malgré moi, et après avoir tant bien que mal appris la marche, mon progrès fut si rapide, qu'avant la fin de la première séance je lui donnai la tour qu'il m'avait donnée en commençant. Il ne m'en fallut pas davantage : me voilà forcené des échecs. J'achète un échiquier; j'achète le Calabrais; je m'enferme dans ma chambre; j'y passe les jours et les nuits à vouloir apprendre par cœur toutes les parties, à les fourrer dans ma tête bon gré, mal gré, à jouer seul sans relâche et sans fin. Après deux ou trois mois de ce beau travail et d'efforts inimaginables, je vais au café, maigre, jaune et presque hébété. Je m'essaye, je rejoue avec M. Bagueret : il me bat une fois, deux fois, vingt fois; tant de combinaisons s'étaient brouillées dans ma tête, et mon imagination s'était si bien amortie, que je ne voyais plus qu'un nuage devant moi. Toutes les fois qu'avec le livre de Philidor ou celui de Stamma j'ai voulu m'exercer à étudier des parties, la même chose m'est arrivée, et, après m'être épuisé de fatigue, je me suis trouvé plus faible qu'auparavant. Du reste, que j'aie abandonné les échecs, ou qu'en jouant je me sois remis en haleine, je n'ai jamais avancé d'un cran depuis cette première séance, et je me suis toujours retrouvé au même point où j'étais en la finissant. Je m'exercerais des milliers de siècles, que je finirais par pouvoir donner la tour à Bagueret, et rien de plus. Voilà du temps bien employé! direz-vous. Et je n'y en ai pas employé peu. Je ne finis ce premier essai que quand je n'eus plus la force de continuer. Quand j'allai me montrer sortant de ma chambre, j'avais l'air d'un déterré, et, suivant le même train, je n'aurais pas resté déterré longtemps. On conviendra qu'il est difficile, et surtout dans l'ardeur de la jeunesse, qu'une pareille tête laisse toujours le corps en santé.

L'altération de la mienne agit sur mon humeur, et tempéra l'ardeur de mes fantaisies. Me sentant affaiblir, je devins plus tranquille et perdis un peu la fureur des voyages. Plus sédentaire, je fus pris non de l'ennui, mais de la mélancolie; les vapeurs succédèrent aux passions; ma langueur devint tristesse; je pleurais et soupirais à propos de rien; je sentais la vie m'échapper sans l'avoir goûtée; je gémissais sur l'état où je laissais ma pauvre

Maman, sur celui où je la voyais prête à tomber; je puis
dire que la quitter et la laisser à plaindre était mon unique
regret. Enfin je tombai tout à fait malade. Elle me soigna
comme jamais mère n'a soigné son enfant, et cela lui
fit du bien à elle-même, en faisant diversion aux projets
et tenant écartés les projeteurs. Quelle douce mort si alors
elle fût venue! Si j'avais peu goûté les biens de la vie,
j'en avais peu senti les malheurs. Mon âme paisible pouvait partir sans le sentiment cruel de l'injustice des
hommes, qui empoisonne la vie et la mort. J'avais la
consolation de me survivre dans la meilleure moitié de
moi-même; c'était à peine mourir. Sans les inquiétudes
que j'avais sur son sort, je serais mort comme j'aurais
pu m'endormir, et ces inquiétudes mêmes avaient un
objet affectueux et tendre qui en tempérait l'amertume.
Je lui disais : Vous voilà dépositaire de tout mon être;
faites en sorte qu'il soit heureux. Deux ou trois fois,
quand j'étais le plus mal, il m'arriva de me lever dans la
nuit, et de me traîner à sa chambre pour lui donner, sur
sa conduite, des conseils, j'ose dire pleins de justesse et
de sens, mais où l'intérêt que je prenais à son sort se
marquait mieux que toute autre chose. Comme si les
pleurs étaient ma nourriture et mon remède, je me for-
tifiais de ceux que je versais auprès d'elle, avec elle, assis
sur son lit, et tenant ses mains dans les miennes. Les
heures coulaient dans ces entretiens nocturnes, et je m'en
retournais en meilleur état que je n'étais venu; content
et calme dans les promesses qu'elle m'avait faites, dans
les espérances qu'elle m'avait données, je m'endormais
là-dessus avec la paix du cœur et la résignation à la Providence. Plaise à Dieu qu'après tant de sujets de haïr la
vie, après tant d'orages qui ont agité la mienne et qui ne
m'en font plus qu'un fardeau, la mort qui doit la terminer
me soit aussi peu cruelle qu'elle me l'eût été dans ce
moment-là.

À force de soins, de vigilance et d'incroyables peines,
elle me sauva, et il est certain qu'elle seule pouvait me
sauver. J'ai peu de foi à la médecine des médecins, mais
j'en ai beaucoup à celle des vrais amis; les choses dont
notre bonheur dépend se font toujours beaucoup mieux
que toutes les autres. S'il y a dans la vie un sentiment
délicieux, c'est celui que nous éprouvâmes d'être rendus
l'un à l'autre. Notre attachement mutuel n'en augmenta
pas, cela n'était pas possible; mais il prit je ne sais quoi
de plus intime, de plus touchant dans sa grande simpli-

cité. Je devenais tout à fait son œuvre, tout à fait son enfant, et plus que si elle eût été ma vraie mère. Nous commençâmes, sans y songer, à ne plus nous séparer l'un de l'autre, à mettre en quelque sorte notre existence en commun, et sentant que réciproquement nous nous étions non seulement nécessaires, mais suffisants, nous nous accoutumâmes à ne plus penser à rien d'étranger à nous, à borner absolument notre bonheur et tous nos désirs à cette possession mutuelle, et peut-être unique parmi les humains, qui n'était point, comme je l'ai dit, celle de l'amour, mais une possession plus essentielle, qui, sans tenir aux sens, au sexe, à l'âge, à la figure, tenait à tout ce par quoi l'on est soi, et qu'on ne peut perdre qu'en cessant d'être.

A quoi tint-il que cette précieuse crise n'amenât le bonheur du reste de ses jours et des miens ? Ce ne fut pas à moi, je m'en rends le consolant témoignage. Ce ne fut pas non plus à elle, du moins à sa volonté. Il était écrit que bientôt l'invincible naturel reprendrait son empire. Mais ce fatal retour ne se fit pas tout d'un coup. Il y eut, grâce au ciel, un intervalle ; court et précieux intervalle, qui n'a pas fini par ma faute, et dont je ne me reprocherai pas d'avoir mal profité !

Quoique guéri de ma grande maladie, je n'avais pas repris ma vigueur. Ma poitrine n'était pas rétablie ; un reste de fièvre durait toujours, et me tenait en langueur. Je n'avais plus de goût à rien qu'à finir mes jours près de celle qui m'était chère, à la maintenir dans ses bonnes résolutions, à lui faire sentir en quoi consistait le vrai charme d'une vie heureuse, à rendre la sienne telle, autant qu'il dépendait de moi. Mais je voyais, je sentais même que dans une maison sombre et triste la continuelle solitude du tête-à-tête deviendrait à la fin triste aussi. Le remède à cela se présenta comme de lui-même. Maman m'avait ordonné le lait, et voulait que j'allasse le prendre à la campagne. J'y consentis, pourvu qu'elle y vînt avec moi. Il n'en fallut pas davantage pour la déterminer ; il ne s'agit plus que du choix du lieu. Le jardin du faubourg n'était pas proprement à la campagne ; entouré de maisons et d'autres jardins, il n'avait point les attraits d'une retraite champêtre. D'ailleurs, après la mort d'Anet, nous avions quitté ce jardin pour raison d'économie, n'ayant plus à cœur d'y tenir des plantes, et d'autres vues nous faisant peu regretter ce réduit.

Profitant maintenant du dégoût que je lui trouvai

pour la ville, je lui proposai de l'abandonner tout à fait,
et de nous établir dans une solitude agréable, dans
quelque petite maison assez éloignée pour dérouter les
importuns. Elle l'eût fait, et ce parti que son bon ange et
le mien me suggérait nous eût vraisemblablement assuré
des jours heureux et tranquilles jusqu'au moment où la
mort devait nous séparer. Mais cet état n'était pas celui
où nous étions appelés. Maman devait éprouver toutes
les peines de l'indigence et du mal-être, après avoir passé
sa vie dans l'abondance, pour la lui faire quitter avec
moins de regret ; et moi, par un assemblage de maux de
toute espèce, je devais être un jour un exemple à quiconque, inspiré du seul amour du bien public et de la
justice, ose, fort de sa seule innocence, dire ouvertement
la vérité aux hommes sans s'étayer par des cabales, sans
s'être fait des partis pour le protéger.

Une malheureuse crainte la retint. Elle n'osa quitter sa
vilaine maison, de peur de fâcher le propriétaire. Ton
projet de retraite est charmant, me dit-elle, et fort de mon
goût ; mais dans cette retraite il faut vivre. En quittant ma
prison, je risque de perdre mon pain, et quand nous n'en
aurons plus dans les bois, il en faudra bien retourner
chercher à la ville. Pour avoir moins besoin d'y venir, ne
la quittons pas tout à fait. Payons cette petite pension
au comte de Saint-Laurent, pour qu'il me laisse la
mienne. Cherchons quelque réduit assez loin de la ville
pour vivre en paix et assez près pour y revenir toutes les
fois qu'il sera nécessaire. Ainsi fut fait. Après avoir un
peu cherché, nous nous fixâmes aux Charmettes, une
terre de M. de Conzié, à la porte de Chambéry, mais
retirée et solitaire comme si l'on était à cent lieues.
Entre deux coteaux assez élevés est un petit vallon nord
et sud au fond duquel coule une rigole entre des cailloux
et des arbres. Le long de ce vallon, à mi-côte, sont quelques
maisons éparses, fort agréables pour quiconque aime un
asile un peu sauvage et retiré. Après avoir essayé deux
ou trois de ces maisons, nous choisîmes enfin la plus
jolie, appartenant à un gentilhomme qui était au service,
appelé M. Noëray. La maison était très logeable. Au-
devant était un jardin en terrasse, une vigne au-dessus,
un verger au-dessous, vis-à-vis un petit bois de châtai-
gniers, une fontaine à portée ; plus haut dans la montagne,
des prés pour l'entretien du bétail ; enfin tout ce qu'il
fallait pour le petit ménage champêtre que nous y voulions établir. Autant que je puis me rappeler les temps

et les dates, nous en prîmes possession vers la fin de l'été de 1736. J'étais transporté le premier jour que nous y couchâmes. O Maman! dis-je à cette chère amie en l'embrassant et l'inondant de larmes d'attendrissement et de joie, ce séjour est celui du bonheur et de l'innocence. Si nous ne les trouvons pas ici l'un avec l'autre, il ne les faut chercher nulle part.

LIVRE VI

LIVRE VI

Hoc erat in votis : modus agri non ita magnus,
Hortus ubi et tecto vicinus [jugis] aquæ fons,
Et paululum sylvæ super his foret...

Je ne puis pas ajouter : *auctius atque Di melius fecere ;*
mais n'importe, il ne m'en fallait pas davantage; il ne
m'en fallait pas même la propriété, c'était assez pour
moi de la jouissance : et il y a longtemps que j'ai dit et
senti que le propriétaire et le possesseur sont souvent
deux personnes très différentes, même en laissant à part
les maris et les amants.

Ici commence le court bonheur de ma vie; ici viennent
les paisibles, mais rapides moments qui m'ont donné le
droit de dire que j'ai vécu. Moments précieux et si
regrettés! ah! recommencez pour moi votre aimable
cours, coulez plus lentement dans mon souvenir, s'il est
possible, que vous ne fîtes réellement dans votre fugitive
succession. Comment ferai-je pour prolonger à mon gré
ce récit si touchant et si simple, pour redire toujours les
mêmes choses, et n'ennuyer pas plus mes lecteurs en les
répétant que je ne m'ennuyais moi-même en les recommençant sans cesse ? Encore si tout cela consistait en
faits, en actions, en paroles, je pourrais le décrire et le
rendre en quelque façon; mais comment dire ce qui n'était
ni dit, ni fait, ni pensé même, mais goûté, mais senti,
sans que je puisse énoncer d'autre objet de mon bonheur
que ce sentiment même ? Je me levais avec le soleil et
j'étais heureux; je me promenais et j'étais heureux; je
voyais Maman et j'étais heureux; je la quittais et j'étais
heureux; je parcourais les bois, les coteaux, j'errais dans

les vallons, je lisais, j'étais oisif; je travaillais au jardin, je cueillais les fruits, j'aidais au ménage, et le bonheur me suivait partout : il n'était dans aucune chose assignable, il était tout en moi-même, il ne pouvait me quitter un seul instant.

Rien de tout ce qui m'est arrivé durant cette époque chérie, rien de ce que j'ai fait, dit et pensé tout le temps qu'elle a duré, n'est échappé de ma mémoire. Les temps qui précèdent et qui suivent me reviennent par intervalles; je me les rappelle inégalement et confusément : mais je me rappelle celui-là tout entier comme s'il durait encore. Mon imagination, qui dans ma jeunesse allait toujours en avant, et maintenant rétrograde, compense par ces doux souvenirs l'espoir que j'ai pour jamais perdu. Je ne vois plus rien dans l'avenir qui me tente; les seuls retours du passé peuvent me flatter, et ces retours si vifs et si vrais dans l'époque dont je parle me font souvent vivre heureux malgré mes malheurs.

Je donnerai de ces souvenirs un seul exemple qui pourra faire juger de leur force et de leur vérité. Le premier jour que nous allâmes coucher aux Charmettes, Maman était en chaise à porteurs, et je la suivais à pied. Le chemin monte : elle était assez pesante, et craignant de trop fatiguer ses porteurs, elle voulut descendre à peu près à moitié chemin pour faire le reste à pied. En marchant elle vit quelque chose de bleu dans la haie, et me dit : Voilà de la pervenche encore en fleur. Je n'avais jamais vu de la pervenche, je ne me baissai pas pour l'examiner, et j'ai la vue trop courte pour distinguer à terre les plantes de ma hauteur. Je jetai seulement en passant un coup d'œil sur celle-là, et près de trente ans se sont passés sans que j'aie revu de la pervenche ou que j'y aie fait attention. En 1764, étant à Cressier avec mon ami M. Du Peyrou, nous montions une petite montagne au sommet de laquelle il a un joli salon qu'il appelle avec raison Belle-Vue. Je commençais alors d'herboriser un peu. En montant et regardant parmi les buissons, je pousse un cri de joie : *Ah! voilà de la pervenche!* et c'en était en effet. Du Peyrou s'aperçut du transport, mais il en ignorait la cause; il l'apprendra, je l'espère, lorsqu'un jour il lira ceci. Le lecteur peut juger par l'impression d'un si petit objet, de celle que m'ont faite tous ceux qui se rapportent à la même époque.

Cependant l'air de la campagne ne me rendit point ma première santé. J'étais languissant; je le devins davantage. Je ne pus supporter le lait; il fallut le quitter. C'était alors à la mode de l'eau pour tout remède; je me mis à l'eau, et si peu discrètement, qu'elle faillit me guérir, non de mes maux, mais de la vie. Tous les matins, en me levant j'allais à la fontaine avec un grand gobelet, et j'en buvais successivement, en me promenant, la valeur de deux bouteilles. Je quittai tout à fait le vin à mes repas. L'eau que je buvais était un peu crue et difficile à passer, comme sont la plupart des eaux des montagnes. Bref, je fis si bien, qu'en moins de deux mois je me détruisis totalement l'estomac, que j'avais eu très bon jusqu'alors. Ne digérant plus, je compris qu'il ne fallait plus espérer de guérir. Dans ce même temps il m'arriva un accident aussi singulier par lui-même que par ses suites, qui ne finiront qu'avec moi.

Un matin que je n'étais pas plus mal qu'à l'ordinaire, en dressant une petite table sur son pied, je sentis dans tout mon corps une révolution subite et presque inconcevable. Je ne saurais mieux la comparer qu'à une espèce de tempête qui s'éleva dans mon sang, et gagna dans l'instant tous mes membres. Mes artères se mirent à battre d'une si grande force, que non seulement je sentais leur battement, mais que je l'entendais même, et surtout celui des carotides. Un grand bruit d'oreilles se joignit à cela, et ce bruit était triple ou plutôt quadruple, savoir : un bourdonnement grave et sourd, un murmure plus clair comme d'une eau courante, un sifflement très aigu et le battement que je viens de dire, et dont je pouvais aisément compter les coups sans me tâter le pouls ni toucher mon corps de mes mains. Ce bruit interne était si grand, qu'il m'ôta la finesse d'ouïe que j'avais auparavant, et me rendit non tout à fait sourd mais dur d'oreille, comme je le suis depuis ce temps-là.

On peut juger de ma surprise et de mon effroi. Je me crus mort; je me mis au lit : le médecin fut appelé; je lui contai mon cas en frémissant et le jugeant sans remède. Je crois qu'il en pensa de même; mais il fit son métier. Il m'enfila de longs raisonnements où je ne compris rien du tout; puis en conséquence de sa sublime théorie, il commença *in anima vili* la cure expérimentale qu'il lui plut de tenter. Elle était si pénible, si dégoûtante, et opérait si peu, que je m'en lassai bientôt; et au bout de quelques semaines, voyant que je n'étais ni mieux ni pis, je quittai le lit et repris ma vie ordinaire avec mon battement d'artères et mes bourdonnements, qui, depuis ce temps-là, c'est-à-dire depuis trente ans, ne m'ont pas quitté une minute.

J'avais été jusqu'alors grand dormeur. La totale privation du sommeil qui se joignit à tous ces symptômes, et qui les a constamment accompagnés jusqu'ici, acheva de me persuader qu'il me restait peu de temps à vivre. Cette persuasion me tranquillisa pour un temps sur le soin de guérir. Ne pouvant prolonger ma vie, je résolus de tirer du peu qu'il m'en restait tout le parti qu'il était possible ; et cela se pouvait par une singulière faveur de la nature, qui, dans un état si funeste, m'exemptait des douleurs qu'il semblait devoir m'attirer. J'étais importuné de ce bruit, mais je n'en souffrais pas : il n'était accompagné d'aucune autre incommodité habituelle que de l'insomnie durant les nuits, et en tout temps d'une courte haleine qui n'allait pas jusqu'à l'asthme et ne se faisait sentir que quand je voulais courir ou agir un peu fortement.

Cet accident qui devait tuer mon corps, ne tua que mes passions, et j'en bénis le Ciel chaque jour par l'heureux effet qu'il produisit sur mon âme. Je puis bien dire que je ne commençai de vivre que quand je me regardai comme un homme mort. Donnant leur véritable prix aux choses que j'allais quitter, je commençai de m'occuper de soins plus nobles, comme par anticipation sur ceux que j'aurais bientôt à remplir et que j'avais fort négligés jusqu'alors. J'avais souvent travesti la religion à ma mode, mais je n'avais jamais été tout à fait sans religion. Il m'en coûta moins de revenir à ce sujet, si triste pour tant de gens, mais si doux pour qui s'en fait un objet de consolation et d'espoir. Maman me fut, en cette occasion, beaucoup plus utile que tous les théologiens ne me l'auraient été.

Elle qui mettait toute chose en système, n'avait pas manqué d'y mettre aussi la religion ; et ce système était composé d'idées très disparates, les unes très saines, les autres très folles, de sentiments relatifs à son caractère et de préjugés venus de son éducation. En général, les croyants font Dieu comme ils sont eux-mêmes ; les bons le font bon, les méchants le font méchant ; les dévots, haineux et bilieux, ne voient que l'enfer, parce qu'ils voudraient damner tout le monde ; les âmes aimantes et douces n'y croient guère ; et l'un des étonnements dont je ne reviens point est de voir le bon Fénelon en parler dans son *Télémaque* comme s'il y croyait tout de bon : mais j'espère qu'il mentait alors ; car enfin, quelque véridique qu'on soit, il faut bien mentir quelquefois quand on est évêque. Maman ne mentait pas avec moi; et cette âme sans fiel, qui ne pouvait imaginer un Dieu vindicatif et toujours courroucé, ne voyait que clémence et miséricorde où les dévots ne voient que justice et punition. Elle disait souvent qu'il n'y aurait point de justice en Dieu d'être juste envers nous. parce que, ne nous ayant pas donné ce qu'il faut pour l'être, ce serait redemander plus qu'il n'a donné. Ce qu'il y avait de bizarre était que, sans croire à l'enfer, elle ne laissait pas de croire au purgatoire. Cela venait de ce qu'elle ne savait que faire des âmes des méchants, ne pouvant ni les damner ni les mettre avec les bons jusqu'à ce qu'ils le fussent devenus, et il faut avouer qu'en effet, et dans ce monde et dans l'autre, les méchants sont toujours bien embarrassants.

Autre bizarrerie. On voit que toute la doctrine du péché originel et de la rédemption est détruite par ce système, que la base du christianisme vulgaire en est ébranlée, et que le catholicisme au moins ne peut subsister. Maman, cependant, était bonne catholique, ou prétendait l'être, et il est sûr qu'elle le prétendait de très bonne foi. Il lui semblait qu'on expliquait trop littéralement et trop durement l'Ecriture. Tout ce qu'on y lit des tourments éternels lui paraissait comminatoire ou figuré. La mort de Jésus-Christ lui paraissait un exemple de charité vraiment divine pour apprendre aux hommes à aimer Dieu et à s'aimer entre eux de même. En un mot, fidèle à la religion qu'elle avait embrassée, elle en admettait sincèrement toute la profession de foi; mais quand on venait à la discussion de chaque article, il se trouvait qu'elle croyait tout autrement que l'Eglise, toujours en s'y soumettant.

Elle avait là-dessus une simplicité de cœur, une franchise plus éloquente que des ergoteries, et qui souvent embarrassait jusqu'à son confesseur, car elle ne lui déguisait rien. Je suis bonne catholique, lui disait-elle, je veux toujours l'être; j'adopte de toutes les puissances de mon âme les décisions de Sainte mère Eglise. Je ne suis pas maîtresse de ma foi, mais je le suis de ma volonté. Je la soumets sans réserve, et je veux tout croire. Que me demandez-vous de plus ?

Quand il n'y aurait point eu de morale chrétienne, je crois qu'elle l'aurait suivie, tant elle s'adaptait bien à son caractère. Elle faisait tout ce qui était ordonné; mais elle l'eût fait de même quand il n'aurait pas été ordonné. Dans les choses indifférentes elle aimait à obéir, et s'il ne lui eût pas été permis, prescrit même, de faire gras, elle aurait fait maigre entre Dieu et elle, sans que la prudence eût eu besoin d'y entrer pour rien. Mais toute cette morale était subordonnée aux principes de M. de Tavel, ou plutôt elle prétendait n'y rien voir de contraire. Elle eût couché tous les jours avec vingt hommes en repos de conscience, et même sans en avoir plus de scrupule que de désir. Je sais que force dévotes ne sont pas sur ce point plus scrupuleuses; mais la différence est qu'elles sont séduites par leurs passions, et qu'elle ne l'était que par ses sophismes. Dans les conversations les plus touchantes, et j'ose dire les plus édifiantes, elle fût tombée sur ce point, sans changer ni d'air ni de ton, sans se croire en contradiction avec elle-même. Elle l'eût même interrompue au besoin pour le fait, et puis l'eût reprise avec la même sérénité qu'auparavant : tant elle était intimement persuadée que tout cela n'était qu'une maxime de police sociale, dont toute personne sensée pouvait faire l'interprétation, l'application, l'exception, selon l'esprit de la chose, sans le moindre risque d'offenser Dieu. Quoique sur ce point je ne fusse assurément pas de son avis, j'avoue que je n'osais le combattre, honteux du rôle peu galant qu'il m'eût fallu faire pour cela. J'aurais bien cherché d'établir la règle pour les autres, en tâchant de m'en excepter; mais, outre que son tempérament prévenait assez l'abus de ses principes, je sais qu'elle n'était pas femme à prendre le change, et que réclamer l'exception pour moi c'était la lui laisser pour tous ceux qu'il lui plairait. Au reste, je compte ici par occasion cette inconséquence avec les autres, quoiqu'elle ait eu toujours peu d'effet dans sa conduite, et qu'alors elle n'en eût point du tout : mais j'ai promis d'exposer fidèlement ses principes, et je veux tenir cet engagement. Je reviens à moi.

Trouvant en elle toutes les maximes dont j'avais besoin pour garantir mon âme des terreurs de la mort et de ses suites, je puisais avec sécurité dans cette source de confiance. Je m'attachais à elle plus que je n'avais jamais fait; j'aurais voulu transporter tout en elle ma vie que je sentais prête à m'abandonner. De ce redoublement d'attachement pour elle, de la persuasion qu'il me restait peu de temps à vivre, de ma profonde sécurité sur mon sort à venir, résultait un état habituel très calme, et sensuel même, en ce qu'amortissant toutes les passions qui portent au loin nos craintes et nos espérances, il me laissait jouir sans inquiétude et sans trouble du peu de jours qui m'étaient laissés. Une chose contribuait à les rendre plus agréables, c'était le soin de nourrir son goût pour la campagne par tous les amusements que j'y pouvais rassembler. En lui faisant aimer son jardin, sa basse-cour, ses pigeons, ses vaches, je m'affectionnais moi-même à tout cela; et ces petites occupations, qui remplissaient ma journée sans troubler ma tranquillité me valurent mieux que le lait et tous les remèdes pour conserver ma pauvre machine, et la rétablir même autant que cela se pouvait.

Les vendanges, la récolte des fruits, nous amusèrent le reste de cette année, et nous attachèrent de plus en plus à la vie rustique, au milieu des bonnes gens dont nous étions entourés. Nous vîmes arriver l'hiver avec grand regret, et nous retournâmes à la ville comme nous serions allés en exil; moi surtout, qui, doutant de revoir le printemps, croyais dire adieu pour toujours aux Charmettes. Je ne les quittai pas sans baiser la terre et les arbres, et sans me retourner plusieurs fois en m'en éloignant. Ayant quitté depuis longtemps mes écolières, ayant perdu le goût des amusements et des sociétés de la ville, je ne sortais plus, je ne voyais plus personne, excepté Maman, et M. Salomon, devenu depuis peu son médecin et le mien; honnête homme, homme d'esprit, grand cartésien, qui parlait assez bien du système du monde, et dont les entretiens agréables et instructifs me valurent mieux que toutes ses ordonnances. Je n'ai jamais pu supporter ce sot et niais remplissage des conversations ordinaires; mais des conversations utiles et solides m'ont toujours fait grand plaisir, et je ne m'y suis jamais refusé. Je pris beaucoup de goût à celle de M. Salomon; il me semblait que j'anticipais avec lui sur ces hautes connaissances que mon âme allait acquérir quand elle aurait perdu ses entraves. Ce goût que j'avais pour lui s'étendit aux sujets qu'il traitait, et je commençai de rechercher les livres qui pouvaient m'aider à le mieux entendre. Ceux qui mêlaient la dévotion aux sciences m'étaient les plus convenables, tels étaient particulièrement ceux de l'Oratoire et de Port-Royal. Je me mis à les lire, ou plutôt à les dévorer. Il m'en tomba dans les mains un du P. Lamy, intitulé : *Entretiens sur les sciences*. C'était une espèce d'introduction à la connaissance des livres qui en traitent. Je le lus et relus cent fois; je résolus d'en faire mon guide. Enfin je me sentis entraîné peu à peu, malgré mon état, ou plutôt par mon état, vers l'étude avec une force irrésistible, et tout en regardant chaque jour comme le dernier de mes jours, j'étudiais avec autant d'ardeur que si j'avais dû toujours vivre. On disait que cela me faisait du mal; je crois, moi, que cela me fit du bien, et non seulement à mon âme, mais à mon corps; car cette application pour laquelle je me passionnais me devint si délicieuse, que, ne pensant plus à mes maux, j'en étais beaucoup moins affecté. Il est pourtant vrai que rien ne me procurait un soulagement réel; mais, n'ayant pas de douleurs vives, je m'accoutumais à languir, à ne pas dormir, à penser au lieu d'agir, et enfin à regarder le dépérissement successif et lent de ma machine comme un progrès inévitable que la mort seule pouvait arrêter.

Non seulement cette opinion me détacha de tous les vains soins de la vie, mais elle me délivra de l'importunité des remèdes auxquels on m'avait jusqu'alors soumis malgré moi. Salomon, convaincu que ses drogues ne pouvaient me sauver, m'en épargna le déboire, et se contenta d'amuser la douleur de ma pauvre Maman avec quelques-unes de ces ordonnances indifférentes qui leurrent l'espoir du malade et maintiennent le crédit du médecin. Je quittai l'étroit régime; je repris l'usage du vin et tout le train de vie d'un homme en santé, selon la mesure de mes forces, sobre sur toute chose, mais ne m'abstenant de rien. Je sortis même, et recommençai d'aller voir mes connaissances, surtout M. de Conzié, dont le commerce me plaisait fort. Enfin, soit qu'il me parût beau d'apprendre jusqu'à ma dernière heure, soit qu'un reste d'espoir de vivre se cachât au fond de mon cœur, l'attente de la mort, loin de ralentir mon goût pour l'étude, semblait l'animer, et je me pressais d'amasser un peu d'acquis pour l'autre monde, comme si j'avais cru n'y avoir que celui que j'aurais emporté. Je pris en affection la boutique d'un libraire appelé Bouchard, où se rendaient quelques gens de lettres; et le printemps que j'avais cru ne pas revoir étant proche, je m'assortis de quelques livres pour les Charmettes, en cas que j'eusse le bonheur d'y retourner.

J'eus ce bonheur, et j'en profitai de mon mieux. La joie avec laquelle je vis les premiers bourgeons est inexprimable. Revoir le printemps était pour moi ressusciter en paradis. A peine les neiges commençaient à fondre que nous quittâmes notre cachot, et nous fûmes assez tôt aux Charmettes pour y avoir les prémices du rossignol. Dès lors je ne crus plus mourir, et réellement il est singulier que je n'ai jamais fait de grandes maladies à la campagne. J'y ai beaucoup souffert, mais je n'y ai jamais été alité. Souvent, j'ai dit, me sentant plus mal qu'à l'ordinaire : Quand vous me verrez prêt à mourir, portez-moi à l'ombre d'un chêne, je vous promets que j'en reviendrai.

Quoique faible, je repris mes fonctions champêtres, mais d'une manière proportionnée à mes forces. J'eus un vrai chagrin de ne pouvoir faire le jardin tout seul; mais quand j'avais donné six coups de bêche, j'étais hors d'haleine, la sueur me ruisselait, je n'en pouvais plus. Quand j'étais baissé, mes battements redoublaient, et le sang me montait à la tête avec tant de force, qu'il fallait bien vite me redresser. Contraint de me borner à des soins moins fatigants, je pris entre autres celui du colombier, et je m'y affectionnai si fort, que j'y passais souvent plusieurs heures de suite sans m'ennuyer un moment. Le pigeon est fort timide et difficile à apprivoiser. Cependant je vins à bout d'inspirer aux miens tant de confiance, qu'ils me suivaient partout, et se laissaient prendre quand je voulais. Je ne pouvais paraître au jardin ni dans la cour sans en avoir à l'instant deux ou trois sur les bras, sur la tête, et enfin, malgré le plaisir que j'y prenais, ce cortège me devint si incommode, que je fus obligé de leur ôter cette familiarité. J'ai toujours pris un singulier plaisir à apprivoiser les animaux, surtout ceux qui sont craintifs et sauvages. Il me paraissait charmant de leur inspirer une confiance que je n'ai jamais trompée. Je voulais qu'ils m'aimassent en liberté.

J'ai dit que j'avais apporté des livres; j'en fis usage, mais d'une manière moins propre à m'instruire qu'à m'accabler. La fausse idée que j'avais des choses me persuadait que pour lire un livre avec fruit il fallait avoir toutes les connaissances qu'il supposait, bien éloigné de penser que souvent l'auteur ne les avait pas lui-même, et qu'il les puisait dans d'autres livres à mesure qu'il en avait besoin. Avec cette folle idée, j'étais arrêté à chaque instant, forcé de courir incessamment d'un livre à l'autre, et quelquefois avant d'être à la dixième page de celui que je voulais étudier, il m'eût fallu épuiser des bibliothèques. Cependant je m'obstinai si bien à cette extravagante méthode, que j'y perdis un temps infini, et faillis à me brouiller la tête au point de ne pouvoir plus ni rien voir ni rien savoir. Heureusement je m'aperçus que j'enfilais une fausse route qui m'égarait dans un labyrinthe immense, et j'en sortis avant d'y être tout à fait perdu.

Pour peu qu'on ait un vrai goût pour les sciences, la première chose qu'on sent en s'y livrant, c'est leur liaison, qui fait qu'elles s'attirent, s'aident, s'éclairent mutuellement, et que l'une ne peut se passer de l'autre. Quoique l'esprit humain ne puisse suffire à toutes, et qu'il en faille toujours préférer une comme la principale, si l'on n'a quelque notion des autres, dans la sienne même on se trouve souvent dans l'obscurité. Je sentis que ce que j'avais entrepris était bon et utile en lui-même, qu'il n'y avait que la méthode à changer. Prenant d'abord l'encyclopédie, j'allais la divisant dans ses branches. Je vis qu'il fallait faire tout le contraire, les prendre chacune séparément, et les poursuivre chacune à part jusqu'au point où elles se réunissent. Ainsi je revins à la synthèse ordinaire, mais j'y revins en homme qui sait ce qu'il fait. La méditation me tenait en cela lieu de connaissance et une réflexion très naturelle aidait à me bien guider. Soit que je vécusse ou que je mourusse, je n'avais point de temps à perdre. Ne rien savoir à près de vingt-cinq ans, et vouloir tout apprendre, c'est s'engager à bien mettre le temps à profit. Ne sachant à quel point le sort ou la mort pouvait arrêter mon zèle, je voulais à tout événement acquérir des idées de toutes choses, tant pour sonder mes dispositions naturelles que pour juger par moi-même de ce qui méritait le mieux d'être cultivé.

Je trouvai dans l'exécution de ce plan un autre avantage auquel je n'avais pas pensé, celui de mettre beaucoup de temps à profit. Il faut que je ne sois pas né pour l'étude, car une longue application me fatigue à tel point qu'il m'est impossible de m'occuper demi-heure de suite avec force du même sujet, surtout en suivant les idées d'autrui; car il m'est arrivé quelquefois de me livrer plus longtemps aux miennes, et même avec assez de succès. Quand j'ai suivi durant quelques pages un auteur qu'il faut lire avec application, mon esprit l'abandonne et se perd dans les nuages. Si je m'obstine, je m'épuise inutilement; les éblouissements me prennent, je ne vois plus rien. Mais que des sujets différents se succèdent, même sans interruption, l'un me délasse de l'autre, et sans avoir besoin de relâche, je les suis plus aisément. Je mis à profit cette observation dans mon plan d'études, et je les entremêlai tellement, que je m'occupais tout le jour, et ne me fatiguais jamais. Il est vrai que les soins champêtres et domestiques faisaient des diversions utiles; mais dans ma ferveur croissante, je trouvai bientôt le moyen d'en ména-

ger encore le temps pour l'étude, et de m'occuper à la
fois de deux choses, sans songer que chacune en allait
moins bien.

Dans tant de menus détails qui me charment et dont
j'excède souvent mon lecteur, je mets pourtant une discrétion dont il ne se douterait guère, si je n'avais soin de
l'en avertir. Ici, par exemple, je me rappelle avec délices
tous les différents essais que je fis pour distribuer mon
temps de façon que j'y trouvasse à la fois autant d'agrément et d'utilité qu'il était possible; et je puis dire que
ce temps où je vivais dans la retraite, et toujours malade,
fut celui de ma vie où je fus le moins oisif et le moins
ennuyé. Deux ou trois mois se passèrent ainsi à tâter la
pente de mon esprit, et à jouir, dans la plus belle saison
de l'année, et dans un lieu qu'elle rendait enchanté, du
charme de la vie dont je sentais si bien le prix, de celui
d'une société aussi libre que douce, si l'on peut donner le
nom de société à une aussi parfaite union, et de celui des
belles connaissances que je me proposais d'acquérir; car
c'était pour moi comme si je les avais déjà possédées, ou
plutôt c'était mieux encore, puisque le plaisir d'apprendre
entrait pour beaucoup dans mon bonheur.

Il faut passer sur ces essais, qui tous étaient pour moi
des jouissances, mais trop simples pour pouvoir être expli-
quées. Encore un coup, le vrai bonheur ne se décrit pas,
il se sent, et se sent d'autant mieux qu'il peut le moins se
décrire, parce qu'il ne résulte pas d'un recueil de faits,
mais qu'il est un état permanent. Je me répète souvent,
mais je me répéterais bien davantage si je disais la même
chose autant de fois qu'elle me vient dans l'esprit. Quand
enfin mon train de vie, souvent changé, eut pris un cours
uniforme, voici à peu près quelle en fut la distribution.

Je me levais tous les matins avant le soleil. Je montais
par un verger voisin dans un très joli chemin qui était
au-dessus de la vigne, et suivais la côte jusqu'à Chambéry.
Là, tout en me promenant, je faisais ma prière qui ne
consistait pas en un vain balbutiement de lèvres, mais
dans une sincère élévation de cœur à l'auteur de cette
aimable nature dont les beautés étaient sous mes yeux. Je
n'ai jamais aimé à prier dans la chambre; il me semble que
les murs et tous ces petits ouvrages des hommes s'inter-
posent entre Dieu et moi. J'aime à le contempler dans ses
œuvres tandis que mon cœur s'élève à lui. Mes prières
étaient pures, je puis le dire, et dignes par là d'être exau-
cées. Je ne demandais pour moi, et pour celle dont mes

276 LES CONFESSIONS

vœux ne me séparaient jamais, qu'une vie innocente et tranquille, exempte du vice, de la douleur, des pénibles besoins, la mort des justes et leur sort dans l'avenir. Du reste cet acte se passait plus en admiration et en contemplation qu'en demandes, et je savais qu'auprès du dispensateur des vrais biens le meilleur moyen d'obtenir ceux qui nous sont nécessaires est moins de les demander que de les mériter. Je revenais en me promenant par un assez grand tour, occupé à considérer avec intérêt et volupté les objets champêtres dont j'étais environné, les seuls dont l'œil et le cœur ne se lassent jamais. Je regardais de loin s'il était jour chez Maman : quand je voyais son contrevent ouvert, je tressaillais de joie et j'accourais. S'il était fermé, j'entrais au jardin en attendant qu'elle fût éveillée, m'amusant à repasser ce que j'avais appris la veille, ou à jardiner. Le contrevent s'ouvrait, j'allais l'embrasser dans son lit, souvent encore à moitié endormie, et cet embrassement aussi pur que tendre tirait de son innocence même un charme qui n'est jamais joint à la volupté des sens.

Nous déjeunions ordinairement avec du café au lait. C'était le temps de la journée où nous étions le plus tranquilles, où nous causions le plus à notre aise. Ces séances, pour l'ordinaire assez longues, m'ont laissé un goût vif pour les déjeuners, et je préfère infiniment l'usage d'Angleterre et de Suisse, où le déjeuner est un vrai repas qui rassemble tout le monde, à celui de France, où chacun déjeune seul dans sa chambre, ou le plus souvent ne déjeune point du tout. Après une heure ou deux de causerie, j'allais à mes livres jusqu'au dîner. Je commençais par quelque livre de philosophie, comme la *Logique* de Port-Royal, l'*Essai* de Locke, Malebranche, Leibnitz, Descartes, etc. Je m'aperçus bientôt que tous ces auteurs étaient entre eux en contradiction presque perpétuelle, et je formai le chimérique projet de les accorder, qui me fatigua beaucoup et me fit perdre bien du temps. Je me brouillais la tête, et je n'avançais point. Enfin, renonçant encore à cette méthode, j'en pris une infiniment meilleure, et à laquelle j'attribue tout le progrès que je puis avoir fait, malgré mon défaut de capacité ; car il est certain que j'en eus toujours fort peu pour l'étude. En lisant chaque auteur, je me fis une loi d'adopter et suivre toutes ses idées sans y mêler les miennes ni celles d'un autre, et sans jamais disputer avec lui. Je me dis : Commençons par me faire un magasin d'idées, vraies ou fausses, mais nettes, en attendant que ma tête en soit assez fournie pour pouvoir les comparer et choisir. Cette méthode n'est pas sans inconvénient, je le sais, mais elle m'a réussi dans l'objet de m'instruire. Au bout de quelques années passées à ne penser exactement que d'après autrui, sans réfléchir pour ainsi dire et presque sans raisonner, je me suis trouvé un assez grand fonds d'acquis pour me suffire à moi-même, et penser sans le secours d'autrui. Alors, quand les voyages et les affaires m'ont ôté les moyens de consulter les livres, je me suis amusé à repasser et comparer ce que j'avais lu, à peser chaque chose à la balance de la raison, et à juger quelquefois mes maîtres. Pour avoir commencé tard à mettre en exercice ma faculté judiciaire, je n'ai pas trouvé qu'elle eût perdu sa vigueur; et quand j'ai publié mes propres idées, on ne m'a pas accusé d'être un disciple servile et de jurer *in verba magistri*.

Je passais de là à la géométrie élémentaire; car je n'ai jamais été plus loin, m'obstinant à vouloir vaincre mon peu de mémoire, à force de revenir cent et cent fois sur mes pas et de recommencer incessamment la même marche. Je ne goûtai pas celle d'Euclide, qui cherche plutôt la chaîne des démonstrations que la liaison des idées; je préférai la géométrie du P. Lami, qui dès lors devint un de mes auteurs favoris, et dont je relis encore avec plaisir les ouvrages. L'algèbre suivait, et ce fut toujours le P. Lami que je pris pour guide. Quand je fus plus avancé, je pris la *Science du calcul* du P. Reyneau, puis son *Analyse démontrée*, que je n'ai fait qu'effleurer. Je n'ai jamais été assez loin pour bien sentir l'application de l'algèbre à la géométrie. Je n'aimais point cette manière d'opérer sans voir ce qu'on fait, et il me semblait que résoudre un problème de géométrie par les équations, c'était jouer un air en tournant une manivelle. La première fois que je trouvai par le calcul que le carré d'un binôme était composé du carré de chacune de ses parties, et du double produit de l'une par l'autre, malgré la justesse de ma multiplication, je n'en voulus rien croire jusqu'à ce que j'eusse fait la figure. Ce n'était pas que je n'eusse un grand goût pour l'algèbre en n'y considérant que la quantité abstraite; mais appliquée à l'étendue, je voulais voir l'opération sur les lignes, autrement je n'y comprenais plus rien.

Après cela venait le latin. C'était mon étude la plus pénible et dans laquelle je n'ai jamais fait de grands progrès. Je me mis d'abord à la méthode latine de Port-

Royal, mais sans fruit. Ces vers ostrogoths me faisaient
mal au cœur, et ne pouvaient entrer dans mon oreille. Je
me perdais dans ces foules de règles, et en apprenant la
dernière j'oubliais tout ce qui avait précédé. Une étude de
mots n'est pas ce qu'il faut à un homme sans mémoire, et
c'était précisément pour forcer ma mémoire à prendre de
la capacité que je m'obstinais à cette étude. Il fallut
l'abandonner à la fin. J'entendais assez la construction
pour pouvoir lire un auteur facile, à l'aide d'un dictionnaire. Je suivis cette route, et je m'en trouvai bien. Je
m'appliquai à la traduction, non par écrit, mais mentale,
et je m'en tins là. A force de temps et d'exercice, je suis
parvenu à lire assez couramment les auteurs latins, mais
jamais à pouvoir ni parler ni écrire dans cette langue; ce
qui m'a souvent mis dans l'embarras quand je me suis
trouvé, je ne sais comment, enrôlé parmi les gens de
lettres. Un autre inconvénient, conséquent à cette
manière d'apprendre, est que je n'ai jamais su la pro-
sodie, encore moins les règles de la versification. Désirant
pourtant de sentir l'harmonie de la langue en vers et en
prose, j'ai fait bien des efforts pour y parvenir; mais je
suis convaincu que sans maître cela est presque impossible. Ayant appris la composition du plus facile de tous
les vers, qui est l'hexamètre, j'eus la patience de scander
presque tout Virgile, et d'y marquer les pieds et la quantité; puis, quand j'étais en doute si une syllabe était longue
ou brève, c'était mon Virgile que j'allais consulter. On
sent que cela me faisait faire bien des fautes, à cause des
altérations permises par des règles de la versification.
Mais s'il y a de l'avantage à étudier seul, il y a aussi de
grands inconvénients, et surtout une peine incroyable.
Je sais cela mieux que qui que ce soit.

Avant midi je quittais mes livres, et si le dîner n'était
pas prêt, j'allais faire visite à mes amis les pigeons, ou
travailler au jardin en attendant l'heure.

Quand je m'entendais appeler, j'accourais fort content
et muni d'un grand appétit; car, c'est encore une chose à
noter, que, quelque malade que je puisse être, l'appétit ne
me manque jamais. Nous dînions très agréablement, en
causant de nos affaires, en attendant que Maman pût
manger. Deux ou trois fois la semaine, quand il faisait
beau, nous allions derrière la maison prendre le café dans
un cabinet frais et touffu, que j'avais garni de houblon, et
qui nous faisait grand plaisir durant la chaleur; nous passions là une petite heure à visiter nos légumes, nos fleurs,

à des entretiens relatifs à notre manière de vivre, et qui nous en faisaient mieux goûter la douceur. J'avais une autre petite famille au bout du jardin : c'étaient des abeilles. Je ne manquais guère, et souvent Maman avec moi, d'aller leur rendre visite; je m'intéressais beaucoup à leur ouvrage, je m'amusais infiniment à les voir revenir de la picorée, leurs petites cuisses quelquefois si chargées qu'elles avaient peine à marcher. Les premiers jours la curiosité me rendit indiscret, et elles me piquèrent deux ou trois fois; mais ensuite nous fîmes si bien connaissance, que quelque près que je vinsse, elles me laissaient faire, et quelque pleines que fussent les ruches prêtes à jeter leur essaim, j'en étais quelquefois entouré, j'en avais sur les mains, sur le visage sans qu'aucune me piquât jamais. Tous les animaux se défient de l'homme, et n'ont pas tort : mais sont-ils sûrs une fois qu'il ne leur veut pas nuire, leur confiance devient si grande qu'il faut être plus que barbare pour en abuser.

Je retournais à mes livres : mais mes occupations de l'après-midi devaient moins porter le nom de travail et d'étude que de récréation et d'amusement. Je n'ai jamais pu supporter l'application du cabinet après mon dîner, et en général toute peine me coûte durant la chaleur du jour. Je m'occupais pourtant, mais sans gêne et presque sans règle, à lire sans étudier. La chose que je suivais le plus exactement était l'histoire et la géographie, et comme cela ne demandait point de contention d'esprit, j'y fis autant de progrès que le permettait mon peu de mémoire. Je voulus étudier le P. Pétau, et je m'enfonçai dans les ténèbres de la chronologie; mais je me dégoûtai de la partie critique qui n'a ni fond ni rive, et je m'affectionnai par préférence à l'exacte mesure des temps et à la marche des corps célestes. J'aurais même pris du goût pour l'astronomie si j'avais eu des instruments, mais il fallut me contenter de quelques éléments pris dans des livres, et de quelques observations grossières faites avec une lunette d'approche, seulement pour connaître la situation générale du ciel : car ma vue courte ne me permet pas de distinguer, à yeux nus, assez nettement les astres. Je me rappelle à ce sujet une aventure dont le souvenir m'a souvent fait rire. J'avais acheté un planisphère céleste pour étudier les constellations. J'avais attaché ce planisphère sur un châssis, et les nuits où le ciel était serein, j'allais dans le jardin poser mon châssis sur quatre piquets de ma hauteur, le planisphère tourné en dessous, et pour l'éclairer

sans que le vent soufflât ma chandelle, je la mis dans un
seau à terre entre les quatre piquets; puis, regardant
alternativement le planisphère avec mes yeux et les
astres avec ma lunette, je m'exerçais à connaître les
étoiles, et à discerner les constellations. Je crois avoir dit
que le jardin de M. Noëray était en terrasse; on voyait du
chemin tout ce qui s'y faisait. Un soir, des paysans passant assez tard me virent dans un grotesque équipage
occupé à mon opération. La lueur qui donnait sur mon
planisphère, et dont ils ne voyaient pas la cause parce
que la lumière était cachée à leurs yeux par les bords du
seau, ces quatre piquets, ce grand papier barbouillé de
figures, ce cadre, et le jeu de ma lunette, qu'ils voyaient
aller et venir, donnaient à cet objet un air de grimoire qui
les effraya. Ma parure n'était pas propre à les rassurer;
un chapeau clabaud par-dessus mon bonnet, et un pet-en-
l'air ouaté de Maman qu'elle m'avait obligé de mettre,
offraient à leurs yeux l'image d'un vrai sorcier, et comme
il était près de minuit, ils ne doutèrent point que ce ne fût
le commencement du sabbat. Peu curieux d'en voir
davantage, ils se sauvèrent très alarmés, éveillèrent leurs
voisins pour leur conter leur vision, et l'histoire courut si
bien, que dès le lendemain chacun sut dans le voisinage
que le sabbat se tenait chez M. Noëray. Je ne sais ce
qu'eût produit enfin cette rumeur, si l'un des paysans,
témoin de mes conjurations, n'en eût le même jour porté
sa plainte à deux Jésuites qui venaient nous voir, et qui
sans savoir de quoi il s'agissait, les désabusèrent par pro-
vision. Ils nous contèrent l'histoire; je leur en dis la cause,
et nous rîmes beaucoup. Cependant il fut résolu, crainte
de récidive, que j'observerais désormais sans lumière,
et que j'irais consulter le planisphère dans la maison.
Ceux qui ont lu, dans les *Lettres de la montagne*, ma
magie de Venise trouveront, je m'assure, que j'avais de
longue main une grande vocation pour être sorcier.

Tel était mon train de vie aux Charmettes quand je
n'étais occupé d'aucuns soins champêtres; car ils avaient
toujours la préférence, et dans ce qui n'excédait pas mes
forces, je travaillais comme un paysan; mais il est vrai que
mon extrême faiblesse ne me laissait guère alors sur cet
article que le mérite de la bonne volonté. D'ailleurs je
voulais faire à la fois deux ouvrages, et par cette raison je
n'en faisais bien aucun. Je m'étais mis dans la tête de me
donner par force de la mémoire; je m'osbtinais à vouloir
beaucoup apprendre par cœur. Pour cela je portais tou-

jours avec moi quelque livre qu'avec une peine incroyable j'étudiais et repassais tout en travaillant. Je ne sais pas comment l'opiniâtreté de ces vains et continuels efforts ne m'a pas enfin rendu stupide. Il faut que j'aie appris et rappris bien vingt fois les églogues de Virgile, dont je ne sais pas un seul mot. J'ai perdu ou dépareillé des multitudes de livres par l'habitude que j'avais d'en porter partout avec moi, au colombier, au jardin, au verger, à la vigne. Occupé d'autre chose, je posais mon livre au pied d'un arbre ou sur la haie; partout j'oubliais de le reprendre, et souvent au bout de quinze jours, je le retrouvais pourri ou rongé des fourmis et des limaçons. Cette ardeur d'apprendre devint une manie qui me rendait comme hébété, tout occupé que j'étais sans cesse à marmotter quelque chose entre mes dents.

Les écrits de Port-Royal et de l'Oratoire, étant ceux que je lisais le plus fréquemment, m'avaient rendu demi-janséniste, et, malgré toute ma confiance, leur dure théologie m'épouvantait quelquefois. La terreur de l'enfer, que jusque-là j'avais très peu craint, troublait peu à peu ma sécurité, et si Maman ne m'eût tranquillisé l'âme, cette effrayante doctrine m'eût enfin tout à fait bouleversé. Mon confesseur, qui était aussi le sien, contribuait pour sa part à me maintenir dans une bonne assiette. C'était le P. Hemet, jésuite, bon et sage vieillard dont la mémoire me sera toujours en vénération. Quoique jésuite, il avait la simplicité d'un enfant, et sa morale, moins relâchée que douce, était précisément ce qu'il me fallait pour balancer les tristes impressions du jansénisme. Ce bonhomme et son compagnon, le P. Coppier, venaient souvent nous voir aux Charmettes, quoique le chemin fût fort rude et assez long pour des gens de leur âge. Leurs visites me faisaient grand bien : que Dieu veuille le rendre à leurs âmes, car ils étaient trop vieux alors pour que je les présume en vie encore aujourd'hui. J'allais aussi les voir à Chambéry; je me familiarisais peu à peu avec leur maison; leur bibliothèque était à mon service; le souvenir de cet heureux temps se lie avec celui des Jésuites au point de me faire aimer l'un par l'autre, et quoique leur doctrine m'ait toujours paru dangereuse, je n'ai jamais pu trouver en moi le pouvoir de les haïr sincèrement.

Je voudrais savoir s'il passe quelquefois dans les cœurs des autres hommes des puérilités pareilles à celles qui passent quelquefois dans le mien. Au milieu de mes études

et d'une vie innocente autant qu'on la puisse mener, et
malgré tout ce qu'on m'avait pu dire, la peur de l'enfer
m'agitait encore. Souvent je me demandais : En quel état
suis-je ? Si je mourais à l'instant même, serais-je damné ?
Selon mes jansénistes la chose était indubitable, mais
selon ma conscience il me paraissait que non. Toujours
craintif, et flottant dans cette cruelle incertitude, j'avais
recours, pour en sortir, aux expédients les plus risibles,
et pour lesquels je ferais volontiers enfermer un homme si
je lui en voyais faire autant. Un jour, rêvant à ce triste
sujet, je m'exerçais machinalement à lancer des pierres
contre les troncs des arbres, et cela avec mon adresse
ordinaire, c'est-à-dire sans presque en toucher aucun.
Tout au milieu de ce bel exercice, je m'avisai de m'en
faire une espèce de pronostic pour calmer mon inquiétude. Je me dis : Je m'en vais jeter cette pierre contre
l'arbre qui est vis-à-vis de moi; si je le touche, signe de
salut; si je le manque, signe de damnation. Tout en disant
ainsi, je jette ma pierre d'une main tremblante et avec un
horrible battement de cœur, mais si heureusement, qu'elle
va frapper au beau milieu de l'arbre; ce qui véritablement n'était pas difficile, car j'avais eu soin de le choisir
fort gros et fort près. Depuis lors je n'ai plus douté de
mon salut. Je ne sais, en me rappelant ce trait, si je dois
rire ou gémir sur moi-même. Vous autres grands hommes,
qui riez sûrement, félicitez-vous ; mais n'insultez pas à
ma misère, car je vous jure que je la sens bien.

Au reste, ces troubles, ces alarmes, inséparables peut-
être de la dévotion, n'étaient pas un état permanent.
Communément j'étais assez tranquille, et l'impression
que l'idée d'une mort prochaine faisait sur mon âme était
moins de la tristesse qu'une langueur paisible, et qui
même avait ses douceurs. Je viens de retrouver parmi de
vieux papiers une espèce d'exhortation que je me faisais
à moi-même, et où je me félicitais de mourir à l'âge où
l'on trouve assez de courage en soi pour envisager la
mort, et sans avoir éprouvé de grands maux, ni de corps
ni d'esprit, durant ma vie. Que j'avais bien raison! Un
pressentiment me faisait craindre de vivre pour souffrir.
Il semblait que je prévoyais le sort qui m'attendait sur
mes vieux jours. Je n'ai jamais été si près de la sagesse que
durant cette heureuse époque. Sans grands remords sur
le passé, délivré des soucis de l'avenir, le sentiment qui
dominait constamment dans mon âme était de jouir du
présent. Les dévots ont pour l'ordinaire une petite sen-

sualité très vive qui leur fait savourer avec délices les
plaisirs innocents qui leur sont permis. Les mondains
leur en font un crime, je ne sais pourquoi, ou plutôt je le
sais bien, c'est qu'ils envient aux autres la jouissance des
plaisirs simples dont eux-mêmes ont perdu le goût. Je
l'avais ce goût, et je trouvais charmant de le satisfaire en
sûreté de conscience. Mon cœur, neuf encore, se livrait à
tout avec un plaisir d'enfant, ou plutôt, si je l'ose dire,
avec une volupté d'ange, car en vérité ces tranquilles
jouissances ont la sérénité de celles du paradis. Des dîners
faits sur l'herbe, à Montagnole, des soupers sous le ber-
ceau, la récolte des fruits, les vendanges, les veillées
à teiller avec nos gens, tout cela faisait pour nous autant
de fêtes auxquelles Maman prenait le même plaisir que
moi. Des promenades plus solitaires avaient un charme
plus grand encore, parce que le cœur s'épanchait plus en
liberté. Nous en fîmes une entre autres qui fait époque
dans ma mémoire, un jour de Saint-Louis dont Maman
portait le nom. Nous partîmes ensemble et seuls de bon
matin, après la messe qu'un carme était venu dire à la
pointe du jour, dans une chapelle attenante à la maison.
J'avais proposé d'aller parcourir la côte opposée à celle où
nous étions, et que nous n'avions point visitée encore. Nous
avions envoyé nos provisions d'avance, car la course
devait durer tout le jour. Maman, quoique un peu ronde
et grasse, ne marchait pas mal : nous allions de colline en
colline et de bois en bois, quelquefois au soleil et souvent
à l'ombre, nous reposant de temps en temps, et nous
oubliant des heures entières; causant de nous, de notre
union, de la douceur de notre sort, et faisant pour sa durée
des vœux qui ne furent pas exaucés. Tout semblait cons-
pirer au bonheur de cette journée. Il avait plu depuis peu;
point de poussière, et des ruisseaux bien courants; un
petit vent frais agitait les feuilles, l'air était pur, l'hori-
zon sans nuage, la sérénité régnait au ciel comme dans
nos cœurs. Notre dîner fut fait chez un paysan, et partagé
avec sa famille qui nous bénissait de bon cœur. Ces pauvres
Savoyards sont si bonnes gens! Après le dîner nous
gagnâmes l'ombre sous de grands arbres, où, tandis que
j'amassais des brins de bois sec pour faire notre café,
Maman s'amusait à herboriser parmi les broussailles, et
avec les fleurs du bouquet que, chemin faisant, je lui
avais ramassé, elle me fit remarquer dans leur structure
mille choses curieuses qui m'amusèrent beaucoup, et qui
devaient me donner du goût pour la botanique; mais le

moment n'était pas venu, j'étais distrait par trop d'autres études. Une idée qui vint me frapper fit diversion aux fleurs et aux plantes. La situation d'âme où je me trouvais, tout ce que nous avions dit et fait ce jour-là, tous les objets qui m'avaient frappé me rappelèrent l'espèce de rêve que tout éveillé j'avais fait à Annecy sept ou huit ans auparavant, et dont j'ai rendu compte en son lieu. Les rapports en étaient si frappants, qu'en y pensant j'en fus ému jusqu'aux larmes. Dans un transport d'attendrissement j'embrassai cette chère amie : Maman, Maman, lui dis-je avec passion, ce jour m'a été promis depuis longtemps, et je ne vois rien au delà. Mon bonheur, grâce à vous, est à son comble; puisse-t-il ne pas décliner désormais! puisse-t-il durer aussi longtemps que j'en conserverai le goût! il ne finira qu'avec moi.

Ainsi coulèrent mes jours heureux, et d'autant plus heureux que, n'apercevant rien qui les dût troubler, je n'envisageais en effet leur fin qu'avec la mienne. Ce n'était pas que la source de mes soucis fût absolument tarie; mais je lui voyais prendre un autre cours que je dirigeais de mon mieux sur des objets utiles, afin qu'elle portât son remède avec elle. Maman aimait naturellement la campagne, et ce goût ne s'attiédissait pas avec moi. Peu à peu elle prit celui des soins champêtres; elle aimait à faire valoir les terres; et elle avait sur cela des connaissances dont elle faisait usage avec plaisir. Non contente de ce qui dépendait de la maison qu'elle avait prise, elle louait tantôt un champ, tantôt un pré. Enfin, portant son humeur entreprenante sur des objets d'agriculture, au lieu de rester oisive dans sa maison, elle prenait le train de devenir bientôt une grosse fermière. Je n'aimais pas trop à la voir ainsi s'étendre, et je m'y opposais tant que je pouvais, bien sûr qu'elle serait toujours trompée, et que son humeur libérale et prodigue porterait toujours la dépense au delà du produit. Toutefois je me consolais en pensant que ce produit du moins ne serait pas nul, et lui aiderait à vivre. De toutes les entreprises qu'elle pouvait former, celle-là me paraissait la moins ruineuse, et, sans y envisager comme elle un objet de profit, j'y envisageais une occupation continuelle, qui la garantirait des mauvaises affaires et des escrocs. Dans cette idée je désirais ardemment de recouvrer autant de force et de santé qu'il m'en fallait pour veiller à ses affaires, pour être piqueur de ses ouvriers, ou son premier ouvrier, et naturellement l'exercice que cela me faisait faire, m'arrachant souvent à mes livres et me distraisant sur mon état, devait le rendre meilleur.

L'hiver suivant, Barillot revenant d'Italie m'apporta quelques livres, entre autres le Bontempi et la *Cartella per musica* du P. Banchieri, qui me donnèrent du goût pour l'histoire de la musique et pour les recherches théoriques de ce bel art. Barillot resta quelque temps avec nous, et comme j'étais majeur depuis plusieurs mois, il fut convenu que j'irais le printemps suivant à Genève redemander le bien de ma mère, ou du moins la part qui m'en revenait, en attendant qu'on sût ce que mon frère était devenu. Cela s'exécuta comme il avait été résolu. J'allai à Genève, mon père y vint de son côté. Depuis longtemps il y revenait sans qu'on lui cherchât querelle, quoiqu'il n'eût jamais purgé son décret : mais comme on avait de l'estime pour son courage et du respect pour sa probité, on feignait d'avoir oublié son affaire, et les magistrats, occupés du grand projet qui éclata peu après, ne voulaient pas effaroucher avant le temps la bourgeoisie, en lui rappelant mal à propos leur ancienne partialité.

Je craignais qu'on ne me fît des difficultés sur mon changement de religion; l'on n'en fit aucune. Les lois de Genève sont à cet égard moins dures que celles de Berne, où quiconque change de religion perd non seulement son état, mais son bien. Le mien ne me fut donc pas disputé, mais se trouva, je ne sais comment, réduit à fort peu de chose. Quoiqu'on fût à peu près sûr que mon frère était mort, on n'en avait point de preuve juridique. Je manquais de titres suffisants pour réclamer sa part, et je la laissai sans regret pour aider à vivre à mon père qui en a joui tant qu'il a vécu. Sitôt que les formalités de justice furent faites et que j'eus reçu mon argent, j'en mis quelque partie en livres, et je volai porter le reste aux pieds de Maman. Le cœur me battait de joie durant la route, et le moment où je déposai cet argent dans ses mains me fut mille fois plus doux que celui où il entra dans les miennes. Elle le reçut avec cette simplicité des belles âmes, qui, faisant ces choses-là sans effort, les voient sans admiration. Cet argent fut employé presque tout entier à mon usage, et cela avec une égale simplicité. L'emploi en eût exactement été le même s'il lui fût venu d'autre part.

Cependant ma santé ne se rétablissait point; je dépérissais au contraire à vue d'œil; j'étais pâle comme un mort et maigre comme un squelette : mes battements d'artères étaient terribles, mes palpitations plus fréquentes; j'étais continuellement oppressé, et ma faiblesse enfin devint telle que j'avais peine à me mouvoir; je ne pouvais presser le pas sans étouffer, je ne pouvais me baisser sans avoir de vertiges, je ne pouvais soulever le plus léger fardeau; j'étais réduit à l'inaction la plus tourmentante pour un homme aussi remuant que moi. Il est certain qu'il se mêlait à tout cela beaucoup de vapeurs. Les vapeurs sont les maladies des gens heureux, c'était la mienne : les pleurs que je versais souvent sans raison de pleurer, les frayeurs vives au bruit d'une feuille ou d'un oiseau, l'inégalité d'humeur dans le calme de la plus douce vie, tout cela marquait cet ennui du bien-être qui fait pour ainsi dire extravaguer la sensibilité. Nous sommes si peu faits pour être heureux ici-bas, qu'il faut nécessairement que l'âme ou le corps souffre quand ils ne souffrent pas tous les deux, et que le bon état de l'un fait presque toujours tort à l'autre. Quand j'aurais pu jouir délicieusement de la vie, ma machine en décadence m'en empêchait, sans qu'on pût dire où la cause du mal avait son vrai siège. Dans la suite, malgré le déclin des ans, et des maux très réels et très graves, mon corps semble avoir repris des forces pour mieux sentir mes malheurs, et maintenant que j'écris ceci, infirme et presque sexagénaire, accablé de douleurs de toute espèce, je me sens pour souffrir plus de vigueur et de vie que je n'en eus pour jouir à la fleur de mon âge et dans le sein du plus vrai bonheur.

Pour m'achever, ayant fait entrer un peu de physiologie dans mes lectures, je m'étais mis à étudier l'anatomie, et passant en revue la multitude et le jeu des pièces qui composaient ma machine, je m'attendais à sentir détraquer tout cela vingt fois le jour : loin d'être étonné de me trouver mourant je l'étais que je pusse encore vivre, et je ne lisais pas la description d'une maladie que je ne crusse être la mienne. Je suis sûr que si je n'avais pas été malade, je le serais devenu par cette fatale étude. Trouvant dans chaque maladie des symptômes de la mienne, je croyais les avoir toutes, et j'en gagnai par-dessus une plus cruelle encore dont je m'étais cru délivré : la fantaisie de guérir; c'en est une difficile à éviter quand on se met à lire des livres de médecine. A force de chercher, de réfléchir, de comparer, j'allai m'imaginer que la base de mon mal était un polype au cœur, et Salomon lui-même parut frappé de cette idée. Raisonnablement je devais partir de cette opinion pour me confirmer dans ma résolution précédente. Je ne fis point ainsi. Je tendis tous les ressorts de mon esprit pour chercher comment on pouvait guérir d'un polype au cœur, résolu d'entreprendre cette merveilleuse cure. Dans un voyage qu'Anet avait fait à Montpellier, pour aller voir le Jardin des Plantes et le démonstrateur, M. Sauvages, on lui avait dit que M. Fizes avait guéri un pareil polype. Maman s'en souvint et m'en parla. Il n'en fallut pas davantage pour m'inspirer le désir d'aller consulter M. Fizes. L'espoir de guérir me fait retrouver du courage et des forces pour entreprendre ce voyage. L'argent venu de Genève en fournit le moyen. Maman, loin de m'en détourner, m'y exhorte, et me voilà parti pour Montpellier.

Je n'eus pas besoin d'aller si loin pour trouver le médecin qu'il me fallait. Le cheval me fatiguant trop, j'avais pris une chaise à Grenoble. A Moirans, cinq ou six chaises arrivèrent à la file après la mienne. Pour le coup c'était vraiment l'aventure des brancards. La plupart de ces chaises étaient le cortège d'une nouvelle mariée appelée Mme du Colombier. Avec elle était une autre femme, appelée Mme de Larnage, moins jeune et moins belle que Mme du Colombier, mais non moins aimable, et qui de Romans, où s'arrêtait celle-ci, devait poursuivre sa route jusqu'au Bourg Saint-Andéol, près le Pont du Saint-Esprit. Avec la timidité qu'on me connaît, on s'attend que la connaissance ne fût pas sitôt faite avec des femmes brillantes et la suite qui les entourait ; mais enfin, suivant la même route, logeant dans les mêmes auberges, et, sous peine de passer pour un loup-garou, forcé de me présenter à la même table, il fallait bien que cette connaissance se fît. Elle se fit donc, et même plus tôt que je n'aurais voulu ; car tout ce fracas ne convenait guère à un malade, et surtout à un malade de mon humeur. Mais la curiosité rend ces coquines de femmes si insinuantes, que pour parvenir à connaître un homme, elles commencent par lui faire tourner la tête. Ainsi arriva de moi. Mme du Colombier, trop entourée de ses jeunes roquets, n'avait guère le temps de m'agacer, et d'ailleurs ce n'en était pas la peine, puisque nous allions nous quitter ; mais Mme de Larnage, moins obsédée, avait des provisions à faire pour sa route. Voilà Mme de Larnage qui m'entreprend, et adieu le pauvre Jean-Jacques, ou plutôt adieu la fièvre, les vapeurs, le polype ; tout part auprès d'elle, hors certaines palpitations qui me restèrent et dont elle ne voulait pas me guérir. Le mauvais état de ma santé fut le premier texte de notre connaissance. On voyait que j'étais malade, on savait que j'allais à Montpellier, et il faut que mon air et mes manières n'annonçassent pas un débauché, car il fut clair dans la suite qu'on ne m'avait pas soupçonné d'aller y faire un tour de casserole. Quoique l'état de maladie ne soit pas pour un homme une grande recommandation près des dames, il me rendit toutefois intéressant pour celles-ci. Le matin elles envoyaient savoir de mes nouvelles et m'inviter à prendre le chocolat avec elles; elles s'informaient comment j'avais passé la nuit. Une fois, selon ma louable coutume de parler sans penser, je répondis que je ne savais pas. Cette réponse leur fit croire que j'étais fou; elles m'examinèrent davantage, et cet examen ne me nuisit pas. J'entendis une fois Mme du Colombier dire à son amie : Il manque de monde, mais il est aimable. Ce mot me rassura beaucoup, et fit que je le devins en effet.

En se familiarisant, il fallait parler de soi, dire d'où l'on venait, qui l'on était. Cela m'embarrassait; car je sentais très bien que, parmi la bonne compagnie, et avec des femmes galantes, ce mot de nouveau converti m'allait tuer. Je ne sais par quelle bizarrerie je m'avisai de passer pour Anglais, je me donnai pour Jacobite, on me prit pour tel; je m'appelai Dudding, et l'on m'appela M. Dudding. Un maudit marquis de Torignan qui était là, malade ainsi que moi, vieux au par-dessus et d'assez mauvaise humeur, s'avisa de lier conversation avec M. Dudding. Il me parla du roi Jacques, du prétendant, de l'ancienne cour de Saint-Germain. J'étais sur les épines : je ne savais de tout cela que le peu que j'en avais lu dans le comte Hamilton et dans les gazettes; cependant je fis de ce peu si bon usage que je me tirai d'affaire : heureux qu'on ne se fût pas avisé de me questionner sur la langue anglaise, dont je ne savais pas un seul mot.

Toute la compagnie se convenait et voyait à regret le moment de se quitter. Nous faisions des journées de limaçon. Nous nous trouvâmes un dimanche à Saint-Marcellin. Mme de Larnage voulut aller à la messe, j'y fus avec elle : cela faillit à gâter mes affaires. Je me comportai comme j'ai toujours fait. Sur ma contenance, modeste et recueillie elle me crut dévot, et prit de moi la plus mauvaise opinion du monde, comme elle me l'avoua deux jours après. Il me fallut ensuite beaucoup de galanterie pour effacer cette mauvaise impression; ou plutôt Mme de Larnage, en femme d'expérience et qui ne se

rebutait pas aisément, voulut bien courir les risques de
ses avances pour voir comment je m'en tirerais. Elle m'en
fit beaucoup et de telles, que bien éloigné de présumer de
ma figure, je crus qu'elle se moquait de moi. Sur cette
folie il n'y eut sorte de bêtises que je ne fisse; c'était pis
que le marquis du *Legs*. Mme de Larnage tint bon, me fit
tant d'agaceries et me dit des choses si tendres, qu'un
homme beaucoup moins sot eût eu bien de la peine à
prendre tout cela sérieusement. Plus elle en faisait, plus
elle me confirmait dans mon idée, et ce qui me tourmentait
davantage était qu'à bon compte je me prenais d'amour
tout de bon. Je me disais, et je lui disais en soupirant :
Ah! que tout cela n'est-il vrai! je serais le plus heureux
des hommes. Je crois que ma simplicité de novice ne fit
qu'irriter sa fantaisie; elle n'en voulut pas avoir le
démenti.

Nous avions laissé à Romans Mme du Colombier et
sa suite. Nous continuions notre route le plus lentement
et le plus agréablement du monde, Mme de Larnage, le
marquis de Torignan et moi. Le marquis, quoique malade
et grondeur, était un assez bon homme, mais qui n'aimait
pas trop à manger son pain à la fumée du rôti. Mme de
Larnage cachait si peu le goût qu'elle avait pour moi, qu'il
s'en aperçut plus tôt que moi-même; et ses sarcasmes
malins auraient dû me donner au moins la confiance que
je n'osais prendre aux bontés de la dame, si, par un travers d'esprit dont moi seul étais capable, je ne m'étais
imaginé qu'ils s'entendaient pour me persifler. Cette
sotte idée acheva de me renverser la tête, et me fit faire
le plus plat personnage dans une situation où mon cœur,
étant réellement pris, m'en pouvait dicter un assez brillant. Je ne conçois pas comment Mme de Larnage ne se
rebuta pas de ma maussaderie, et ne me congédia pas
avec le dernier mépris. Mais c'était une femme d'esprit
qui savait discerner son monde, et qui voyait bien qu'il y
avait plus de bêtise que de tiédeur dans mes procédés.

Elle parvint enfin à se faire entendre, et ce ne fut pas
sans peine. A Valence, nous étions arrivés pour dîner, et,
selon notre louable coutume, nous y passâmes le reste du
jour. Nous étions logés hors de la ville, à Saint-Jacques;
je me souviendrai toujours de cette auberge, ainsi que de
la chambre que Mme de Larnage y occupait. Après le
dîner elle voulut se promener : elle savait que M. de Torignan n'était pas allant; c'était le moyen de se ménager un
tête-à-tête dont elle avait bien résolu de tirer parti, car il

n'y avait plus de temps à perdre pour en avoir à mettre à profit. Nous nous promenions autour de la ville le long des fossés. Là je repris la longue histoire de mes complaintes, auxquelles elle répondait d'un ton si tendre, me pressant quelquefois contre son cœur le bras qu'elle tenait, qu'il fallait une stupidité pareille à la mienne pour m'empêcher de vérifier si elle parlait sérieusement. Ce qu'il y avait d'impayable était que j'étais moi-même excessivement ému. J'ai dit qu'elle était aimable : l'amour la rendait charmante; il lui rendait tout l'éclat de la première jeunesse, et elle ménageait ses agaceries avec tant d'art, qu'elle aurait séduit un homme à l'épreuve. J'étais donc fort mal à mon aise et toujours sur le point de m'émanciper; mais la crainte d'offenser ou de déplaire, la frayeur plus grande encore d'être hué, sifflé, berné, de fournir une histoire à table, et d'être complimenté sur mes entreprises par l'impitoyable Torignan, me retinrent au point d'être indigné moi-même de ma sotte honte, et de ne le pouvoir vaincre en me la reprochant. J'étais au supplice : j'avais déjà quitté mes propos de Céladon, dont je sentais tout le ridicule en si beau chemin : ne sachant plus quelle contenance tenir ni que dire, je me taisais; j'avais l'air boudeur, enfin je faisais tout ce qu'il fallait pour m'attirer le traitement que j'avais redouté. Heureusement Mme de Larnage prit un parti plus humain. Elle interrompit brusquement ce silence en passant un bras autour de mon cou, et dans l'instant sa bouche parla trop clairement sur la mienne pour me laisser mon erreur. La crise ne pouvait se faire plus à propos. Je devins aimable. Il en était temps. Elle m'avait donné cette confiance dont le défaut m'a presque toujours empêché d'être moi. Je le fus alors. Jamais mes yeux, mes sens, mon cœur et ma bouche n'ont si bien parlé; jamais je n'ai si pleinement réparé mes torts; et si cette petite conquête avait coûté des soins à Mme de Larnage, j'eus lieu de croire qu'elle n'y avait pas regret.

Quand je vivrais cent ans, je ne me rappellerais jamais sans plaisir le souvenir de cette charmante femme. Je dis charmante, quoiqu'elle ne fût ni belle ni jeune; mais n'étant non plus ni laide ni vieille, elle n'avait rien dans sa figure qui empêchât son esprit et ses grâces de faire tout leur effet. Tout au contraire des autres femmes, ce qu'elle avait de moins frais était le visage, et je crois que le rouge le lui avait gâté. Elle avait ses raisons pour être facile, c'était le moyen de valoir tout son prix. On pouvait la voir sans l'aimer, mais non pas la posséder sans l'adorer. Et cela prouve, ce me semble, qu'elle n'était pas toujours aussi prodigue de ses bontés qu'elle le fut avec moi. Elle s'était prise d'un goût trop prompt et trop vif pour être excusable, mais où le cœur entrait du moins autant que les sens; et durant le temps court et délicieux que je passai auprès d'elle j'eus lieu de croire, aux ménagements forcés qu'elle m'imposait, que, quoique sensuelle et voluptueuse, elle aimait encore mieux ma santé que ses plaisirs.

Notre intelligence n'échappa pas au marquis de Torignan. Il n'en tirait pas moins sur moi; au contraire, il me traitait plus que jamais en pauvre amoureux transi, martyr des rigueurs de sa dame. Il ne lui échappa jamais un mot, un sourire, un regard qui pût me faire soupçonner qu'il nous eût devinés, et je l'aurais cru notre dupe, si Mme de Larnage, qui voyait mieux que moi, ne m'eût dit qu'il ne l'était pas, mais qu'il était galant homme; et en effet on ne saurait avoir des intentions plus honnêtes, ni se comporter plus poliment qu'il fit toujours, même envers moi, sauf ses plaisanteries, surtout depuis mon succès. Il m'en attribuait l'honneur peut-être, et me supposait moins sot que je ne l'avais paru. Il se trompait, comme on a vu : mais n'importe, je profitais de son erreur, et il est vrai qu'alors les rieurs étant pour moi, je prêtais le flanc de bon cœur et d'assez bonne grâce à ses épigrammes, et j'y ripostais quelquefois, même assez heureusement, tout fier de me faire honneur auprès de Mme de Larnage de l'esprit qu'elle m'avait donné. Je n'étais plus le même homme.

Nous étions dans un pays et dans une saison de bonne chère; nous la faisions partout excellente, grâce aux bons soins de M. de Torignan. Je me serais pourtant passé qu'il les étendît jusqu'à nos chambres, mais il envoyait devant son laquais pour les retenir, et le coquin, soit de son chef, soit par l'ordre de son maître, le logeait toujours à côté de Mme de Larnage, et me fourrait à l'autre bout de la maison. Mais cela ne m'embarrassait guère, et nos rendez-vous n'en étaient que plus piquants. Cette vie délicieuse dura quatre ou cinq jours, pendant lesquels je me gorgeai, je m'enivrai des plus douces voluptés. Je les goûtai pures, vives, sans aucun mélange de peine : ce sont les premières et les seules que j'aie ainsi goûtées, et je puis dire que je dois à Mme de Larnage de ne pas mourir sans avoir connu le plaisir.

Si ce que je sentais pour elle n'était pas précisément de l'amour, c'était du moins un retour si tendre pour celui qu'elle me témoignait, c'était une sensualité si brûlante dans le plaisir, et une intimité si douce dans les entretiens, qu'elle avait tout le charme de la passion sans en avoir le délire qui tourne la tête et fait qu'on ne sait pas jouir. Je n'ai senti l'amour vrai qu'une seule fois en ma vie, et ce ne fut pas auprès d'elle. Je ne l'aimais pas non plus comme j'avais aimé et comme j'aimais Mme de Warens; mais c'était pour cela même que je la possédais cent fois mieux. Près de Maman mon plaisir était toujours troublé par un sentiment de tristesse, par un secret serrement de cœur que je ne surmontais pas sans peine; au lieu de me féliciter de la posséder, je me reprochais de l'avilir. Près de Mme de Larnage, au contraire, fier d'être homme et d'être heureux, je me livrais à mes sens avec joie, avec confiance : je partageais l'impression que je faisais sur les siens : j'étais assez à moi pour contempler avec autant de vanité que de volupté mon triomphe et pour tirer de là de quoi le redoubler.

Je ne me souviens pas de l'endroit où nous quitta le marquis de Torignan, qui était du pays, mais nous nous trouvâmes seuls avant d'arriver à Montélimar, et dès lors Mme de Larnage établit sa femme de chambre dans ma chaise et je passai dans la sienne avec elle. Je puis assurer que la route ne nous ennuyait pas de cette manière, et j'aurais eu bien de la peine à dire comment le pays que nous parcourions était fait. A Montélimar, elle eut des affaires qui l'y retinrent trois jours, durant lesquels elle ne me quitta pourtant qu'un quart d'heure pour une visite qui lui attira des importunités désolantes et des invitations qu'elle n'eut garde d'accepter. Elle prétexta des incommodités, qui ne nous empêchèrent pourtant pas d'aller nous promener tous les jours tête à tête dans le plus beau pays et sous le plus beau ciel du monde. Oh! ces trois jours! j'ai dû les regretter quelquefois, il n'en est plus revenu de semblables.

Des amours de voyage ne sont pas faits pour durer. Il fallut nous séparer, et j'avoue qu'il en était temps, non que je fusse rassasié ni prêt à l'être, je m'attachais chaque jour davantage; mais, malgré toute la discrétion de la dame, il ne me restait guère que la bonne volonté, et avant de nous séparer, je voulus jouir de ce reste, ce qu'elle endura par précaution contre les filles de Montpellier. Nous donnâmes le change à nos regrets par des projets pour notre réunion. Il fut décidé que, puisque ce régime me faisait du bien, j'en userais et que j'irais passer l'hiver au Bourg Saint-Andéol, sous la direction de Mme de Larnage. Je devais seulement rester à Montpellier cinq ou six semaines, pour lui laisser le temps de préparer les choses de manière à prévenir les caquets. Elle me donna d'amples instructions sur ce que je devais savoir, sur ce que je devais dire, sur la manière dont je devais me comporter. En attendant nous devions nous écrire. Elle me parla beaucoup et sérieusement du soin de ma santé; m'exhorta de consulter d'habiles gens, d'être très attentif à tout ce qu'ils me prescriraient, et se chargea, quelque sévère que pût être leur ordonnance, de me la faire exécuter tandis que je serais auprès d'elle. Je crois qu'elle parlait sincèrement, car elle m'aimait : elle m'en donna mille preuves plus sûres que des faveurs. Elle jugea par mon équipage que je ne nageais pas dans l'opulence; quoiqu'elle ne fût pas riche elle-même, elle voulut, à notre séparation, me forcer de partager sa bourse, qu'elle apportait de Grenoble assez bien garnie, et j'eus beaucoup de peine à m'en défendre. Enfin je la quittai le cœur tout plein d'elle, et lui laissant, ce me semble, un véritable attachement pour moi.

J'achevai ma route en la recommençant dans mes souvenirs, et pour le coup très content d'être dans une bonne chaise pour y rêver plus à mon aise aux plaisirs que j'avais goûtés et à ceux qui m'étaient promis. Je ne pensais qu'au Bourg Saint-Andéol et à la charmante vie qui m'y attendait; je ne voyais que Mme de Larnage et ses entours : tout le reste de l'univers n'était rien pour moi, Maman même était oubliée. Je m'occupais à combiner dans ma tête tous les détails dans lesquels Mme de Larnage était entrée, pour me faire d'avance une idée de sa demeure, de son voisinage, de ses sociétés, de toute sa manière de vivre. Elle avait une fille dont elle m'avait parlé très souvent en mère idolâtre. Cette fille avait quinze ans passés; elle était vive, charmante et d'un caractère aimable. On m'avait promis que j'en serais caressé : je n'avais pas oublié cette promesse, et j'étais fort curieux d'imaginer comment Mademoiselle de Larnage traiterait le bon ami de sa maman. Tels furent les sujets de mes rêveries depuis le Pont-Saint-Esprit jusqu'à Remoulin. On m'avait dit d'aller voir le Pont du Gard; je n'y manquai pas. Après un déjeuner d'excellentes figues, je pris un guide, et j'allai voir le Pont du Gard.

C'était le premier ouvrage des Romains que j'eusse vu.
Je m'attendais à voir un monument digne des mains qui
l'avaient construit. Pour le coup l'objet passa mon
attente; et ce fut la seule fois en ma vie. Il n'appartenait
qu'aux Romains de produire cet effet. L'aspect de ce
simple et noble ouvrage me frappa d'autant plus qu'il
est au milieu d'un désert où le silence et la solitude
rendent l'objet plus frappant et l'admiration plus vive, car
ce prétendu pont n'était qu'un aqueduc. On se demande
quelle force a transporté ces pierres énormes si loin de
toute carrière, et a réuni les bras de tant de milliers
d'hommes dans un lieu où il n'en habite aucun. Je par-
courus les trois étages de ce superbe édifice, que le respect
m'empêchait presque d'oser fouler sous mes pieds. Le
retentissement de mes pas sous ces immenses voûtes me
faisait croire entendre la forte voix de ceux qui les
avaient bâties. Je me perdais comme un insecte dans
cette immensité. Je sentais, tout en me faisant petit, je ne
sais quoi qui m'élevait l'âme, et je me disais en soupirant :
Que ne suis-je né Romain! Je restai là plusieurs heures
dans une contemplation ravissante. Je m'en revins distrait et rêveur, et cette rêverie ne fut pas favorable à
Mme de Larnage. Elle avait bien songé à me prémunir
contre les filles de Montpellier, mais non pas contre le
pont du Gard. On ne s'avise jamais de tout.

A Nîmes, j'allai voir les Arènes. C'est un ouvrage beaucoup plus magnifique que le Pont du Gard, et qui me fit
beaucoup moins d'impression, soit que mon admiration
se fût épuisée sur le premier objet, soit que la situation
de l'autre au milieu d'une ville fût moins propre à l'exciter. Ce vaste et superbe cirque est entouré de vilaines
petites maisons, et d'autres maisons plus petites et plus
vilaines encore en remplissent l'arène, de sorte que le tout
ne produit qu'un effet disparate et confus où le regret et
l'indignation étouffent le plaisir et la surprise. J'ai vu
depuis le cirque de Vérone, infiniment plus petit et
moins beau que celui de Nîmes, mais entretenu et
conservé avec toute la décence et la propreté possibles,
et qui par cela même me fit une impression plus forte
et plus agréable. Les Français n'ont soin de rien et
ne respectent aucun monument. Ils sont tout feu
pour entreprendre et ne savent rien finir ni rien conserver.

J'étais changé à tel point, et ma sensualité mise en exercice s'était si bien éveillée, que je m'arrêtai un jour au

Pont-de-Lunel pour y faire bonne chère avec de la compagnie qui s'y trouva. Ce cabaret, le plus estimé de l'Europe, méritait alors de l'être. Ceux qui le tenaient avaient su tirer parti de son heureuse situation pour le tenir abondamment approvisionné et avec choix. C'était réellement une chose curieuse de trouver dans une maison seule et isolée au milieu de la campagne une table fournie en poisson de mer et d'eau douce, en gibier excellent, en vins fins, servie avec ces attentions et ces soins qu'on ne trouve que chez les grands et les riches, et tout cela pour vos trente-cinq sols. Mais le Pont-de-Lunel ne resta pas longtemps sur ce pied, et à force d'user sa réputation, la perdit enfin tout à fait.

J'avais oublié, durant ma route, que j'étais malade; je m'en souvins en arrivant à Montpellier. Mes vapeurs étaient bien guéries, mais tous mes autres maux me restaient et quoique l'habitude m'y rendît moins sensible, c'en serait assez pour se croire mort à qui s'en trouverait attaqué tout d'un coup. En effet, ils étaient moins douloureux qu'effrayants, et faisaient plus souffrir l'esprit que le corps dont ils semblaient annoncer la destruction. Cela faisait que, distrait par des passions vives, je ne songeais plus à mon état; mais comme il n'était pas imaginaire, je le sentais sitôt que j'étais de sang-froid. Je songeai donc sérieusement aux conseils de Mme Larnage et au but de mon voyage. J'allai consulter les praticiens les plus illustres, surtout M. Fizes, et, pour surabondance de précaution, je me mis en pension chez un médecin. C'était un Irlandais appelé Fitz-Moris, qui tenait une table assez nombreuse d'étudiants en médecine, et il y avait cela de commode pour un malade à s'y mettre, que M. Fitz-Moris se contentait d'une pension honnête pour la nourriture, et ne prenait rien de ses pensionnaires pour ses soins comme médecin. Il se chargea de l'exécution des ordonnances de M. Fizes, et de veiller sur ma santé. Il s'acquitta fort bien de cet emploi quant au régime; on ne gagnait pas d'indigestion à cette pension-là, et, quoique je ne sois pas fort sensible aux privations de cette espèce, les objets de comparaison étaient si proches, que je ne pouvais m'empêcher de trouver quelquefois en moi-même que M. de Torignan était un meilleur pourvoyeur que M. Fitz-Moris. Cependant, comme on ne mourait pas de faim non plus, et que toute cette jeunesse était fort gaie, cette manière de vivre me fit du bien réellement, et m'empêcha de retomber dans mes langueurs. Je passais la matinée à prendre des drogues, surtout je ne sais quelles eaux, je crois les eaux de Vals, et à écrire à Mme de Larnage; car la correspondance allait son train, et Rousseau se chargeait de retirer les lettres de son ami Dudding. A midi, j'allais faire un tour à la Canourgue, avec quelqu'un de nos jeunes commensaux, qui tous étaient de très bons enfants; on se rassemblait, on allait dîner. Après dîner une importante affaire occupait la plupart d'entre nous jusqu'au soir, c'était d'aller hors de la ville jouer le goûter en deux ou trois parties de mail. Je ne jouais pas, je n'en avais ni la force ni l'adresse; mais je pariais, et sui- vant, avec l'intérêt du pari, nos joueurs et leurs boules à travers des chemins raboteux et pleins de pierres, je fai- sais un exercice agréable et salutaire qui me convenait tout à fait. On goûtait dans un cabaret hors la ville. Je n'ai pas besoin de dire que ces goûters étaient gais; mais j'ajouterai qu'ils étaient assez décents, quoique les filles du cabaret fussent jolies. M. Fitz-Moris, grand joueur de mail, était notre président, et je puis dire, malgré la mau- vaise réputation des étudiants, que je trouvai plus de mœurs et d'honnêteté parmi toute cette jeunesse qu'il ne serait aisé d'en trouver dans le même nombre d'hommes faits. Ils étaient plus bruyants que crapuleux, plus gais que libertins, et je me monte si aisément à un train de vie quand il est volontaire, que je n'aurais pas mieux demandé que de voir durer celui-là toujours. Il y avait parmi ces étudiants plusieurs Irlandais avec lesquels je tâchais d'ap- prendre quelques mots d'anglais par précaution pour le Bourg-Saint-Andéol, car le temps approchait de m'y rendre. Mme de Larnage m'en pressait chaque ordinaire, et je me préparais à lui obéir. Il était clair que mes méde- cins, qui n'avaient rien compris à mon mal, me regar- taient comme un malade imaginaire, et me traitaient sur ce pied avec leur squine, leurs eaux, et leur petit lait. Tout au contraire des théologiens, les médecins et les philo- sophes n'admettent pour vrai que ce qu'ils peuvent expliquer, et font de leur intelligence la mesure des pos- sibles. Ces messieurs ne connaissaient rien à mon mal, donc je n'étais pas malade : car comment supposer que des docteurs ne sussent pas tout ? Je vis qu'ils ne cher- chaient qu'à m'amuser et me faire manger mon argent, et jugeant que leur substitut du Bourg-Saint-Andéol ferait cela tout aussi bien qu'eux, mais plus agréablement, je résolus de lui donner la préférence, et je quittai Mont- pellier dans cette sage intention.

Je partis vers le fin de novembre, après six semaines ou deux mois de séjour dans cette ville, où je laissai une douzaine de louis sans aucun profit pour ma santé ni pour mon instruction, si ce n'est un cours d'anatomie commencé sous M. Fitz-Moris, et que je fus obligé d'abandonner par l'horrible puanteur des cadavres qu'on disséquait, et qu'il me fut impossible de supporter.

Mal à mon aise au dedans de moi sur la résolution que j'avais prise, j'y réfléchissais en m'avançant toujours vers le Pont-Saint-Esprit, qui était également la route du Bourg-Saint-Andéol et de Chambéry. Les souvenirs de Maman, et ses lettres, quoique moins fréquentes que celles de Mme de Larnage, réveillaient dans mon cœur des remords que j'avais étouffés durant ma première route. Ils devinrent si vifs au retour, que, balançant l'amour du plaisir, ils me mirent en état d'écouter la raison seule. D'abord, dans le rôle d'aventurier que j'allais recommencer, je pouvais être moins heureux que la première fois ; il ne fallait, dans tout le Bourg-Saint-Andéol, qu'une seule personne qui eût été en Angleterre, qui connût les Anglais, ou qui sût leur langue, pour me démasquer. La famille de Mme de Larnage pouvait se prendre de mauvaise humeur contre moi et me traiter peu honnêtement. Sa fille, à laquelle malgré moi je pensais plus qu'il n'eût fallu, m'inquiétait encore : je tremblais d'en devenir amoureux, et cette peur faisait déjà la moitié de l'ouvrage. Allais-je donc, pour prix des bontés de la mère, chercher à corrompre sa fille, à lier le plus détestable commerce, à mettre la dissension, le déshonneur, le scandale et l'enfer dans sa maison ? Cette idée me fit horreur ; je pris bien la ferme résolution de me combattre et de me vaincre si ce malheureux penchant venait à se déclarer. Mais pourquoi m'exposer à ce combat ? Quel misérable état de vivre avec la mère, dont je serais rassasié, et de brûler pour la fille sans oser lui montrer mon cœur ! Quelle nécessité d'aller chercher cet état, et m'exposer aux malheurs, aux affronts, aux remords, pour des plaisirs dont j'avais d'avance épuisé le plus grand charme ? Car il est certain que ma fantaisie avait perdu sa première vivacité ; le goût du plaisir y était encore, mais la passion n'y était plus. A cela se mêlaient des réflexions relatives à ma situation, à mes devoirs, à cette Maman si bonne, si généreuse, qui, déjà chargée de dettes, l'était encore de mes folles dépenses, qui s'épuisait pour moi, et que je trompais si indignement. Ce reproche devint si vif qu'il l'emporta à la fin. En approchant du Saint-Esprit, je pris la résolution de brûler l'étape du Bourg-Saint-Andéol, et de passer tout droit. Je l'exécutai courageusement, avec quelques soupirs, je l'avoue, mais aussi avec cette satisfaction intérieure, que je goûtais pour la première fois de ma vie, de me dire : Je mérite ma propre estime : je sais préférer mon devoir à mon plaisir. Voilà la première obligation véritable que j'aie à l'étude. C'était elle qui m'avait appris à réfléchir, à comparer. Après les principes si purs que j'avais adoptés il y avait peu de temps, après les règles de sagesse et de vertu que je m'étais faites et que je m'étais senti si fier de suivre, la honte d'être si peu conséquent à moi-même, de démentir si tôt et si haut mes propres maximes, l'emporta sur la volupté. L'orgueil eut peut-être autant de part à ma résolution que la vertu; mais si cet orgueil n'est pas la vertu même, il a des effets si semblables, qu'il est pardonnable de s'y tromper.

L'un des avantages des bonnes actions est d'élever l'âme et de la disposer à en faire de meilleures : car telle est la faiblesse humaine, qu'on doit mettre au nombre des bonnes actions l'abstinence du mal qu'on est tenté de commettre. Sitôt que j'eus pris ma résolution je devins un autre homme, ou plutôt je redevins celui que j'étais auparavant, et que ce moment d'ivresse avait fait disparaître. Plein de bons sentiments et de bonnes résolutions, je continuai ma route dans la bonne intention d'expier ma faute, ne pensant qu'à régler désormais ma conduite sur les lois de la vertu, à me consacrer sans réserve au service de la meilleure des mères, à lui vouer autant de fidélité que j'avais d'attachement pour elle, et à n'écouter plus d'autre amour que celui de mes devoirs. Hélas! la sincérité de mon retour au bien semblait me promettre une autre destinée; mais la mienne était écrite et déjà commencée et quand mon cœur, plein d'amour pour les choses bonnes et honnêtes, ne voyait plus qu'innocence et bonheur dans la vie, je touchais au moment funeste qui devait traîner à sa suite la longue chaîne de mes malheurs.

L'empressement d'arriver me fit faire plus de diligence que je n'avais compté. Je lui avais annoncé de Valence le jour et l'heure de mon arrivée. Ayant gagné une demi-journée sur mon calcul, je restai autant de temps à Chaparillan, afin d'arriver juste au moment que j'avais marqué. Je voulais goûter dans tout son charme le plaisir de la revoir. J'aimais mieux le différer un peu pour y joindre celui d'être attendu. Cette précaution m'avait toujours réussi. J'avais vu toujours marquer mon arrivée par une espèce de petite fête : je n'en attendais pas moins cette fois ; et ces empressements, qui m'étaient si sensibles, valaient bien la peine d'être ménagés.

J'arrivai donc exactement à l'heure. De tout loin je regardais si je ne la verrais point sur le chemin ; le cœur me battait de plus en plus à mesure que j'approchais. J'arrive essoufflé, car j'avais quitté ma voiture en ville ; je ne vois personne dans la cour, sur la porte, à la fenêtre : je commence à me troubler, je redoute quelque accident. J'entre ; tout est tranquille ; des ouvriers goûtaient dans la cuisine ; du reste aucun apprêt. La servante parut surprise de me voir ; elle ignorait que je dusse arriver. Je monte, je la vois enfin cette chère Maman, si tendrement, si vivement, si purement aimée ; j'accours, je m'élance à ses pieds. Ah ! te voilà, petit, me dit-elle en m'embrassant ; as-tu fait bon voyage ? comment te portes-tu ? Cet accueil m'interdit un peu. Je lui demandai si elle n'avait pas reçu ma lettre. Elle me dit que oui. J'aurais cru que non, lui dis-je, et l'éclaircissement finit là. Un jeune homme était avec elle. Je le connaissais pour l'avoir vu déjà dans la maison avant mon départ ; mais cette fois il y paraissait établi ; il l'était. Bref, je trouvai ma place prise.

Ce jeune homme était du pays de Vaud ; son père, appelé Wintzenried, était concierge ou soi-disant capitaine du château de Chillon. Le fils de M. le capitaine était garçon perruquier, et courait le monde en cette qualité quand il vint se présenter à Mme de Warens, qui le reçut bien, comme elle faisait tous les passants, et surtout ceux de son pays. C'était un grand fade blondin, assez bien fait, le visage plat, l'esprit de même, parlant comme le beau Liandre ; mêlant tous les tons, tous les goûts de son état avec la longue histoire de ses bonnes fortunes ; ne nommant que la moitié des marquises avec lesquelles il avait couché, et prétendant n'avoir point coiffé de jolies femmes dont il n'eût aussi coiffé les maris ; vain, sot, ignorant, insolent, au demeurant le meilleur fils du monde. Tel fut le substitut qui me fut donné durant mon absence, et l'associé qui me fut offert après mon retour.

Oh ! si les âmes dégagées de leurs terrestres entraves voient encore du sein de l'éternelle lumière ce qui se passe chez les mortels, pardonnez, ombre chère et respectable, si je ne fais pas plus de grâce à vos fautes qu'aux miennes, si je dévoile également les unes et les autres aux yeux des lecteurs. Je dois, je veux être vrai pour vous comme pour moi-même : vous y perdrez toujours beaucoup moins que moi. Eh! combien votre aimable et doux caractère, votre inépuisable bonté de cœur, votre franchise et toutes vos excellentes vertus ne rachètent-elles pas de faiblesses, si l'on peut appeler ainsi les torts de votre seule raison! Vous eûtes des erreurs et non pas des vices; votre conduite fut répréhensible, mais votre cœur fut toujours pur. Qu'on mette le bien et le mal dans la balance, et qu'on soit équitable : quelle autre femme, si sa vie secrète était manifestée ainsi que la vôtre, s'oserait jamais comparer à vous ?

Le nouveau venu s'était montré zélé, diligent, exact pour toutes ses petites commissions, qui étaient toujours en grand nombre; il s'était fait le piqueur de ses ouvriers. Aussi bruyant que je l'étais peu, il se faisait voir et surtout entendre à la fois à la charrue, aux foins, au bois, à l'écurie, à la basse-cour. Il n'y avait que le jardin qu'il négligeait, parce que c'était un travail trop paisible et qui ne faisait point de bruit. Son grand plaisir était de charger et charrier, de scier ou fendre du bois; on le voyait toujours la hache ou la pioche à la main; on l'entendait courir, cogner, crier à pleine tête. Je ne sais de combien d'hommes il faisait le travail, mais il faisait toujours le bruit de dix ou douze. Tout ce tintamarre en imposa à ma pauvre Maman; elle crut ce jeune homme un trésor pour ses affaires. Voulant se l'attacher, elle employa pour cela tous les moyens qu'elle y crut propres, et n'oublia pas celui sur lequel elle comptait le plus.

On a dû connaître mon cœur, ses sentiments les plus constants, les plus vrais, ceux surtout qui me ramenaient en ce moment auprès d'elle. Quel prompt et plein bouleversement dans tout mon être! qu'on se mette à ma place pour en juger. En un moment je vis évanouir pour jamais tout l'avenir de félicité que je m'étais peint. Toutes les douces idées que je caressais si affectueusement disparurent, et moi, qui depuis mon enfance ne savais voir mon existence qu'avec la sienne, je me vis seul pour la première fois. Ce moment fut affreux : ceux qui le suivirent furent toujours sombres. J'étais jeune encore, mais ce doux sentiment de jouissance et d'espérance qui vivifie la jeunesse me quitta pour jamais. Dès lors, l'être sensible fut mort à demi. Je ne vis plus devant moi que les tristes restes d'une vie insipide, et si quelquefois encore une image de bonheur effleura mes désirs, ce bonheur n'était

plus celui qui m'était propre; je sentais qu'en l'obtenant
je ne serais pas vraiment heureux.

J'étais si bête et ma confiance était si pleine, que malgré le ton familier du nouveau venu, que je regardais
comme un effet de cette facilité d'humeur de Maman qui
rapprochait tout le monde d'elle, je ne me serais pas
avisé d'en soupçonner la véritable cause si elle ne me l'eût
dit elle-même; mais elle se pressa de me faire cet aveu
avec une franchise capable d'ajouter à ma rage, si mon
cœur eût pu se tourner de ce côté-là; trouvant quant à elle
la chose toute simple, me reprochant ma négligence dans
la maison, et m'alléguant mes fréquentes absences,
comme si elle eût été d'un tempérament fort pressé d'en
remplir les vides. Ah! Maman, lui dis-je, le cœur serré de
douleur, qu'osez-vous m'apprendre! quel prix d'un attachement pareil au mien! Ne m'avez-vous tant de fois
conservé la vie que pour m'ôter tout ce qui me la rendait
chère? J'en mourrai, mais vous me regretterez. Elle me
répondit d'un ton tranquille à me rendre fou, que j'étais
un enfant, qu'on ne mourait point de ces choses-là; que
je ne perdrais rien; que nous n'en serions pas moins bons
amis, pas moins intimes dans tous les sens; que son
tendre attachement pour moi ne pouvait ni diminuer ni
finir qu'avec elle. Elle me fit entendre, en un mot, que
tous mes droits demeuraient les mêmes, et qu'en les partageant avec un autre, je n'en étais pas privé pour cela.

Jamais la pureté, la vérité, la force de mes sentiments
pour elle, jamais la sincérité, l'honnêteté de mon âme
ne se firent mieux sentir à moi que dans ce moment. Je
me précipitai à ses pieds, j'embrassai ses genoux en ver-
sant des torrents de larmes. Non, Maman, lui dis-je avec
transport, je vous aime trop pour vous avilir; votre possession m'est trop chère pour la partager; les regrets
qui l'accompagnèrent quand je l'acquis se sont accrus
avec mon amour; non, je ne la puis conserver au même
prix. Vous aurez toujours mes adorations, soyez-en toujours digne : il m'est plus nécessaire encore de vous honorer que de vous posséder. C'est à vous, ô Maman! que je
vous cède; c'est à l'union de nos cœurs que je sacrifie tous
mes plaisirs. Puissé-je périr mille fois avant d'en goûter
qui dégradent ce que j'aime!

Je tins cette résolution avec une constance digne, j'ose
le dire, du sentiment qui me l'avait fait former. Dès ce
moment je ne vis plus cette Maman si chérie que des yeux
d'un véritable fils; et il est à noter que, bien que ma réso-

lution n'eût point son approbation secrète, comme je m'en suis trop aperçu, elle n'employa jamais pour m'y faire renoncer ni propos insinuants, ni caresses, ni aucune de ces adroites agaceries dont les femmes savent user sans se commettre et qui manquent rarement de leur réussir. Réduit à me chercher un sort indépendant d'elle, et n'en pouvant même imaginer, je passai bientôt à l'autre extrémité, et le cherchai tout en elle. Je l'y cherchai si parfaitement que je parvins presque à m'oublier moi-même. L'ardent désir de la voir heureuse, à quelque prix que ce fût, absorbait toutes mes affections : elle avait beau séparer son bonheur du mien, je le voyais mien en dépit d'elle.

Ainsi commencèrent à germer avec mes malheurs les vertus dont la semence était au fond de mon âme, que l'étude avait cultivées, et qui n'attendaient pour éclore que le ferment de l'adversité. Le premier fruit de cette disposition si désintéressée fut d'écarter de mon cœur tout sentiment de haine et d'envie contre celui qui m'avait supplanté. Je voulus, au contraire, et je voulus sincèrement, m'attacher à ce jeune homme, le former, travailler à son éducation, lui faire sentir son bonheur, l'en rendre digne, s'il était possible, et faire en un mot pour lui tout ce qu'Anet avait fait pour moi dans une occasion pareille. Mais la parité manquait entre les personnes. Avec plus de douceur et de lumières, je n'avais pas le sang-froid et la fermeté d'Anet, ni cette force de caractère qui en imposait, et dont j'aurais eu besoin pour réussir. Je trouvai encore moins dans le jeune homme des qualités qu'Anet avait trouvées en moi : la docilité, l'attachement, la reconnaissance, surtout le sentiment du besoin que j'avais de ses soins, et l'ardent désir de les rendre utiles. Tout cela manquait ici. Celui que je voulais former ne voyait en moi qu'un pédant importun qui n'avait que du babil. Au contraire, il s'admirait lui-même comme un homme important dans la maison, et mesurant les services qu'il y croyait rendre sur le bruit qu'il y faisait, il regardait ses haches et ses pioches comme infiniment plus utiles que tous mes bouquins. A quelque égard il n'avait pas tort; mais il partait de là pour se donner des airs à faire mourir de rire. Il tranchait avec les paysans du gentilhomme campagnard; bientôt il en fit autant avec moi, et enfin avec Maman elle-même. Son nom de Wintzenried ne lui paraissant pas assez noble, il le quitta pour celui de M. de Courtilles, et c'est sous ce dernier nom qu'il a été connu depuis à Chambéry et en Maurienne, où il s'est marié.

Enfin, tant fit l'illustre personnage qu'il fut tout dans la maison, et moi rien. Comme, lorsque j'avais le malheur de lui déplaire, c'était Maman et non pas moi qu'il grondait, la crainte de l'exposer à ses brutalités me rendait docile à tout ce qu'il désirait, et chaque fois qu'il fendait du bois, emploi qu'il remplissait avec une fierté sans égale, il fallait que je fusse là spectateur oisif et tranquille admirateur de sa prouesse. Ce garçon n'était pourtant pas absolument d'un mauvais naturel; il aimait Maman, parce qu'il était impossible de ne la pas aimer; il n'avait même pas pour moi de l'aversion, et quand les intervalles de ses fougues permettaient de lui parler, il nous écoutait quelquefois assez docilement, convenant franchement qu'il n'était qu'un sot : après quoi il n'en faisait pas moins de nouvelles sottises. Il avait d'ailleurs une intelligence si bornée et des goûts si bas, qu'il était difficile de lui parler raison et presque impossible de se plaire avec lui. A la possession d'une femme pleine de charmes, il ajouta le ragoût d'une femme de chambre vieille, rousse, édentée, dont Maman avait la patience d'endurer le dégoûtant service, quoiqu'elle lui fît mal au cœur. Je m'aperçus de ce nouveau ménage, et j'en fus outré d'indignation : mais je m'aperçus d'une autre chose qui m'affecta bien plus vivement encore, et qui me jeta dans un plus profond découragement que tout ce qui s'était passé jusqu'alors; ce fut le refroidissement de Maman envers moi.

La privation que je m'étais imposée et qu'elle avait fait semblant d'approuver est une de ces choses que les femmes ne pardonnent point, quelque mine qu'elles fassent, moins par la privation qui en résulte pour elles-mêmes, que par l'indifférence qu'elles y voient pour leur possession. Prenez la femme la plus sensée, la plus philosophe, la moins attachée à ses sens; le crime le plus irrémissible que l'homme dont au reste elle se soucie le moins, puisse commettre envers elle, est d'en pouvoir jouir et de n'en rien faire. Il faut bien que ceci soit sans exception, puisqu'une sympathie si naturelle et si forte fut altérée en elle par une abstinence qui n'avait que des motifs de vertu, d'attachement et d'estime. Dès lors je cessai de trouver en elle cette intimité des cœurs qui fit toujours la plus douce jouissance du mien. Elle ne s'épanchait plus avec moi que quand elle avait à se plaindre du nouveau venu; quand ils étaient bien ensemble, j'entrais peu dans ses confidences. Enfin elle prenait peu à peu une

manière d'être dont je ne faisais plus partie. Ma présence
lui faisait plaisir encore, mais elle ne lui faisait plus
besoin, et j'aurais passé des jours entiers sans la voir,
qu'elle ne s'en serait pas aperçue.

Insensiblement je me sentis isolé et seul dans cette
même maison dont auparavant j'étais l'âme, et où je
vivais pour ainsi dire à double. Je m'accoutumai peu à
peu à me séparer de tout ce qui s'y faisait, de ceux mêmes
qui l'habitaient, et pour m'épargner de continuels déchi-
rements, je m'enfermais avec mes livres, ou bien j'allais
soupirer et pleurer à mon aise au milieu des bois. Cette
vie me devint bientôt tout à fait insupportable. Je sentis
que la présence personnelle et l'éloignement de cœur
d'une femme qui m'était si chère irritaient ma douleur, et
qu'en cessant de la voir je m'en sentirais moins cruellement séparé. Je formai le projet de quitter sa maison; je
le lui dis, et, loin de s'y opposer, elle le favorisa. Elle avait
à Grenoble une amie appelée Mme Deybens, dont le mari
était ami de M. de Mably, grand prévôt à Lyon. M. Deybens me proposa l'éducation des enfants de M. de
Mably : j'acceptai, et je partis pour Lyon sans laisser ni
presque sentir le moindre regret d'une séparation dont
auparavant la seule idée nous eût donné les angoisses de
la mort.

J'avais à peu près les connaissances nécessaires pour un
précepteur, et j'en croyais avoir le talent. Durant un an que
je passai chez M. de Mably, j'eus le temps de me désabu-
ser. La douceur de mon naturel m'eût rendu propre à ce
métier, si l'emportement n'y eût mêlé ses orages. Tant
que tout allait bien, et que je voyais réussir mes soins et
mes peines, qu'alors je n'épargnais point, j'étais un ange;
j'étais un diable quand les choses allaient de travers.
Quand mes élèves ne m'entendaient pas, j'extravaguais,
et, quand ils marquaient de la méchanceté, je les aurais
tués : ce n'était pas le moyen de les rendre savants et
sages. J'en avais deux; ils étaient d'humeurs très différentes. L'un de huit à neuf ans, appelé Sainte-Marie,
était d'une jolie figure, l'esprit assez ouvert, assez vif,
étourdi, badin, malin, mais d'une malignité gaie. Le
cadet, appelé Condillac, paraissait presque stupide,
musard, têtu comme une mule, et ne pouvant rien
apprendre. On peut juger qu'entre ces deux sujets je
n'avais pas besogne faite. Avec de la patience et du sang-
froid peut-être aurais-je pu réussir; mais, faute de
l'une et de l'autre, je ne fis rien qui vaille, et mes élèves

tournaient très mal. Je ne manquais pas d'assiduité, mais je manquais d'égalité, surtout de prudence. Je ne savais employer auprès d'eux que trois instruments toujours inutiles et souvent pernicieux auprès des enfants : le sentiment, le raisonnement, la colère. Tantôt je m'attendrissais avec Sainte-Marie jusqu'à pleurer ; je voulais l'attendrir lui-même, comme si l'enfant était susceptible d'une véritable émotion de cœur ; tantôt je m'épuisais à lui parler raison, comme s'il avait pu m'entendre ; et comme il me faisait quelquefois des arguments très subtils, je le prenais tout de bon pour raisonnable, parce qu'il était raisonneur. Le petit Condillac était encore plus embarrassant, parce que, n'entendant rien, ne répondant rien, ne s'émouvant de rien, et d'une opiniâtreté à toute épreuve, il ne triomphait jamais mieux de moi que quand il m'avait mis en fureur ; alors c'était lui qui était le sage, et c'était moi qui étais l'enfant. Je voyais toutes mes fautes, je les sentais ; j'étudiais l'esprit de mes élèves, je les pénétrais très bien, et je ne crois pas que jamais une seule fois j'aie été la dupe de leurs ruses. Mais que me servait de voir le mal sans savoir appliquer le remède ? En pénétrant tout je n'empêchais rien, je ne réussissais à rien, et tout ce que je faisais était précisément ce qu'il ne fallait pas faire.

Je ne réussissais guère mieux pour moi que pour mes élèves. J'avais été recommandé par Mme Deybens à Mme de Mably. Elle l'avait priée de former mes manières et de me donner le ton du monde. Elle y prit quelques soins, et voulut que j'apprisse à faire les honneurs de sa maison ; mais je m'y pris si gauchement, j'étais si honteux, si sot, qu'elle se rebuta, et me planta là. Cela ne m'empêcha pas de devenir, selon ma coutume, amoureux d'elle. J'en fis assez pour qu'elle s'en aperçût ; mais je n'osai jamais me déclarer. Elle ne se trouva pas d'humeur à faire les avances, et j'en fus pour mes lorgneries et mes soupirs, dont même je m'ennuyai bientôt, voyant qu'ils n'aboutissaient à rien.

J'avais tout à fait perdu chez Maman le goût des petites friponneries, parce que, tout étant à moi, je n'avais rien à voler. D'ailleurs les principes élevés que je m'étais faits devaient me rendre désormais bien supérieur à de telles bassesses, et il est certain que depuis lors je l'ai d'ordinaire été : mais c'est moins pour avoir appris à vaincre mes tentations que pour en avoir coupé la racine, et j'aurais grand'peur de voler comme dans mon enfance si j'étais

sujet aux mêmes désirs. J'eus la preuve de cela chez M. de
Mably. Environné de petites choses volables que je ne
regardais même pas, je m'avisai de convoiter un certain
petit vin blanc d'Arbois très joli, dont quelques verres
que par-ci par-là je buvais à table m'avaient fort affriandé.
Il était un peu louche; je croyais savoir bien coller le vin,
je m'en vantai, on me confia celui-là; je le collai et le
gâtai, mais aux yeux seulement; il resta toujours agréable
à boire, et l'occasion fit que je m'en accommodai de
temps en temps de quelques bouteilles pour boire à mon
aise en mon petit particulier. Malheureusement je n'ai
jamais pu boire sans manger. Comment faire pour avoir
du pain ? Il m'était impossible d'en mettre en réserve.
En faire acheter par les laquais, c'était me déceler, et
presque insulter le maître de la maison. En acheter moi-
même, je n'osai jamais. Un beau monsieur, l'épée au
côté, aller chez un boulanger acheter un morceau de pain,
cela se pouvait-il ? Enfin je me rappelai le pis-aller d'une
grande princesse à qui l'on disait que les paysans n'avaient
pas de pain, et qui répondit : Qu'ils mangent de la brioche.
J'achetai de la brioche. Encore que de façons pour en
venir là! Sorti seul à ce dessein, je parcourais quelquefois
toute la ville, et passais devant trente pâtissiers avant d'entrer chez aucun. Il fallait qu'il n'y eût qu'une seule personne dans la boutique, et que sa physionomie m'attirât
beaucoup, pour que j'osasse franchir le pas. Mais aussi
quand j'avais une fois ma chère petite brioche, et que,
bien enfermé dans ma chambre, j'allais trouver ma bouteille au fond d'une armoire, quelles bonnes petites
buvettes je faisais là tout seul, en lisant quelques pages de
roman! Car lire en mangeant fut toujours ma fantaisie, au
défaut d'un tête-à-tête. C'est le supplément de la société
qui me manque. Je dévore alternativement une page et un
morceau : c'est comme si mon livre dînait avec moi.

Je n'ai jamais été dissolu ni crapuleux, et ne me suis
enivré de ma vie. Ainsi mes petits vols n'étaient pas fort
indiscrets : cependant ils se découvrirent; les bouteilles
me décelèrent. On ne m'en fit pas semblant, mais je n'eus
plus la direction de la cave. En tout cela, M. de Mably se
conduisit honnêtement et prudemment. C'était un très
galant homme, qui, sous un air aussi dur que son emploi,
avait une véritable douceur de caractère et une rare bonté
de cœur. Il était judicieux, équitable, et, ce qu'on n'at-
tendrait pas d'un officier de maréchaussée, même très
humain. En sentant son indulgence, je lui en devins plus

attaché, et cela me fit prolonger mon séjour dans sa maison plus que je n'aurais fait sans cela. Mais enfin, dégoûté d'un métier auquel je n'étais pas propre et d'une situation très gênante qui n'avait rien d'agréable pour moi, après un an d'essai, durant lequel je n'épargnai point mes soins, je me déterminai à quitter mes disciples, bien convaincu que je ne parviendrais jamais à les bien élever. M. de Mably lui-même voyait cela tout aussi bien que moi. Cependant je crois qu'il n'eût jamais pris sur lui de me renvoyer si je ne lui en eusse épargné la peine; et cet excès de condescendance en pareil cas n'est assurément pas ce que j'approuve.

Ce qui me rendait mon état plus insupportable était la comparaison continuelle que j'en faisais avec celui que j'avais quitté; c'était le souvenir de mes chères Charmettes, de mon jardin, de mes arbres, de ma fontaine, de mon verger, et surtout de celle pour qui j'étais né, qui donnait de l'âme à tout cela. En repensant à elle, à nos plaisirs, à notre innocente vie, il me prenait des serrements de cœur, des étouffements qui m'ôtaient le courage de rien faire. Cent fois j'ai été violemment tenté de partir à l'instant et à pied pour retourner auprès d'elle; pourvu que je la revisse encore une fois, j'aurais été content de mourir à l'instant même. Enfin je ne pus résister à ces souvenirs si tendres, qui me rappelaient auprès d'elle à quelque prix que ce fût. Je me disais que je n'avais pas été assez patient, assez complaisant, assez caressant, que je pouvais encore vivre heureux dans une amitié très douce, en y mettant du mien plus que je n'avais fait. Je forme les plus beaux projets du monde, je brûle de les exécuter. Je quitte tout, je renonce à tout, je pars, je vole, j'arrive dans tous les mêmes transports de ma première jeunesse, et je me retrouve à ses pieds. Ah! j'y serais mort de joie si j'avais retrouvé dans son accueil, dans ses caresses, dans son cœur enfin, le quart de ce que j'y retrouvais autrefois et que j'y reportais encore.

Affreuse illusion des choses humaines! Elle me reçut toujours avec son excellent cœur, qui ne pouvait mourir qu'avec elle; mais je venais rechercher le passé qui n'était plus et qui ne pouvait renaître. À peine eus-je resté une demi-heure avec elle, que je sentis mon ancien bonheur mort pour toujours. Je me retrouvai dans la même situation désolante que j'avais été forcé de fuir, et cela sans que je pusse dire qu'il y eût de la faute de personne; car au fond Courtilles n'était pas mauvais, et parut me revoir

avec plus de plaisir que de chagrin. Mais comment me
souffrir surnuméraire près de celle pour qui j'avais été
tout, et qui ne pouvait cesser d'être tout pour moi ?
Comment vivre étranger dans la maison dont j'étais l'enfant ? L'aspect des objets témoins de mon bonheur passé
me rendait la comparaison plus cruelle. J'aurais moins
souffert dans une autre habitation. Mais me voir rappeler
incessamment tant de doux souvenirs, c'était irriter le
sentiment de mes pertes. Consumé de vains regrets, livré
à la plus noire mélancolie, je repris le train de rester seul
hors les heures des repas. Enfermé avec mes livres, j'y
cherchais des distractions utiles, et sentant le péril immi-
nent que j'avais tant craint autrefois, je me tourmentais
derechef à chercher en moi-même les moyens d'y pourvoir quand Maman n'aurait plus de ressources. J'avais
mis les choses dans sa maison sur le pied d'aller sans
empirer ; mais depuis moi tout était changé. Son éco-
nome était un dissipateur. Il voulait briller : bon cheval,
bon équipage ; il aimait à s'étaler noblement aux yeux
des voisins ; il faisait des entreprises continuelles en
choses où il n'entendait rien. La pension se mangeait
d'avance, les quartiers en étaient engagés, les loyers
étaient arriérés, et les dettes allaient leur train. Je prévoyais que cette pension ne tarderait pas d'être saisie et
peut-être supprimée. Enfin je n'envisageais que ruine et
désastres, et le moment m'en semblait si proche, que j'en
sentais d'avance toutes les horreurs.

   Mon cher cabinet était ma seule distraction. A force d'y
chercher des remèdes contre le trouble de mon âme, je
m'avisai d'y en chercher contre les maux que je prévoyais,
et revenant à mes anciennes idées, me voilà bâtissant de
nouveaux châteaux en Espagne pour tirer cette pauvre
Maman des extrémités cruelles où je la voyais prête à
tomber. Je ne me sentais pas assez savant et ne me croyais
pas assez d'esprit pour briller dans la république des
lettres et faire une fortune par cette voie. Une nouvelle
idée qui se présenta m'inspira la confiance que la médiocrité de mes talents ne pouvait me donner. Je n'avais pas
abandonné la musique en cessant de l'enseigner ; au
contraire, j'en avais assez étudié la théorie pour pouvoir
me regarder au moins comme savant en cette partie. En
réfléchissant à la peine que j'avais eue d'apprendre à
déchiffrer la note, et à celle que j'avais encore à chanter à
livre ouvert, je vins à penser que cette difficulté pouvait
bien venir de la chose autant que de moi, sachant sur-

tout qu'en général apprendre la musique n'était pour personne une chose aisée. En examinant la constitution des signes, je les trouvais souvent fort mal inventés. Il y avait longtemps que j'avais pensé à noter l'échelle par chiffres, pour éviter d'avoir toujours à tracer des lignes et portées lorsqu'il fallait noter le moindre petit air. J'avais été arrêté par les difficultés des octaves et par celles de la mesure et des valeurs. Cette ancienne idée me revint dans l'esprit, et je vis, en y repensant, que ces difficultés n'étaient pas insurmontables. J'y rêvai avec succès, et je parvins à noter quelque musique que ce fût par mes chiffres avec la plus grande exactitude, et je puis dire avec la plus grande simplicité. Dès ce moment je crus ma fortune faite, et dans l'ardeur de la partager avec celle à qui je devais tout, je ne songeai qu'à partir pour Paris, ne doutant pas qu'en présentant mon projet à l'Académie je ne fisse une révolution. J'avais rapporté de Lyon quelque argent ; je vendis mes livres. En quinze jours ma résolution fut prise et exécutée. Enfin, plein des idées magnifiques qui me l'avaient inspirée, et toujours le même dans tous les temps, je partis de Savoie avec mon système de musique comme autrefois j'étais parti de Turin avec ma fontaine de Héron.

Telles ont été les erreurs et les fautes de ma jeunesse. J'en ai narré l'histoire avec une fidélité dont mon cœur est content. Si dans la suite, j'honorai mon âge mûr de quelques vertus, je les aurais dites avec la même franchise, et c'était mon dessein. Mais il faut m'arrêter ici. Le temps peut lever bien des voiles. Si ma mémoire parvient à la postérité, peut-être un jour elle apprendra ce que j'avais à dire. Alors on saura pourquoi je me tais.

TABLE DES MATIÈRES

GF GRAND-FORMAT

Vous trouverez chez votre libraire le catalogue complet de notre collection.

GF — TEXTE INTÉGRAL — GF

8864-VII-1989. — Imp. Bussière, St-Amand (Cher).
N° d'édition 12149. — 2ᵉ trimestre 1968. — Printed in France.

NL⊘

4⁵⁰ AS IS